A EDUCAÇÃO POR VIR

Experiências com o cinema

Conselho Editorial de Educação:
José Cerchi Fusari
Marcos Antonio Lorieri
Marli André
Pedro Goergen
Terezinha Azerêdo Rios
Valdemar Sguissardi
Vitor Henrique Paro

Dados Internacionais de Catalogação na Publicação (CIP)
(Câmara Brasileira do Livro, SP, Brasil)

A Educação por vir : experiências com o cinema / Julio Groppa Aquino, Cintya Regina Ribeiro (Orgs.). — São Paulo : Cortez, 2011.

Bibliografia.
ISBN 978-85-249-1776-9

1. Cinema na educação I. Aquino, Julio Groppa. II. Ribeiro, Cintya Regina.

11-07029 CDD-371.33523

Índices para catálogo sistemático:
1. Cinema e educação   371.33523

Adelia Pasta • Akemi Kamimura • André Bocchetti • Carlos Rubens de Souza Costa • Cintya Regina Ribeiro (Org.) • Cláudia Ribeiro Calixto • Daniele Pechuti Kowalewski • Danilo Ferreira de Camargo • Gisela Maria do Val • Guilherme Ranoya • Iara Maria Alvarez Gambale • José Norberto Soares • Julio Groppa Aquino (Org.) • Luciana Valéria Nogueira • Marcelo Rito • Monica Cristina Mussi • Sandra Cristina Gorni Benedetti • Thomas Stark Spyer Dulci • Vera Lúcia Tachinardi

A EDUCAÇÃO POR VIR

Experiências com o cinema

CORTEZ EDITORA

A EDUCAÇÃO POR VIR: experiências com o cinema

Adelia Pasta • Akemi Kamimura • André Bocchetti • Carlos Rubens de Souza Costa • Cintya Regina Ribeiro (Org.) • Cláudia Ribeiro Calixto • Daniele Pechuti Kowalewski • Danilo Ferreira de Camargo • Gisela Maria do Val • Guilherme Ranoya • Iara Maria Alvarez Gambale • José Norberto Soares • Julio Groppa Aquino (Org.) • Luciana Valéria Nogueira • Marcelo Rito • Monica Cristina Mussi • Sandra Cristina Gorni Benedetti • Thomas Stark Spyer Dulci • Vera Lúcia Tachinardi

Capa: Ricardo Cesar de Andrade
Preparação de originais: Ana Paula Luccisano
Revisão: Maria de Lourdes de Almeida
Composição: Linea Editora Ltda.
Coordenação editorial: Danilo. A. Q. Morales

Nenhuma parte desta obra pode ser reproduzida ou duplicada sem autorização expressa dos autores e do editor.

© 2011 by Autores

CORTEZ EDITORA
Rua Monte Alegre, 1074 — Perdizes
05014-001 — São Paulo-SP — Brasil
Tel.: (55 11) 3864-0111   Fax: (55 11) 3864-4290
Site: www.cortezeditora.com.br
e-mail: cortez@cortezeditora.com.br

Impresso no Brasil — setembro de 2011

SUMÁRIO

Por vir: um prefácio
Flávia Schilling 9

A educação por vir: interpelações ao tempo presente
Julio Groppa Aquino 13

PARTE UM
As Saturações do Controle

Laranja Mecânica e a polivalência tática dos discursos
Daniele Pechuti Kowalewski 27

Thx 1138: a Terra recriada
Marcelo Rito 43

Os Doze Macacos: do infra-humano ao ecogoverno
André Bocchetti 59

O *Show de Truman* e o silêncio do espelho
Iara Maria Alvarez Gambale 74

eXistenZ: a que será que se destina?
José Norberto Soares 88

Norma e controle em *Minority Report*
 Akemi Kamimura 100

Código 46: nós e(m) nossos genes
 Luciana Valéria Nogueira 114

Violação de Privacidade: www.final.cut/ahoravaga-lume
 Cláudia Ribeiro Calixto 127

O avesso da vida em *Filhos da Esperança*
 Gisela Maria do Val 144

PARTE DOIS

As Fabulações da Resistência

Blade Runner ou um réquiem para o sujeito do *cogito, ergo sum*
 Vera Lúcia Tachinardi 159

1984: nas dobras do pensável
 Cintya Regina Ribeiro 173

Brazil, O Filme: a guerra, o sonho e as heterotopias
 Danilo Ferreira de Camargo 189

Gattaca: entre o querer e o querer não
 Adelia Pasta 204

A vida além: a virtualidade na trilogia *Matrix*
 Guilherme Ranoya 218

Vanilla Sky/Abre Los Ojos: um labirinto de sonhos
 Carlos Rubens de Souza Costa 233

Máquinas que desejam: a captura edipiana em *Inteligência Artificial*
 Thomas Stark Spyer Dulci 250

Brilho Eterno de Uma Mente Sem Lembranças: o esquecimento como rompimento do habitual
  Monica Cristina Mussi 266

V de Vingança, A de acontecimento
  Sandra Cristina Gorni Benedetti 292

Referências bibliográficas 305

Sobre os Autores 315

POR VIR: UM PREFÁCIO

Quando fui convidada para escrever um breve — e simples — prefácio ao livro *A educação por vir: experiências com o cinema*, aceitei o convite com felicidade. Pensei nos anos já vividos na Faculdade de Educação da USP, nos trabalhos na pós-graduação, na graduação, nos encontros do Coperp (Coletivo de Pesquisadores sobre Educação e Relações de Poder), nos orientandos e orientandas, na Cecília Hanna Mate, na Cintya Ribeiro, no Julio Groppa Aquino, nos demais colegas que trabalham com o pensamento de Michel Foucault. Recordei nossas conversas sobre comentaristas e aplicadores desse pensamento, sobre Michel Foucault, pesquisador e provocador de novas pesquisas. Pensei nas trocas — fugazes, quase clandestinas, nos intervalos de aulas e reuniões — de informações e experiências. Na surpresa que — apesar de tudo e de todos — ainda nos causam as respostas dos alunos aos desafios, na abertura imensa para o novo. Pensei na ousadia e na coragem dos nossos orientandos — mestrandos e doutorandos — que foram os escritores de *A educação por vir*. Trabalho árduo, rigoroso, incansável. Faça!

Quando fui convidada para escrever um breve — e simples — prefácio ao livro *A educação por vir: experiências com o cinema*, aceitei o convite com inquietação. Pensei nos anos já vividos na Faculdade de Educação da USP: será que o lúdico, o intempestivo (afinal de contas, o que é o contemporâneo senão o intempestivo?) ainda se manteria? Haveria alguma liberdade possível no pensamento e na escrita? Seria minha inglória tarefa acabar com o mistério, em um prefácio — simples — que mostrasse quem, o quê, quando, para quê? Conseguiria manter o olhar fixo na luz-escuridão da experiência proposta pelo livro, resistindo a ser a explicadora da educação que nela se apresenta e da que virá? Resistiria à tentação de, novamente e sempre, dar mastigado, sem gosto, sem esforço, seguindo os hábitos, me insinuando levemente na ordem de um discurso, tão fácil, tão fácil.

Quando fui convidada para escrever um breve — e simples — prefácio ao livro *A educação por vir: experiências com o cinema*, pensei que não era um convite qualquer, nem feito por qualquer um. Recordei as espadas e os bisturis, as experiências conduzidas com ferocidade didática que deslocam, inventam outro lugar a ser ocupado: *educação por vir*? Experiências breves, parciais e com sabor de liberdade. Pensei em uma introdução ao estilo Joyce, ao estilo Julio, brincante, retomando seus exercícios de escrita com os alunos, de uma, três, dez linhas, um texto sobre distopias, sobre o contemporâneo. É possível?

Qual é o encontro?

Aquele encontro no corredor, esbarrão. Aquele, também, do concurso, aquele da sala de aula. Aquele em que, quem sabe, olhares se encontram e se trocam. O encontro de olhares e de palavras. Quem sabe? Vamos.

Qual é o encontro?

O de muitos, entre muitos, muitos mais. Vivos e mortos estão entre os convidados. Encontro povoado por gente, daqui e dali. Quem sabe um encontro a partir de um convite, Julio Groppa, Foucault, aplicadores e perguntadores.

Qual é o encontro?

Das ideias e provocações, das formas de fazer e pensar, da realidade — o que será? — e da ficção — o que será? Das representações, de ontem de hoje, do presente, do que somos. Estremecimentos e colisões.

Qual é o lugar do encontro?

O do nosso cotidiano, da universidade, um lugar de uma ordem de um discurso e de subversão — crítica — dessa ordem. O lugar em que palavras podem — ainda, quem sabe — fazer uma educação presente, que pressente porvires. Em que a meditação — o pensamento — por breves e raros instantes ainda pode acontecer.

Qual é o tempo do encontro?

Anos? Décadas? Semanas? O tempo lento do pensamento. Um tempo de resistência. Sábados, os encontros aos sábados. Os encontros às quintas. Seminais, seminários. Germinais. No contrapelo, no arrepio. Pergunta: "como fazer para não se perder tempo?". Resposta: "senti-lo em toda a sua extensão" (*A peste*. Albert Camus).

Qual é o desafio do encontro?

Meditar, pensar, escrever. Meditar, pensar, escrever. Educação. No tempo presente, aprisionados em nossa história, sabendo que somos mais livres. Analisando distopias, o que temos, rompendo os fios, juntando os pontilhados...

Qual é o desafio do encontro?

Juntar os pontilhados sem pretender encontrar uma coerência. Juntar os pontilhados com rigor, teórico, metodológico. Juntar os pontilhados e produzir a escrita precisa, cirúrgica, cortante.

Qual é o desafio do encontro?

Produzir efeitos. Deslocar. Poder olhar de outro lugar, talvez de ponta-cabeça. Produzir efeitos: quem sabe, pensar diferente. Assim, novamente, quem sabe, agir diferente. Produzir efeitos não previsíveis ou contáveis. Não há pontuação.

Boa viagem.

Flávia Schilling

A EDUCAÇÃO POR VIR: INTERPELAÇÕES AO TEMPO PRESENTE

Julio Groppa Aquino

> O tempo, como o Mundo, tem dois hemisférios: um superior e visível, que é o passado, outro inferior e invisível, que é o futuro. No meio de um e outro hemisfério ficam os horizontes do tempo, que são estes instantes do presente que imos vivendo, onde o passado se termina e o futuro começa.
>
> *Padre António Vieira*

É recorrente o impulso de profetizar o amanhã, tingindo-o ora com as marcas da danação, ora com as da redenção. Nem mesmo pensadores de destaque, como Eric Hobsbawm ou Zygmunt Bauman, se furtaram a fazê-lo.

Em uma longa entrevista concedida a um jornalista italiano, em 1999, o historiador inglês oferece um panorama daquilo que ele cunhou como o *breve século XX*, iniciado e encerrado sob o signo da guerra.

Cauteloso acerca das limitações de toda e qualquer previsão, Hobsbawm, portador de uma impressionante visão de conjunto dos principais acontecimentos do século XX, arrisca-se a esboçar algumas tendências no que se refere aos âmbitos da política, da economia e das relações sociais da *nova era* em que viveremos.

Para ele, é improvável que o século XXI testemunhe uma nova guerra mundial, embora não se exclua o risco de conflitos regionais. Os Estados Unidos continuarão sendo a principal superpotência por muito tempo, embora o mundo tenha se tornado "grande e complexo demais para ser dominado por um único Estado" (Hobsbawm, 2009, p. 50).

A despeito do estrondoso avanço da globalização nos campos da tecnologia, da comunicação e da economia, Hobsbawm aponta obstáculos intransponíveis para que venha a ocorrer algo assemelhado à unificação do planeta, levando-se em consideração principalmente o fato de que "o problema da globalização está em sua aspiração a garantir um acesso tendencialmente igualitário aos produtos em um mundo naturalmente marcado pela desigualdade e pela diversidade" (Ibid., p. 66). Um bom exemplo disso é a utopia do inglês como língua universal que, a seu ver, não se concretizará. Isso porque "uma coisa é a globalização, real e ampla; outra, é o cosmopolitismo, ainda hoje bastante restrito" (Ibid., p. 120).

Hobsbawm credita ao século passado conquistas indiscutíveis, as quais abrangem desde a mobilidade social e profissional das pessoas, a emancipação feminina, os progressos científicos e tecnológicos, até a expansão e a melhoria da oferta educativa: "Pela primeira vez na história, no século XXI a maior parte da população mundial será alfabetizada, isto é, poderá ler e escrever, e um percentual muito alto terá formação universitária" (Ibid., p. 113).

Arrematando seu prognóstico sobre o século nascente, o historiador antevê um mundo potencialmente melhor do que aquele que lhe foi legado, sobretudo do ponto de vista tecnológico — "o próximo século irá continuar a celebrar o triunfo do gênio humano" (Ibid., p. 173) — e econômico — "ele será mais rico; e talvez seja capaz de se adaptar ao novo ambiente e aprender a usar as enormes forças a sua disposição sem destruir a si mesmo (Ibid.) —, embora algo semelhante não possa ser dito em relação aos planos político e cultural, uma vez que, a seu ver,

> grande parte das estruturas que herdamos do passado foram destruídas pelo dinamismo extraordinário da economia na qual vivemos. (...) Política, partidos, jornais, organizações, assembleias representativas e Estados: nada mais funciona da maneira como costumava funcionar, e na qual supúnhamos que continuariam funcionando por um longo tempo. Seu futuro é

obscuro. É por esse motivo que, no final do século, não consigo olhar para o futuro com muito otimismo (Ibid.).

Também Anthony Giddens (2003, p. 28) atestará semelhante transformação das relações sociais. Segundo ele,

> para onde quer que olhemos, vemos instituições que, de fora, parecem as mesmas de sempre, e exibem os mesmos nomes, mas que por dentro se tornaram muito diferentes. Continuamos a falar da nação, da família, do trabalho, da tradição, da natureza, como se todos continuassem iguais ao que foram no passado. Não continuam. A casca permanece, mas por dentro eles mudaram (...). São o que chamamos "instituições-casca" — instituições que se tornaram inadequadas para as funções que são chamadas a desempenhar.

Encurralado por uma espécie de voragem dos sentidos socioculturais que contornavam a experiência dos homens pregressos — aquilo que nos ensinaram um dia a ser quem éramos e que já não somos mais —, Bauman (2005a) não titubeará ao formular uma antevisão sombria do porvir. Uma formulação, de um lado, arriscada, embora, de outro, não implausível, se a reputarmos como uma crítica dirigida ao presente e suas instabilidades características.

> Estamos agora passando da fase "sólida" da modernidade para a fase "fluida". E os "fluidos" são assim chamados porque não conseguem manter a forma por muito tempo e, a menos que sejam derramados num recipiente apertado, continuam mudando de forma sob a influência até mesmo das menores forças. (...) Não se deve esperar que as estruturas, quando (se) disponíveis, durem muito tempo. Não serão capazes de aguentar o vazamento, a infiltração, o gotejar, o transbordamento — mais cedo do que se possa pensar, estarão encharcadas, amolecidas, deformadas e decompostas. Autoridades hoje respeitadas amanhã serão ridicularizadas, ignoradas ou desprezadas; celebridades serão esquecidas; ídolos formadores de tendências só serão lembrados nos *quiz shows* da TV; novidades consideradas preciosas serão atiradas nos depósitos de lixo; causas eternas serão descartadas por outras com a mesma pretensão à eternidade (embora, tendo

chamuscado os dedos repetidas vezes, as pessoas não acreditem mais); poderes indestrutíveis se enfraquecerão e se dissiparão; importantes organizações políticas ou econômicas serão engolidas por outras ainda mais poderosas ou simplesmente desaparecerão; capitais sólidos se transformarão no capital dos tolos; carreiras vitalícias promissoras mostrarão ser becos sem saída. Tudo isso é como habitar um universo desenhado por Escher, onde ninguém, em lugar algum, pode apontar a diferença entre um caminho ascendente e um declive acentuado (p. 57-8).

A imagem da *modernidade líquida* delineada por Bauman parece perpetrar, à moda dos labirintos artificiais do artista holandês, determinadas feições tão intrincadas quanto funestas ao futuro. Isso porque o mundo contemporâneo, atado à condição de liquidez irrevogável, ter-se-ia tornado indiferente ou, no limite, refratário às antigas promessas de humanização, de justiça e de progresso, típicas do ideário moderno. As saídas que se anunciam aos contemporâneos decretariam, então, rotas previsíveis, restando-lhes apenas optar, de um lado, pelo saudosismo de uma solidez para sempre perdida ou, de outro, pela aposta adesista numa nova modernidade cada vez mais fluida, volátil e espraiada.

Não será nenhum dos casos aqui. Isso porque não podemos nos furtar a tomar ambas destinações segundo seu caráter adventício, preterindo-as em favor de uma espécie de recalcitrância em relação aos movimentos do tempo presente e daquele por vir. Trata-se, dito de outro modo, de interrogar sem cessar os pilares ético-políticos do mundo contemporâneo, fazendo com que o porvir, paradoxalmente, se volte contra o aqui-agora.

De nossa parte, escavar as linhas de sustentação do tempo futuro, na própria superfície em movimento do presente, firma-se como uma estratégia tão possível quanto fecunda de problematização da atualidade. Ultrapassando uma atitude ora denunciadora, ora resignada, sustentada por um balanço utilitarista das supostas perdas e ganhos da atualidade, optamos aqui por um *approach* analítico mais afeito à problematização das contingências históricas do que ao acabrunhamento suscitado pela suposta falência do sonho da razão moderna. Em outros termos, a nós importa menos especular sobre o que não conseguiremos escapar de ser, e mais dimensionar aquilo que estamos deixando de ser, convocando, assim, o que poderíamos vir a ser em sua multiplicidade e, quiçá, intensidade.

Outro pensador de destaque, Michel de Certeau (1994), oferece em breves e belas páginas uma espécie de olhar metodológico sobre o presente: um olhar de quem observa, de modo preguiçoso e diletante, as coisas de passagem — como se se tratasse de um viajante de trem, aprisionado na imobilidade de uma ordem estanque de um vagão, esta "insularidade fechada e autônoma" (Ibid., p. 193); um viajante que, enquanto se desloca no espaço, faz-se capaz de examinar uma miríade de coisas evanescentes, igualmente imóveis: paisagens, luzes, sombras, ondulações. Tempo e espaço em confronto.

> A vidraça permite *ver*, e os trilhos permitem *atravessar* (o terreno). São dois modos complementares de separação. Um modo cria a distância do espectador: não tocarás. Quanto mais vês, menos agarras — despojamento da mão para ampliar o percurso da vista. O outro traça, indefinidamente, a injunção do passar: como na ordem escrita, de uma só linha, mas sem fim: vai, segue em frente, este não é teu país, nem aquele tampouco — imperativo do desapego que obriga a pagar o preço de um abstrato domínio ocular do espaço deixando todo lugar próprio, perdendo o pé (Ibid., p. 194-95). (Grifos do autor).

Inexoravelmente apartado das coisas que fita em silêncio, este apenas entrecortado por ruídos provocados pelo atrito da máquina sobre os trilhos — metáfora do próprio viver, quiçá —, o observador perde-se no "silêncio dessas coisas colocadas a distância, por trás da vidraça que, de longe, faz as nossas memórias falarem ou tira da sombra os sonhos de nossos segredos" (Ibid., p. 195).

Trata-se, em suma, da possibilidade de, segundo Certeau, se operarem "liturgias atópicas, parêntesis de orações sem destinatário" (Ibid., p. 196), na própria superfície do vagão do presente: esta instância *naval* e, ao mesmo tempo, *carcerária*.

Desta feita, torna-se inócuo o esforço de discorrer sobre o amanhã, uma vez que o futuro talvez em nada se pareça com nossos vaticínios. O porvir é sempre enigma ou, na melhor das hipóteses, um rosto pálido daquilo que, hoje, conseguimos fazer de nós.

Mesmo infensos a qualquer espécie de anunciação dos tempos vindouros, haveríamos de reconhecer que se debruçar sobre o que nos aguardaria adiante pode, paradoxalmente, firmar-se como oportunidade privilegiada para que interpelemos o próprio presente, suas fendas, seus silêncios, seus mistérios, descortinando, na medida do possível, aquilo que, hoje, somos árdua e forçosamente capazes de suspeitar de nós mesmos.

Daí que a entidade semântica *futuro* dispensa conjecturas. Quando decidimos usurpar a opacidade do amanhã com a mão pesada de nossos presságios — sejam eles apocalípticos ou salvacionistas, tanto faz —, são as fissuras do contemporâneo que se fazem eclodir. Desponta aí, então, uma chance valiosa de mirar analiticamente esse intervalo de suspensão entre o tempo do *não mais* e o do *não ainda*; intervalo que chamamos, por falta de outro vocábulo mais preciso, de *presente*.

Entre os múltiplos constrangimentos do controle e os insuspeitos clamores da resistência que pedem passagem nessa mirada, instaura-se uma temporalidade outra que merece ser acolhida de modo afirmativo no plano do pensamento.

Isso equivaleria, de algum modo, à atitude daqueles que, segundo Giorgio Agamben (2010, p. 22-3), são contemporâneos ao seu tempo. Diz o pensador italiano:

> o contemporâneo é alguém que fixa o olhar no seu tempo, para perceber não as suas luzes, mas seu escuro. Todos os tempos são, para quem experimenta a sua contemporaneidade, tempos obscuros. O contemporâneo é, precisamente, aquele que sabe ver essa obscuridade, que é capaz de escrever mergulhando o aparo na treva do presente. (...) É contemporâneo quem recebe em pleno rosto o feixe da treva que provém do seu tempo.

Imbuído de um propósito semelhante, este livro foi efetivado com vistas a um exame expressamente crítico da atualidade e suas vicissitudes; suas *trevas*, quiçá.

Constituído por dois eixos articulados, intitulados respectivamente *Parte Um: As Saturações Do Controle* e *Parte Dois: As Fabulações Da Resistência*, trata-se do resultado de um trabalho coletivo levado a cabo por mais de dois anos, e que envolveu duas dezenas de pesquisadores ligados ao Programa de Pós-Graduação em Educação da Faculdade de Educação da Universidade de São Paulo.

O solo argumentativo sobre o qual os textos foram desdobrados é o de dezoito obras cinematográficas de ficção científica (embora nem todas se enquadrem fielmente nessa categoria), tomando seus roteiros não como meras previsões futuristas, mas como narrativas de determinados *modi operandi* socioculturais que hoje se insinuam no que diz respeito à gestão das formas de vida, cujos efeitos nos atravessam e, ao mesmo tempo, nos ultrapassam.

Longe de atestar uma suposta verossimilhança especular dos cenários futurísticos em tela, tomou-se a imaginação cinematográfica como força fabulatória capaz, a um só tempo, de abrir fendas possíveis nos mecanismos contemporâneos de produção de um determinado viver, bem como de permitir entrever conexões outras que se afirmam como atravessamentos temporais estrangeiros nos diagramas do presente. Tratou-se, assim, de conjugar as noções de controle e de resistência como atinentes a um mesmo tipo de enquadre analítico, uma vez que, se as situarmos no plano teórico foucaultiano, por exemplo, estabelecer-se-á entre si uma relação de indissociabilidade congênita.

Ressalte-se mais uma vez: o objetivo geral do trabalho é o de perscrutar criticamente inclinações, propensões, marcas discretas alinhadas a certas proposituras socioculturais que hoje se apregoam, para que seja possível nos lançar rumo ao campo dos possíveis na educação.

O que está em pauta, pois, é o exame de determinados rumos da organização societária na atualidade a partir do registro conceitual de um número significativo de autores, mormente de matriz pós-estruturalista: de Michel Foucault e Gilles Deleuze, passando por Friedrich Nietzsche, até Félix Guattari, Giorgio Agamben, Nikolas Rose, Paul Rabinow, Lucien Sfez, Bruno Latour, Guy Debord, Antonio Negri, François Ewald, Donna Haraway, Jorge Larossa e vários outros.

As obras cinematográficas focalizadas na *Parte Um: As Saturações Do Controle* foram: *Laranja mecânica* (1971); *THX 1138* (1971); *Os 12 macacos* (1995); *O show de Truman* (1998); *eXistenZ* (1999); *Minority report — a nova lei* (2002); *Código 46* (2003); *Violação de privacidade* (2004); e *Filhos da esperança* (2006).

Para a *Parte Dois: As Fabulações Da Resistência* foram selecionados os seguintes filmes: *Blade runner, o caçador de androides* (1982); *1984* (1984); *Brazil, o filme* (1985); *Gattaca — experiência genética* (1997); *Matrix* (1999)/ *Matrix reloaded* (2003)/*Matrix revolutions* (2003); *Vanilla sky* (2001); *A. I. — Inteligência Artificial* (2001); *Brilho eterno de uma mente sem lembranças* (2004); e *V de vingança* (2006).

A escolha de tais películas teve como base tanto sua qualidade técnica quanto as particularidades de seus roteiros, e, sobretudo, sua aclamação, seja pelo público, seja pela crítica. Elas compreendem desde obras célebres, como *Blade runner* ou a Trilogia *Matrix*, até outras menos difundidas, mas igualmente instigantes, como *eXistenZ* ou *THX 1138*.

Contemplando um arco temporal de três décadas e meia, desde *Laranja mecânica* de 1971 a *V de vingança* de 2006, os filmes abordados propõem-se a tematizar certas transformações dos modos de vida no planeta num futuro próximo ou distante. Em maior ou menor grau, todos eles remetem a possibilidades de conjunturas sócio-históricas intuídas pelos roteiristas/diretores a partir de determinadas práticas já conhecidas por nós, ou desdobramentos possíveis delas. Portanto, foram preteridas narrativas fantásticas que envolvessem viagens espaciais, seres alienígenas, outros mundos etc. Nesse sentido, os dezoito filmes constituem um inesgotável manancial narrativo a partir do qual foi possível operar um modo singular e desviante do *mainstream* analítico do presente, bem como das práticas educacionais contemporâneas.

Do ponto de vista editorial, cabe salientar também que não se trata de uma somatória de escritos isolados, mas do resultado de um esforço de coesão argumentativa organizado segundo três plataformas recorrentes em todos os textos. Na primeira, visa-se à recomposição do enredo em pauta, configurando a atmosfera societária ali em causa. Dela deriva uma temática capital que, entrelaçada a um recorte conceitual, é analisada na segunda plataforma. Isso com vistas ao terceiro e último patamar textual, dedicado ao enfrentamento de determinadas inflexões educacionais derivadas das discussões temático-conceituais anteriores.

Os textos, em seu conjunto, foram concebidos como uma espécie de cartografia das linhas de poder/saber que incidem sobre os dispositivos de subjetivação no presente, partindo do pressuposto de que as narrativas ficcionais em tela operariam como caixas de ressonância das relações de força atuantes, segundo a acepção foucaultiana, nos processos de governamentalização contemporâneos.

Evocar a noção de governamentalidade cumpre, aqui, um papel decisivo no que concerne à ossatura da publicação, dada a relação imanente entre as intervenções de base educativa e o âmbito do governamento das formas de vida na atualidade: aquelas seriam encarregadas, em sua processualidade cotidiana, de materializar e, ao mesmo tempo, fazer levar adiante uma acirrada racionalização dos usos e costumes, por meio de uma normalização englobadora das condutas dos indivíduos e das populações.

Governamentalidade é definida como a gama de ações espraiadas no corpo social, a partir do advento da modernidade, por meio da sedimentação e da disseminação de um conjunto de saberes/práticas, de teor normalizador, articulado segundo dois princípios de ação complementares: um individual e analítico (disciplinar), e outro populacional e quantitativo (biopolítica). A intervenção disciplinar é encarregada do ordenamento das condutas individuais, tornando-as úteis, ao passo que a gestão biopolítica é responsável pela regulamentação das condições de existência das populações. Daí o duplo tentáculo da ambição governamentalizadora: enquanto individualiza, totaliza, e vice-versa (Ó, 2009).

Admite-se então uma articulação intrínseca dos regimes disciplinar e biopolítico, ambos atuando de modo convergente. Na égide da governamentalidade, as relações de poder operarão por incitação e inclusão, e não por progressão e separação. Sua peculiaridade estratégica reside, assim, não na gramática, mas na economia da normalização, agora muito mais flexível, flutuante, difusa; uma norma menos diagnóstica e mais prognóstica, portanto. O que aí está em causa é precisamente um jogo ininterrupto com a liberdade, não seu impedimento. Em suma, regulação dos modos de vida, em vez de contenção deles.

> É na sustentação desse jogo de retroalimentação e de mútua provocação entre poder e liberdade que o ato de governar se torna possível. Trata-se, portanto, do vetor indefectível da liberdade instigando linhas de escape e forçando novas coordenadas e investimentos de força ao poder. De modo simultâneo e complementar, trata-se da sofisticação intensiva dos agenciamentos de poder incitando insubordinação, resistência e, quiçá, criação (Aquino e Ribeiro, 2009, p. 62).

Desta feita, dimensionar as linhas de força atuantes nos processos de governamentalização no âmbito das práticas educacionais contemporâneas instaura-se como o desafio precípuo da presente publicação.

Por fim, é possível concluir que a empreitada textual aqui levada a cabo descreve uma tarefa arrojada e com acentuado grau de dificuldade: pensar contra o tempo, no tempo, em favor de outro tempo. Arriscar-se a fazê-lo remeteria, por um lado, a um destino incerto e, por outro, a um gesto possível da potência do pensar, particularmente no meio educacional, tantas vezes capturado por dogmatismos contingenciais e arbitrários inequivocamente alçados à condição de necessidade e, no limite, de suficiência explicativa.

A propósito disso, António Nóvoa (2005, p. 9) é preciso ao apontar que

> as coisas na educação discutem-se, quase sempre, a partir das mesmas dicotomias, das mesmas oposições, dos mesmos argumentos. Anos e anos a fio. Banalidades. Palavras gastas. Irritantemente óbvias, mas sempre repetidas como se fossem novidade. Uns anunciam o paraíso, outros o caos.

Seja pelo avesso, seja pelo direito, o resultado de tal redundância narrativa será, indubitavelmente, o apego à evidência que apregoa uma suposta degeneração das práticas educativas. Numa visão voluntarista, tratar-se-ia de superá-la no futuro próximo ou distante (o paraíso). Na ponta inversa, estão aqueles que compreendem o porvir como um prolongamento linear do que hoje dispomos (o caos).

Ora, o risco que aí desponta é o de incorrer na tentação de nos encarcerarmos nos calabouços luminosos da esperança — aquilo que precisamente, segundo André Comte-Sponville (2001), se opõe à nossa vontade e capacidade de agir, debilitando-as, minorando-as, obliterando-as —, ou tão somente em dias de desilusão; ambos modos igualmente funestos de embotamento do porvir.

Afastando-nos diametralmente desses dois tipos de chave explicativa, tão recorrentes na argumentação educacional, nossa opção recai sobre outro horizonte analítico. Isto é, a despeito de uma demanda genérica de nos anteciparmos a um imponderável futuro da educação — demanda insistentemente fadada ao fracasso, desde sua origem —, o porvir é tomado aqui como um emaranhado de linhas do tempo, jamais como um espectro de cifras determinadas por uma suposta acumulação temporal. Mistério puro, portanto, embaralhando o horizonte transcendente das inócuas prospecções futuristas. Tanto melhor prosseguir sem elas.

PARTE UM

As Saturações do Controle

*LARANJA MECÂNICA** E A POLIVALÊNCIA TÁTICA DOS DISCURSOS

Daniele Pechuti Kowalewski

I

Qual vai ser o programa, hein? Alex e seus *drugues* — Pete, George e Dim (Tapado) — estão *rassudocando* o que fazer naquela noite, tomando *leite com velocete*, no Leite-bar Korova. O foco afasta-se lentamente dos olhos de Alex, apresentando-nos os amigos do narrador num lugar repleto de figuras brancas de mulheres nuas. Assim tem início o "mordaz, satírico, engraçado, musical, excitante, bizarro, político, emocionante, assustador, metafórico, cômico e sardônico" (de acordo com seu trailer) *Laranja mecânica*, adaptação do perturbador romance de Anthony Burgess (1977), publicado em 1962.

Num futuro não especificado, Alex e seus *drugues* comunicam-se pela linguagem *nadsat*,[1] criada por Burgess e dotada de mais de duzentas

---

* Direção e roteiro: Stanley Kubrick (baseado em livro de Anthony Burgess). Título original: *A clockwork orange*. Ano de lançamento (Inglaterra): 1971.

1. Glossário da Linguagem Nadsat, utilizada ao longo do texto. In: BURGESS, A. *Laranja mecânica*, Rio de Janeiro: Arte Nova, 1977. p. 199-205:
   Devótcha: moça, garota.
   Drencon: droga, tóxico.
   Drugues: amigo, faixa, chapa.

corruptelas do russo, gíria *cockney* rimada, e coloquialismos cigano e romeno. Com camisas e calças brancas, suspensórios, elegantes chapéus-coco, coturnos, réplicas de glóbulos sangrentos atreladas às suas vestes e protetores para seus *iarbos*, os jovens saem na noite em busca de diversão, depois de terem tomado o "leite turbinado" que os prepara para a ultraviolência *horrorshow*. A paisagem externa, repleta de concreto e conjuntos habitacionais, contrasta com o colorido exagerado das perucas, roupas e decoração, esta repleta de obras que aludem à sexualidade, fazendo da trama uma mistura intensa de sexo e violência.

Os rapazes saem em busca da noite perfeita, em busca de uma ultraviolência divertida: do espancamento de um velho mendigo à briga com o grupo rival — os *drugues* de Billyboy — até o roubo de um carro, para a brincadeira de donos da estrada. Faltava ainda a "visita-surpresa". Avistando uma casa, com uma placa indicando que ali era um "Lar", decidem entrar. Usando máscaras e fingindo pedir socorro, Alex e seus amigos invadem-na e espancam seus moradores: um escritor e sua esposa. Alex a estupra enquanto canta a doce *Singing in the rain*, ritmada pelos tapas, chutes e bengaladas que conferem ao casal imobilizado. A noite não terminou e a fim de torná-la ainda mais perfeita, Alex volta para sua confortável casa. Seus pais já dormem e depois de mexer com sua cobra de estimação, ouve a Nona de Beethoven em seu potente som estéreo, imaginando-se como um vampiro presenciando mortes. A noite já pode ser encerrada.

Glazes: olhos.
Guliver: cabeça.
Horrorshow: bom, bem, gostoso, bacana, genial, legal.
Iarbos: testículo, colhões.
Maltichique: rapaz, garoto.
Milicente: policial.
Nadsat: adolescente.
Nagói: nu.
Prisesta: prisão estatal.
Rassudocar: pensar, imaginar, bolar.
Sistemeque: droga, tóxico.
Toltchocar: bater ou empurrar, golpe, pancada, porrada.
Velocete: droga, tóxico.

No dia seguinte, Alex decide faltar mais uma vez à aula. Em razão disso, recebe a visita do Sr. Deltoid, seu consultor da escola pós-correcional, que lhe avisa para ficar longe das encrencas, pois o pior que pode acontecer em seu trabalho é um dos jovens sob sua tutela terminar na prisão. Bastante dissimulado, Alex afirma não ser responsável por nada. Ignora seu instrutor e continua sua rotina de diversões.

Para agradar aos seus *druguinhos* — cansados de suas ordens, disciplina e *toltchoques* sem motivo — Alex aceita a sugestão de George: a de roubar o *spa* da velha rica que mora com seus gatos e estará sozinha no fim de semana. Como a mulher reage, Alex a fere mortalmente e tenta fugir com seus amigos, mas estes decidem deixá-lo para trás, dando-lhe uma garrafada que o deixa provisoriamente cego. Agora o *drugue* é um assassino.

II

Depois de um interrogatório repleto de agressões (além de apanhar Alex leva uma cuspida do Sr. Deltoid), o ex-integrante da escola correcional é condenado por homicídio a quatorze anos de prisão, tornando-se o detento 655321. Na detenção de Pakmoor, engaja-se nas leituras do "bom livro" (*Bíblia*), o que faz com que o capelão da *Prisesta* afeiçoe-se a ele. Após dois anos na prisão, 655321 conta ao padre que ouviu falar de "um programa capaz de tirar as pessoas rapidinho da cadeia e que garante que os submetidos a ele nunca mais serão presos". O padre logo reconhece ser a "Técnica Ludovico" e não estimula 655321 a participar, mas este parece muito disposto a tentar tal experiência.

Com intenção de testar a eficiência do Programa Ludovico de recondicionamento de presos em Parkmoor, o Ministro do Interior vai pessoalmente até lá escolher um voluntário. O detento 655321 logo se destaca e é tido como ideal, afinal é "empreendedor, agressivo, franco, jovem, corajoso, perverso", portanto, perfeito para o programa. O diretor da prisão não esconde seu descontentamento, ao preferir a "justiça do olho por olho" em lugar da reabilitação. Assinando papéis e sendo transferido pelo austero oficial chefe Barnes ao Centro Médico Ludovico, o detento 655321 passa a outro tipo de internação, dessa vez sob a égide do saber médico.

O paciente, afastado do que ele chama de zoológico de homens, é agora muito bem tratado e tem o acompanhamento da Dra. Branom, que lhe explica em que consiste o tratamento: "ver filmes" e a aplicação do soro experimental n. 114 após as refeições. Não tarda para que o paciente comece a sentir um mal-estar. Vê-se, durante o tratamento do Dr. Brodsky, atado a uma camisa de força, com o *guliver* amarrado a um apoio, do qual saíam muitos fios, além dos grampos em seus *glazes*, que não permitiam que os fechasse, por mais que tentasse. O paciente estranhou tal tratamento, mas estava disposto a tudo para se ver livre em até duas semanas. Foi então submetido às sessões ininterruptas de filmes com cenas de violência, semelhantes às praticadas por ele e seus *drugues*, como espancamentos e estupro. Tais cenas fazem com que ele sinta dores e enjoos, o que foi explicado pela Dra. Branom como o processo de cura, pois seu corpo estava aprendendo a reagir à violência como o de alguém saudável. Para o paciente, o pior estava por vir. No dia seguinte, assistindo a um filme sobre o nazismo, percebe que sua trilha sonora era a Nona Sinfonia de Beethoven. Passando muito mal ao ouvi-la, o paciente implora para que parem com aquilo. Os médicos percebem que não haverá como evitar a reação negativa também à música, algo imprevisto, mas que julgam como o "elemento da punição".

Após quinze dias, a prova de que o paciente está curado traduz-se em espetáculo: plateia, holofote, palco, interpretações e aplausos. O Ministro discursa que o paciente está reabilitado e que o Partido cumpriu o prometido, tornando o crime obsoleto. Mesmo passando por humilhações e sendo provocado, Alex não consegue revidar. O Ministro assim resume o sucesso do tratamento: "Nosso paciente é impelido para o bem, paradoxalmente, por ser impelido para o mal. A intenção de agir com violência é acompanhada por uma forte sensação de desconforto físico. Para anulá-la o paciente deverá mudar para uma atitude diametralmente oposta." Mesmo com toda a empolgação da plateia com o resultado, o padre questiona se ele tem escolha ou, ao deixar de ser um malfeitor, torna-se uma criatura incapaz de escolhas morais. Seguro dos resultados alcançados, o Ministro responde que tais indagações referem-se a sutilezas, pois as preocupações partidárias não são motivadas por éticas elevadas, mas apenas pela necessidade da diminuição dos problemas com o crime e a superlotação das prisões. Assim, conclui que o importante, no Tratamento Ludovico, é que funciona.

III

Com o paciente curado e liberto, a trama parece se passar pelo avesso. Alex volta para casa, mas seus pais não parecem felizes em vê-lo, já que alugaram seu quarto. Os jornais veiculam que "o assassino da mulher-gato está solto, a ciência tem a cura". Andando sem rumo, o jovem encontra com o velho mendigo que tinha espancado, que se lembra dele e chama seus amigos, outros velhos moradores de rua, para bater em Alex. Como o jovem não consegue reagir, o grupo só para quando chegam os policiais, que reconhecem seu ex-*drugue* de imediato. Para a surpresa de Alex, Dim e George tornaram-se *milicentes* e decidem levá-lo para longe da cidade, onde o espancam e quase o afogam, largando-o, logo depois. Em meio a uma forte chuva, sem dinheiro, alimentação ou abrigo, Alex vagueia até encontrar uma casa, um "Lar", em que é muito bem recebido pelo escritor que o identifica como o rapaz dos jornais, julgando-o uma vítima do governo. Logo Alex percebe que já esteve ali, na casa do escritor Frank, mas tem a certeza de que não será reconhecido, pois quando esteve lá, em "dias felizes", usava uma máscara para se disfarçar. O escritor, viúvo — sua mulher morrera depois de ser violentada — vivia com Julian, seu robusto ajudante que lhe auxiliava com a cadeira de rodas. Disposto a ajudá-lo, o escritor liga para diversos amigos influentes e combina com estes de usar o caso de Alex, que chama de uma vítima da era moderna, contra o governo. Frank explica a seus amigos que a plataforma do Partido do governo é a maneira como vem lidando com o crime, recrutando jovens violentos para a polícia e propondo técnicas de condicionamento destrutivas. Por isso, contar com o apoio de Alex nas próximas eleições pode ser o grande trunfo para "empurrar o povo que troca sua liberdade por um pouco de segurança". Enquanto a vítima Alex toma um banho, Frank o escuta cantarolando a música *Singing in the rain* e reconhece aquele que fora seu algoz; mesmo muito irritado, tenta se controlar.

Enquanto é entrevistado pelos amigos do escritor, Alex desmaia e, depois de sedado, acorda em um estranho apartamento ao som da Nona Sinfonia de Beethoven. Aquela música, tão agradável em outros tempos, é-lhe agora insuportável. Alex grita, implora, tenta sair, mas está trancado. Frank e seus amigos estão no andar debaixo, onde escutam impassíveis os apelos do rapaz. Não conseguindo resistir à tamanha tortura, Alex decide *zerar-se*, atirando-se pela janela.

Alex não morreu, está agora em um hospital, com toda uma enfermaria destinada a cuidar dele, com todas as regalias possíveis. Os jornais acusam o governo de "usar métodos desumanos contra o crime, que os cientistas o levaram a tentar suicídio, mudando sua natureza". Seus pais visitam-no arrependidos, por tê-lo deixado partir, mas Alex os despreza. Depois de um tempo de restabelecimento, a Dra. Taylor aplica-lhe testes. Alex responde a eles com os jargões e com a violência que lhe eram habituais antes do Tratamento Ludovico, e a médica psiquiatra atesta que está "curado". Recebe a visita do ilustre Ministro do Interior, que lhe promete um emprego com um bom salário, para que se tornem amigos e Alex ajude o partido do governo a vencer as próximas eleições, afastando da política aqueles que tentaram usar seu caso como plataforma eleitoral, inclusive o "subversivo" Frank, que o Ministro prometeu manter longe dele. O Ministro, agora chamado intimamente por Alex de Fred, explica-lhe que sua tentativa de suicídio, veiculada pela imprensa como responsabilidade do governo, foi uma péssima propaganda. Para restituí-lo, desses e de outros danos, Fred o presenteia com um grande som estéreo. Vários repórteres e fotógrafos invadem o quarto do hospital para retratarem o herói Alex, que ouvindo novamente a Nona Sinfonia de Beethoven imagina-se na neve, *nagói* com uma *devótcha*, sendo aplaudido por vitorianos. Agora Alex tem a certeza de que está curado.

Regimes de saber-poder e práticas de subjetivação

Anthony Burgess, ao ser entrevistado sobre seu livro *Laranja mecânica*, na época de sua adaptação para o cinema, o descreveu como "não típico, por tratar de violência, especialmente violência juvenil, sendo absolutamente descritivo". Afirmou ainda que ouvira falar, nos anos 1960 da "possibilidade de se pegar jovens assassinos e não prendê-los. A cadeia seria só para profissionais, sendo o ideal colocá-los num curso de condicionamento, transformá-los, na verdade, em laranjas mecânicas: não mais organismos cheios de doçura, cor e luminosidade como laranjas, mas máquinas".[2]

Remetendo-nos a uma sociedade com diferenças bem demarcadas, o filme *Laranja mecânica* apresenta-nos um universo juvenil que se constitui como o lugar da violência. Com suas roupas e linguagem próprias, os *maltchiques* suscitam problemas a uma determinada racionalidade política, entendida aqui no sentido que Michel Foucault (2003) empregou ao termo, ou seja, como técnicas de poder orientadas para indivíduos e destinadas a dirigi-los de forma contínua e permanente, tendo como efeito inevitável tanto a individualização quanto a totalização do poder. Partindo de tal perspectiva, podemos aproximar a trama de Alex a algumas transformações vistas, atualmente, na educação. Para tanto, tomemos antes a trama representada no filme como constituída por um conjunto de *discursos* que retratam contradições, mudanças, deslocamentos e variações na forma como os homens subjetivam-se.

Ao tomar como domínio de análise os *discursos* (Foucault, 1987b; 1996a), sendo estes definidos como acontecimentos, ligados por regras, materialidades e práticas discursivas, intenta-se a compreensão das racionalidades específicas, que ao longo do filme aparecem vinculadas a diferentes processos de saber, poder e subjetividade. Seguindo Foucault (1987b), podemos tentar investigar, sem nenhum desejo de formular uma teoria geral, ou descobrir algo oculto, as funções que o sujeito pode ocupar nos *diferentes discursos* e *performances* verbais (Ibid., p. 230-31). Com base em tal precaução metodológica, pensemos nas relações entre ciência, política e ética, a fim de vermos como tais processos conjugam-se na constituição de uma objetividade, na formação de uma política e de um autogoverno.

---

2. Entrevista de Burgess mostrada no documentário: "O tempo não para: o retorno de *Laranja mecânica*".

Contextualizando suas pesquisas, Foucault (2004b) expõe seus objetivos como o esboço de uma história, em que pesem as diferentes maneiras com que os indivíduos desenvolvem conhecimentos sobre eles mesmos em nossa cultura, sem aceitá-los ingenuamente, mas analisando-os como jogos de verdade, relacionados a técnicas particulares que os seres humanos utilizam para entenderem a si próprios. A partir de diferentes matrizes práticas, Foucault define quatro tipos de tecnologias que se articulam, fabricando-nos como sujeitos. São elas: *tecnologias de produção*: que permitem produzir, transformar ou manipular coisas; *tecnologias de sistema de signos*: utilizam sentidos, signos, símbolos ou significação; *tecnologias de poder*: determinam as condutas dos indivíduos, submetendo-os a certos fins ou dominação; e as *tecnologias de si*: constituídas por operações no próprio corpo, alma, pensamentos, conduta e modos de ser. Partindo de tais ideias, tentemos compreender os discursos religioso, médico e político, apresentados no filme *Laranja mecânica*, observando-os em sua configuração social específica como encruzilhadas discursivas e pontos de deslocamento das *ideias* e dos *saberes* (Foucault; 2004b, 1987b). Tal intuito parece ganhar significatividade na medida em que pode servir para indagarmos nosso presente, inspirados na questão foucaultiana clássica, qual seja, *como* nos tornamos o que somos, ou ainda, *como isso acontece*? (Foucault, 1995). Assim, os vários *discursos* que visam incorporar o modelo de produção de individualidade no filme em questão ser-nos-ão úteis, na medida em que forem para nós um dos possíveis vieses para a análise do que somos neste tempo, neste exato momento, sem a tentativa de substancialização ou essencialismo.

Escolha moral, cura e funcionalidade: diferentes *discursos* e formas de controle

Dentre uma multiplicidade de discursos e práticas de sujeição representadas no filme de Stanley Kubrick, as palavras proferidas pelo padre durante seus sermões na prisão de Parkmoor são bastante ilustrativas: "Vocês são idiotas e trocam seus direitos por um prato de mingau. A emoção do furto, da violência, o apelo à vida fácil. Eu pergunto: de que vale tudo isso quando temos provas inegáveis, sim, evidências irrefutáveis de que o inferno existe? Eu sei, eu sei. Fui informado em visões de que existe um lugar mais escuro do que qualquer prisão, mais quente do qualquer chama de fogo humano, onde as almas dos criminosos impenitentes como vocês gritam numa agonia infinita e insuportável, com peles apodrecendo e caindo uma bola de fogo girando em suas entranhas atormentadas. Eu sei, eu sei." Interrompido por atos pouco respeitosos dos presos, o padre pede que cantem o hinário 258 dos detentos: "Eu era uma ovelha perdida. Eu não amava o rebanho. Não amava a voz de meu pastor. Não queria ser controlada."

Anunciando a visão que tinha do inferno pelas escolhas erradas que os homens faziam, o padre aparece na trama como um repositório da moralidade cristã, ao questionar a Técnica Ludovico, insinuando que ela tornaria Alex incapaz de *escolher* a bondade.[3] A maior preocupação do padre era que os detentos optassem pelo Bem, internalizando a culpa pelos seus erros. Foucault (2004b) define o cristianismo como uma religião não só da salvação, mas também confessional, constituída ainda de certas obrigações, dogmas, necessidade de demonstração da fé e autoridade institucional. Ao "verdadeiro" cristão surge a necessidade de buscar a penitência. Com o gesto ritual, o pecador reconhece sua essência ao romper-se consigo mesmo, não estabelecendo uma identidade, mas marcando a recusa de si. Essa nova decodificação, iniciada pela hermenêutica cristã, relacionará algo "escondido em nós", internalizado, sempre como uma autoilusão, que oculta segredos, transformando em pecado tudo que não pode ser expresso. Em tal prática, a única forma de

---

3. A indagação feita pelo padre remete-nos aos questionamentos de Santo Agostinho, sobre o livre-arbítrio. Para o Bispo de Hipona, a felicidade humana residiria nas escolhas morais que só as criaturas racionais são capazes de fazer. Para que os homens alcancem a felicidade, é preciso, primeiro, alcançar a beatitude, o que só é possível querendo e apreendendo o Bem. Para tal alcance, o homem precisa ser livre. Duas condições são necessárias ao Bem: a graça e o livre-arbítrio. A liberdade consistiria, precisamente, em poder não fazer o mal. Interessante também que Alex, no último capítulo do livro *Laranja mecânica*, não adaptado na versão cinematográfica da obra, decide que o tempo da ultraviolência *horrorshow* já passou, como sua adolescência. Tal escolha é feita após Alex encontrar Pete casado e com responsabilidades. Pensando em seu futuro filho, Alex segue imaginando que precisa encontrar uma jovem.

salvação dar-se-ia pela renúncia e verbalização constante, compondo, assim, um *poder pastoral*, que exige sacrifícios do devoto por si e por todo o rebanho e que se multiplicou também fora da instituição eclesiástica (Foucault, 1995).

Em *Laranja mecânica*, o discurso religioso representa apenas um dos "focos locais de saber-poder" articulados ao que Foucault (1984a) definiu por "regra da polivalência tática dos *discursos*", ou seja, a articulação entre poder e saber nas práticas discursivas, já que estas são compostas por blocos táticos no campo das correlações de força, com a possibilidade da existência de discursos contraditórios dentro de uma mesma estratégia. Nesse complexo e instável jogo, que se exprime como "obscuro e de regras anônimas" (Foucault, 1987b, p. 235), os *discursos* são tanto efeitos de poder — entendido não como ideologia, coerção ou soberania do direito, mas como um campo múltiplo e móvel, que o torna *microfísico* — e também obstáculo, ponto de resistência e ponto de partida de uma estratégia oposta. Saberes e poderes conjugam-se e afetam-se, formando os contextos em que vivemos, as "verdades" nas quais acreditamos, num processo incessante de fabricação subjetiva.

No futuro retratado no filme em questão, o discurso religioso, embora presente como um dos blocos táticos, não se apresenta como o mais estratégico ou mesmo de maior relevância. Alex, na condição de 655321, pergunta sobre a Técnica Ludovico ao padre, mas não leva em consideração os alertas deste sobre as escolhas, dizendo que "só quer ser bom". Ao final do tratamento, quando o padre o interpela pelos valores morais, a maior preocupação de Alex é perguntar ao Ministro do Interior se sua *performance*, durante a apresentação, foi boa. Em outros termos, a maior preocupação de Alex é saber se ele já pode ser liberto. A esta indagação do ex-*drugue*, ex-detento, ex-paciente e agora cobaia do mais ambicioso programa político de contenção ao crime, o Ministro, porta-voz do Estado, responde que Alex está pronto para voltar às ruas, sem causar dano algum à sociedade. Seu principal argumento, em refutação aos questionamentos do padre sobre o programa, é que o tratamento funciona. O que importa é que o paciente está curado e não causará maiores problemas, pois seu corpo foi impelido a fazer o bem.

O discurso da medicina, embora queira transparecer desinteresse e liberdade, integra exigências do poder. Os doutores do filme — o Dr. Brodsky, idealizador do Tratamento Ludovico, a Dra. Branom, sua assistente, e a Dra. Taylor, psiquiatra que fará os testes finais em Alex, após sua tentativa de suicídio — atestam diferentes "curas" para o mesmo "paciente". Ao notar que o "paciente" passa mal com as imagens transmitidas, o Dr. Brodsky explica à equipe médica: "Muito em breve, a droga levará o paciente a experimentar uma paralisia similar à morte, além de uma profunda sensação de terror e desamparo. Uma de nossas primeiras cobaias disse que foi como morrer por sufocação ou afogamento. E é durante esse período pelo qual descobrimos que o paciente fará as associações mais proveitosas entre o catastrófico ambiente da experiência e a violência que presencia." Nesse contexto, "cura" significará a reação negativa do corpo do "paciente" à violência, ao sexo e, acidentalmente, à Nona Sinfonia de Beethoven, ou ainda, o interesse político do Partido em que jovens violentos como Alex tenham o corpo regulado, em adequação às novas configurações históricas. Noutra circunstância, na qual a mídia e os eleitores não estão satisfeitos com esse tratamento, o mesmo Partido e os médicos entenderão ser "cura" o (re)condicionamento do jovem aos seus antigos valores, importando menos o julgamento sobre a moralidade dos atos de Alex do que aquilo considerado útil, qualificado como algo socialmente bom.

O discurso político, assim como os precedentes, aparece em um campo de lutas entre diferentes racionalidades, integrando-se àqueles. Durante o filme podem-se observar estratégias de poder que se coadunam, por meio dos interesses do Sr. Deltoid, do diretor do presídio e o Ministro do Interior. Nas posturas dos dois primeiros observa-se um desejo disciplinador, entendido como adestramento, crescimento simultâneo de sua utilidade e docilidade, na sua integração em sistemas de controle eficazes e econômicos, assegurados por procedimentos de poder que caracterizam as disciplinas, como a *anatomopolítica* do corpo humano (Foucault, 1984a).

Nos discursos normativos — do padre, do diretor de Parkmoor e do Sr. Deltoid — pode-se notar a influência da subjetividade como elemento fundamental para a reabilitação de Alex. Tal processo passa pela introspecção do indivíduo em *si* mesmo, para que, por meio da internalização da culpa, ele possa extirpar a "parte ruim" de sua alma/caráter, tornando-se adequado a um conjunto que articula normas e condutas.

Já o discurso do Ministro parece estruturado por cálculos e estratégias, sendo contrário a uma racionalidade essencial, pautada nas ideias de Bem e Justiça. Visando à funcionalidade, seu discurso é regido pelo conceito de eficiência, então, não há dúvidas sobre a adesão à nova técnica, conquanto esta se mostre como a mais adequada para o alcance de seus objetivos. A subjetividade de Alex é irrelevante, frente aos progressos que a medicina é capaz de alcançar ao impedir o "instinto criminoso". Ao final, o Partido do governo volta a utilizar a medicina para "curar" novamente Alex, tendo em vista somente a repercussão do caso frente aos eleitores, reforçando a lógica da funcionalidade.

O poder estatal, representado no filme pelo Ministro, pode ser associado ao que Foucault (1984a) chamou de matriz moderna da individualização ou nova forma do poder pastoral. Tal modelo de Estado, o Moderno, converte política em *biopolítica*, ao agir nos corpos dos indivíduos, integrando ao seu poder as menores partículas constitutivas do corpo social e gerenciando seu novo sujeito político, a *população* (Ibid.). Essa mudança de ênfase na racionalidade política fez com que a vida passasse a importar em demasia nos cálculos do poder, tornando o direito à vida seu maior valor.

Para Foucault (2008a) as questões biopolíticas ocuparam, desde o século XIX, um lugar crescente em uma nova racionalidade política, o "liberalismo", definido como um sistema que prioriza o respeito aos sujeitos de direito, a liberdade de iniciativa dos indivíduos e o fenômeno da população. Tal prática de governo será atravessada pelo princípio de que se governa sempre demais, ou pelo menos, é preciso sempre suspeitar disto. Então, a reflexão liberal permite inverter a questão política "Como se governa mais pelo menor custo possível?" por outra: "Por que é preciso governar?" Diante dessa problemática, o liberalismo deve ser entendido como uma governamentalidade que visa funcionar mais e melhor do que a sabedoria dos governantes, transpondo os problemas específicos da vida e da população para o interior de uma prática de governo.

Articulando discursos e práticas de biopoder, podemos aproximar a narrativa de Alex à luta agonística entre regimes de saber-poder presentes no governo de si. A *ordem do discurso* (Foucault, 1996a) — aleatória e sem um núcleo, derivando a coexistência de descontinuidades, práticas que se cruzam, ignoram-se ou se excluem — dá forma ao mosaico político em que diferentes práticas se articulam, de modo tático e estratégico. Alex é objeto de diferentes *discursos*, que visam a diferentes formas de controle.

Do discurso religioso ao político, passando pelo discurso médico, a subjetividade de Alex parece importar gradativamente menos, denotando um novo tempo, posterior às demandas puramente disciplinares — embora estas não estejam totalmente suprimidas — e em direção a um novo contexto, em que seja possível governar cada vez menos, visto que os corpos obedecem sem grandes investidas de poder, ou mesmo internalizações de culpa.

Da ação psicológica à fisiológica, a intenção da ciência, com seus ares de neutralidade, e da política, com suas intenções meramente funcionais, nos dão pistas, indicadas pela adoção do governo ao Tratamento/Técnica Ludovico, para uma arte de controle muito mais eficaz. Trata-se não de produzir *laranjas*, mas de produzir *máquinas*.

Desnecessário afirmar que o filme *Laranja mecânica* ainda permanece atual. Dentre os variados elementos que compõem sua história, um parece revelar algo perturbador de nosso presente: a tendência em lidarmos com situações anteriormente circunscritas ao âmbito social como problemas de saúde, sejam do corpo ou da alma. Em tal contexto, como a escola, sempre vinculada à formação, posiciona-se? Quais discursos, tão fundamentais à *vontade de saber,* seriam usados como táticas para caracterizar esses novos referenciais ao campo educacional?

Educação como tática: o que se permite e o que se impede?

Novos saberes, novas separações, novos dizeres, novos sujeitos. A distopia retratada em *Laranja mecânica* anuncia deslocamentos reiterados de diversos discursos. Se o funcionamento do *discurso* é inseparável dos dispositivos materiais nos quais se produz, as práticas sociais descritas no filme podem denotar sinais de reconstrução nos *regimes de enunciabilidade*. Modelado pelo entrecruzamento de regimes discursivos, o jovem Alex ressalta as diferentes formas de enunciar, viver e interpretar tanto a saúde, como o crime, a felicidade ou mesmo a educação.

Pensando especificamente no campo educacional, Foucault (1996a) afirma que, em escala muito mais ampla, faz-se necessário reconhecer grandes planos no que poderíamos chamar de "apropriação social dos discursos", sendo estes o instrumento privilegiado graças ao qual, todo indivíduo, em uma sociedade como a nossa, "pode ter acesso a qualquer tipo de discurso", distribuindo, no que permite e no que impede, as linhas que estão marcadas pela distância, pelas oposições e lutas sociais. O sistema de educação torna-se, em tal contexto, "uma maneira política de manter ou de modificar a apropriação dos discursos, com os saberes e os poderes que eles trazem consigo" (Foucault, 1996a, p. 43-4).

Local privilegiado da apropriação discursiva, a escola, instituição oriunda do projeto moderno, configura-se pela crença na melhoria da conduta humana por meio do conhecimento, tendo como grande desafio a formação da cidadania, responsável por instruir e valorar os indivíduos na arte de escolher, internalizando normas que guiarão a sua prática numa determinada agenda política. Assim, confere-se a essa instituição o caráter distinto na formação de subjetividades. Contudo, novos saberes parecem conferir novos lugares ao ambiente escolar: uma avalanche discursiva tem posicionado a escola também como o local da violência e dos novos distúrbios.

O espaço escolar, ocupado outrora pelos conteúdos e disciplinas prioritários — embora nunca exclusivos — vem sendo reconfigurado pela propagação de novos enunciados. O que antes era visto como indisciplina, parece passar por uma ressignificação léxico-semântica, aliada às novas tecnologias e dispositivos contemporâneos de poder. Novas terminologias habitam os antigos problemas ocasionados pela falta de adequação à norma escolar. Não raro atribuem-se a estudantes das classes média e alta diagnósticos de doenças que antes eram consideradas problemas disciplinares: distúrbios de atenção, dislexias, déficit de aprendizagem, dentre tantos outros atestados por diferentes especialistas. Aos estudantes pobres, a indisciplina aparece, por muitas vezes, vinculada ao estigma da violência.

Às invenções dessas terminologias atrelam-se novos regimes de saber-poder. Encurralados entre discursos que pronunciam a impossibilidade de se educar frente à "dissolução" da família ou à competição pela atenção do aluno promovida pelas novas tecnologias, os professores, coordenadores e diretores parecem não só aceitar passivamente, mas até estimular, na maioria dos casos, o desvio dos problemas ditos anteriormente como escolares para os âmbitos médico e criminal.

Sabemos, de acordo com a perspectiva abordada anteriormente, que os discursos não possuem exterioridade e não são apenas modificáveis, mas estão em perpétuo deslocamento, organizando-se em torno de contingências históricas (Foucault, 1996a). A partir de sua aparição e regularidade, o discurso fixa suas fronteiras de modo a denominar uma época ou tema. Mesmo havendo significativas diferenças de classe quanto aos diagnósticos sobre a indisciplina, tais fronteiras também são porosas, não possuindo uma definição oculta, ou um segredo a ser revelado. Expõem, antes, uma tendência, exploram uma possibilidade, que nos permite pensar até que ponto podemos dar conta dos jogos de verdade nos diferentes regimes discursivos sem nos submetermos a nenhuma sujeição antropológica.

Não se trata aqui de eleger um modelo, sermos maniqueístas ou ficarmos inebriados com rompantes nostálgicos sobre a educação, mas de uma tentativa de tarefa crítica, pondo em questão as instâncias de controle e considerando as regularidades discursivas através das quais elas se formam. Partindo da questão: de *quem* ou *o que* e *por que* se decidiu tal coisa e não outra qualquer das possíveis, Foucault (1995, p. 246) afirma a necessidade, do ponto de vista político, da análise daquilo que as relações de poder "são em uma determinada sociedade, de sua formação histórica, daquilo que as torna sólidas ou frágeis, das condições que são necessárias para transformar umas, abolir as outras". Dizer que "não pode existir sociedade sem relação de poder" não quer dizer que tais relações constituam "uma fatalidade incontornável", mas que a análise, a elaboração, a retomada da questão de tais relações e do "'agonismo' entre relações de poder e intransitividade da liberdade é uma tarefa política incessante; e que é exatamente esta a tarefa política inerente a toda a existência social".

"Suponhamos que os universais não existem" (Foucault, 2008a, p. 5). Tal frase pode parecer desalentadora, pois nos infla com responsabilidades cotidianas, atentas a atos que podem parecer banais, do cuidado com as sutilezas, num exercício incessante de reconstrução de nós mesmos. Imaginemos também, num futuro em pequena escala, a intersecção dos discursos criminal e médico sobre os distúrbios e indisciplinas escolares atrelados à necessidade de contenção dos violentos e à urgência de medicalização. Não estaríamos correndo para a criação de laranjas, porém mecânicas? Diante de tal cenário, cumpre perguntar-nos com urgência: Qual vai ser o programa, hein? Permitiremos?

THX 1138:* A TERRA RECRIADA

Marcelo Rito

Em algum futuro, os habitantes da Terra resolveram recriá-la em seu próprio subterrâneo. Levaram seus preciosos saberes e suas máquinas. Tanto a vida mineral quanto a orgânica, particularmente a humana, foram, por fim, dominadas. Cientistas e administradores, operadores e inspetores se armaram de abundantes dados a respeito de quaisquer formas de existência e resolveram empreender a construção de uma nova biosfera, totalmente artificial.

Pode-se imaginar os vultosos gastos, as incomensuráveis agruras dos trabalhadores e o júbilo dos presentes na fundação da nova cidade. No ato de inauguração, teriam sido proferidas laudatórias e agradecimentos aos heroicos construtores e, ao final das homenagens, uma faustosa festa para desfrute dos novos convivas.

Não seria difícil supor a profusão de despedidas. Para o mundo da superfície, ficaria a desolação e a finitude. Aos ocupantes do subterrâneo, a Terra renasceria no seu próprio seio e se eternizaria. No entanto, havia também o risco de fracassar o experimento; nesse caso, consumir-se-ia a última porção de espécimes humanos dignos de cuidado.

A preservação do meio e a perpetuação de seus habitantes seriam motes que convocariam a todos nesse novo mundo.

---

* Direção: George Lucas. Roteiro: George Lucas e Walter Murch. Título original: *THX 1138*. Ano de lançamento (EUA): 1971.

Dessa forma, a cura das doenças seria metamorfoseada em antecipação dos males. Para tanto, substituir-se-iam os médicos por técnicos de laboratório e os remédios adquiririam *status* de equilibradores químicos ou de modificadores genéticos. Os corpos deteriorados seriam convertidos em peças de reposição e a morte seria considerada uma quimera dos tempos de ignorância.

Dentre as mudanças, algumas se dirigiriam ao processamento dos alimentos. Na ausência do sol, a síntese química dos vegetais seria manipulada para garantir a hiperprodução de seus nutrientes e a água seria reciclada em sua totalidade.

Para que tudo funcionasse bem, os habitantes do subsolo deveriam cumprir às regras. Estas ficariam sob a gerência de computadores que, operados por atentos técnicos, monitorariam a ingestão dos alimentos, o consumo dos medicamentos, a atuação no trabalho e o índice sanitário, além do comportamento sexual.

A atuação sexual deveria ser alinhada aos padrões instituídos pela contenção demográfica. A infertilidade seria bem-vinda, a degeneração dos corpos poderia ser banida e, com ela, crenças celestiais.

A nova Terra, renascida para além das exigências da natureza, daria aos seus moradores o sustento e eles retribuiriam mantendo-a em estado de pureza.

As crianças dessa nova Terra seriam responsabilidade dos educadores. Estes acompanhariam de perto seu crescimento. Enquanto elas não alcançassem o estágio produtivo, todo desenvolvimento intelectual e corpóreo seria rigorosamente averiguado e dirigido, quer por intervenção química, quer por condicionamento. Para adequar o novo homem na Terra recriada, a correção tomaria o lugar do ensino, a disciplina suplantaria a criatividade e o incentivo ao desenvolvimento das capacidades intelectuais incorporaria as idiossincrasias, anulando-as.

Diante do cenário invocado pela obra de estreia de George Lucas, faremos a suposição de como seria a educação aplicada a uma Terra refeita sob os auspícios de uma contemporânea utopia, que, parafraseando Sfez (1996), chamaremos de utopia da saúde perfeita.

Criação, controle, vigilância, preservação, aperfeiçoamento, adaptabilidade, capacitação, formação, imobilismo e fuga. Todas essas atitudes seriam possíveis aos educandos em um por vir no qual frutificaria a Terra remanufaturada pela ciência.

Uma vida na infraestrutura

THX 1138, personagem que intitula o filme de mesmo nome, operava máquinas em um futuro não muito distante. Sua cidade era subterrânea, sempre iluminada e intensamente alva na qual dia e noite foram fundidos em uma monótona claridade. Cabeças raspadas, sapatos cobertos, roupas e vidas brancas.

Sua companheira de quarto era LUH 3417. Ela trabalhava diante de uma mesa com telefones, interruptores e vídeos. Cada pessoa na cidade de THX era diuturnamente vigiada, o porte de crachás era obrigatório, discriminava-se a circulação pelas ruas/galerias conforme a atividade profissional e as moradias eram transitórios alojamentos de trabalhadores. Escolhiam-se os coabitantes por meio da combinação de dados atinentes aos índices de sanidade dos convivas. Olhares paralelos, vivências uniformes.

No interior das habitações, o banho era por ionização. No caso, íons em forma de luz esterilizavam toda vida indesejada que insistia em se prender aos indivíduos. Tornara-se desnecessário retirar ou lavar as roupas, não havia imersão do corpo em água para limpeza. Dessa forma, propagava-se uma higiene que atingia os elementos invisíveis nos corpos dos cidadãos.

Tanto nos locais de trabalho quanto nas moradas, caixas-armários, contendo substâncias químicas, ficavam à disposição. As doses eram supervisionadas por agentes permanentemente conectados a tais armários. Drogas rigidamente controladas e, ao mesmo tempo, livremente oferecidas.

Todo ócio fora convertido em relaxamento e este se realizava por meio da combinação dos psicotrópicos à diversão televisiva. Existiam também, espalhadas pelos itinerários trabalho/casa, *unicapelas* que consistiam em cabines individuais nas quais qualquer um poderia confessar suas aflições diante de uma tela com a figura de um Cristo renascentista. Este se restringia a ouvir confissões e proferir palavras de ordem à guisa de aconselhamentos.

Eram proibidas quaisquer atividades no intercurso do descanso com a recuperação física para um novo dia de trabalho. Dentre elas, o sexo: incentivado na intermitência da masturbação e interditado no seu potencial reprodutivo.

A descolorida rotina do casal protagonista foi quebrada por uma artimanha de LUH. Suas carnes se uniram. Para a encenação do ato, Robert Duvall e sua *partner* Maggie McOmie enunciam de forma magistral o contato de dois corpos desacostumados ao abraço, de bocas desajeitadas procurando o toque, do tateamento desesperado até o finito e inevitável gozo. A estonteante manifestação de volúpia fora capturada por câmeras no interior do recinto e transmitida para estupefatos e vigilantes telespectadores.

Para despertar o desejo em seu companheiro, LUH cometera um crime anterior. Ela eliminara os medicamentos que inibiam a vontade sexual do amado, despertando-lhe o apetite. No entanto, no dia seguinte, após a criminosa luxúria, com os hormônios alterados, THX não atingiu a coordenação necessária para realizar seu trabalho. Um erro na manipulação de complexas ferramentas colocou em risco de acidente seu *lócus* na linha de montagem. Por isso, o operário foi submetido a um bloqueio mental e encaminhado à detenção. Improdutivo, o corpo de THX seria segregado, desmembrado e corrigido.

Destarte, ao delito sexual seria agregado outro: crime de evasão farmacológica. Os enamorados foram levados a julgamento e o plenário, em debate público, evocou argumentos atinentes à ameaça social e ao prejuízo material provocado pelo erro do operário. Ademais, a acusação sobrelevou os danos à moralidade pública.

O veredicto: LUH teria suas entranhas reaproveitadas em outro ser, enquanto seu nome/código transferir-se-ia para o indesejável rebento já inoculado no arroubo com THX. Ele, por sua vez, foi condenado à prisão. Encarcerado, seu organismo manter-se-ia vivo para posterior utilização dos órgãos, conforme determinação do Estado.

A prisão, nesse mundo inventado por George Lucas, não possuía grades. A fisiologia dos detentos era meticulosamente vigiada. Tubos com substâncias reguladoras eram inseridos nas suas veias, permitindo a manipulação dos carcereiros/laboratoristas. Controlavam-se, por meio do domínio sobre a intimidade, os comportamentos.

Nesse cenário, THX se converteu em fugitivo. No deslocamento realizado pela fuga, revelaram-se os diferentes espaços que compunham o mundo subterrâneo. O nível habitado por LUH e seu amante era separado de outros. Nos estratos inferiores viviam humanos aglomerados que constituíam uma massa onidirecional e ruidosa circulando por vias confinadas entre grandes avenidas nas quais carros e trens transitavam em altíssima velocidade, incessantemente.

Nos caminhos trilhados pelo trânsfuga, revela-se o que se poderia chamar de *background* da administração da cidade. Eram espaços compostos por intrincados corredores formados por arquivos cibernéticos que mantinham em funcionamento toda a rede de monitoria e vigilância necessária à manutenção da ordem pública.

Na produção do filme, concluída em 1971, George Lucas, ainda na universidade, dividiu a produção executiva com Francis Coppola. A obra foi marcada, além do experimentalismo da filmagem, pela sonorização de Walter Murch que lançou mão de aparelhos já corriqueiros na época para instalá-los em outras funções, claramente com intenção de criticar a artificialidade e a vida moderna.

A perseguição a que THX foi submetido realça a opção de crítica ao presente escolhida pelos criadores da película. O operário foi permanentemente observado pelas onipresentes câmeras de vigilância durante a estafante corrida. Seus algozes eram replicantes que ele próprio, quando empregado, ajudara a produzir. Toda tentativa de resgate foi dirigida com vistas ao cumprimento do orçamento estatal alocado à sua vida. Ao findarem os recursos previstos para a manutenção de THX, ele foi abandonado.

Claramente, os autores da ficção *THX 1138* denunciaram o aspecto repressivo da ciência, quando esta empreende um discurso totalizante.

As plataformas que seguem neste texto pretendem inserir a obra de Lucas em outra dimensão crítica. Neste viés, o discurso científico perde tanto sua imparcialidade quanto suas possibilidades estritamente repressivas. Aqui, a ciência será tratada como potente mecanismo para produção de liberdade. Uma liberdade para ser vivida e regulada no interior de corpos formados e conformados por engenhosos regimes de verdade.

Evoca-se, para tanto, Michel Foucault. Ele parece-nos um bom acompanhante, especialmente, quando anuncia a liberdade como um dispositivo de controle, cujos efeitos geram maneiras de viver adequadas aos cálculos do poder estatal.

A cena final da obra de George Lucas é ilustrativa dessa possibilidade de análise.

THX vê seus perseguidores desistirem e se arroja à superfície da Terra. Quando ele estava nos braços de LUH, ambos acordaram a fuga. Na superestrutura, sonhavam viver livremente, com menos trabalho e com filhos para criar. Mas, ao subir o último degrau da escada para a liberdade, o protagonista depara-se com a total devastação. Um imenso e vermelho deserto, claudicando sob a inclemência de um sol daninho, perfurante, desintegrando qualquer forma outra de vida.

A Terra recriada pela ciência

Imaginemos "um mundo em que todos os nossos sonhos científicos e mecânicos se concretizam", tal como anuncia a abertura do seriado *Buck Rogers em Marte* citado no início do filme *THX 1138*.

O aspecto literário dessa citação é patente. Ela expressa a abundante produção científico-ficcional, notadamente cinematográfica, com temática centrada em algum futuro no qual a aplicabilidade técnica dos enunciados científicos chegou à plenitude. Abdicando da tarefa de compilar argumentos literários, o presente texto tem como propósito usar o futuro forjado pelas lentes de George Lucas como ocasião para especular sobre o tipo de vida que se engendra quando tanto saberes quanto fazeres são subsumidos à ideia de forjar uma humanidade plenamente sadia.

É possível, na companhia de Foucault (1999), mirar um olhar crítico para os enunciados que tomam a vida como objeto de preocupação estatal e, ao mesmo tempo, instigam os membros de uma comunidade a se identificarem a partir de determinados referenciais de saúde.

Tal mirada encontraria, dentre muitos, os discursos produzidos por expoentes da biotecnologia atual, notadamente, representantes de campos discursivos relacionados à genética, ecologia e cibernética para sondar em seus pronunciamentos a constituição de uma sociedade de plena salubridade. Muitos deles são defensores de intervenções cada vez mais meticulosas nos corpos humanos com vistas a extrair o máximo de suas forças produtivas, na perspectiva de trilhar as sendas da imortalidade ou, ao menos, do bem-estar perene.

Nesse sentido, Lucien Sfez (1996) dedicou-se a analisar promessas e fracassos de três ilustrativos campos de atuação da biociência, particularmente após a Segunda Guerra Mundial. Trata-se dos projetos Genoma e Biosfera II, além das contribuições da cibernética na *artificial life*. O autor francês observa a articulação, de forma bastante concatenada, entre esses enunciados e a promoção daquilo que ele chamou de utopia da *Saúde Perfeita*. Tais dizeres são compostos por definições próprias daquilo que se convencionou tratar, desde o século XIX, por ciência moderna.

Pretendemos aqui pensar a que convoca o projeto de constituição da *Grande Saúde do Planeta* (Ibid.), componente ecológico da utopia acima referida. O substrato desse projeto aproxima-se do conceito de *life sustaining*. A partir deste conceito, todas as pessoas deveriam se comprometer com a manutenção da vida no planeta, uma vez que o *life sustaining* parte da crença no risco iminente de esgotamento dos recursos naturais.

Os profetas da Terra em decomposição, quase sempre, pertencem a grandes esferas de poder, quer sejam estatais ou empresariais. No entanto, interessa menos pensar sobre de onde vieram e muito mais em como essas profecias operam nos processos de subjetivação moderna. Lembremos: estamos forjando um pensamento para a educação, lugar propício para a criação de processos de subjetivação. Atentemos, assim, para a relação entre alguns elementos de tais profecias e os efeitos de poder disponibilizados pelos enunciados a elas aparentados.

Foucault (2008b) já pensava na maneira com a qual a ideia de escassez fora encaminhada pelos administradores dos Estados europeus no século XVIII. Tal encaminhamento permitiu o funcionamento daquilo que o autor nomeou como "dispositivos de segurança". A partir da ativação desses dispositivos, sobrelevando o cálculo de riscos, teria sido possível inserir acontecimentos pontuais/individuais em tabelas e projeções estatísticas. Ter-se-ia criado, dessa forma, o conceito de população. Por meio desse mecanismo discursivo, as ações individuais poderiam ser colocadas à disposição das intervenções do Estado cujas determinações passariam a ser justificadas pela garantia do bem-comum. Em outras palavras: quando as cidades começaram a abrigar massas populacionais cada vez mais perigosas pela quantidade, *pari passu*, observou-se o nascimento de uma profusão de institutos, associações, centros de pesquisa e demais espaços destinados à quantificação dos cidadãos com vistas a conduzir condutas por meio de medidas para "ordenar a probabilidade" (Foucault, 1995). Nesse contexto, foram constituídos critérios de salubridade para o conjunto da população.

Além disso, as quantificações teriam permitido aos Estados medirem o grau de responsabilidade que corresponderia a cada grupo social em relação a um determinado processo populacional. Por meio de chamamentos coletivos, as práticas administrativas dos mecanismos de governo agiriam no sentido de reorientar os comportamentos individuais e grupais. Nesse processo, tornaram-se poderosas as ações cujos argumentos conclamavam à vida saudável e às propostas de regeneração da Terra e do homem.

Sfez (1996) tornou visíveis essas conclamações em suas análises referentes à utopia da *Grande Saúde do Planeta*. Este título marca a compilação de discursos proferidos pelos cientistas envolvidos em um projeto que resultou na criação da Biosfera II, um sofisticado experimento ecológico que confinou oito pessoas em um simulacro de biosfera instalado no deserto do Arizona entre os anos de 1991 e 1993.

Nos ditos discursos, evidencia-se que ao ser humano é dada a tarefa primordial de preservar, por meio do equilíbrio fisiológico dos corpos individuais, a saúde de todo o planeta. Portanto, a sustentabilidade planetária partiria da responsabilização pessoal. Na vertente dessa utopia preservacionista, a complexidade dos riscos tem sido apresentada com tamanha veemência que os seguidores, ao aderirem a ela, são instados a transformar seus estilos de vida em direção àquilo que, em hipótese, é definido pelos *experts* da Terra saudável.

Contaminados pela eloquência das imagens de George Lucas poderíamos incluir, entre esses *experts*, os geneticistas. Assim fazendo, passamos a analisar os enunciados que contribuíram para a implantação do Projeto Genoma, mais especificamente àqueles comprometidos com o mapeamento do código genético humano.

Sfez observa que esse viés da genética é campo para intensa produção utópica. Além disso, assevera que, por meio dele, pode-se interferir em outras ciências cujos alvos são modos de encarar a vida. Dentre essas ciências, destacam-se a medicina e a demografia. Na seara médica, a utopia genética permite o deslocamento das prioridades: a antecipação das anormalidades ganha primazia em relação à cura. Por outro lado, o controle demográfico justificaria intervenções quer na conduta social, quer no senso individual para que cada elemento da população possa se adequar aos níveis de natalidade/longevidade definidos pelas instâncias de governo. No limite, o autor especula acerca do surgimento de uma nova eugenia.

No futuro em que vive THX, não existem médicos. Essa condição particular poderia expor um paradoxo: como uma sociedade obcecada pela saúde dispensaria uma atividade diretamente ligada a ela? Sfez, novamente, ajudaria a compreender esse aspecto. Para o autor, na sociedade criada pela utopia genética, a função do médico seria suplantada pelos *bio-éthiciens*. Estes profissionais teriam como função decodificar as doenças a partir de sua inscrição no DNA humano. Assim fazendo, poderiam definir um conjunto de atitudes pertinentes a cada corpo individual. Dessa forma, a doença não mais precisaria ser objeto de cura e os profissionais da medicina seriam guindados à condição de meros explicadores dos males com vistas a restituir à saúde não só o corpo doente, mas antecipar a própria doença. Evidentemente, para tal atuação, os exames clínicos seriam substituídos pela monitoração das funções fisiológicas. O equilíbrio interno é o horizonte pretendido pelos utopistas genéticos, sendo que, para alcançá-los precisar-se-ia expandir ao infinito a medição do comportamento humano.

A composição de referências quantitativas e suas consequentes previsões matemáticas recebem, na utopia da saúde perfeita, o auxílio de uma técnica ainda mais contemporânea: a cibernética. A ciência dos dados, quando orientada para a saúde, pretende forjar meios para uma inteligibilidade perfeita do funcionamento orgânico, seja do ambiente seja do corpo humano. Assim, com base em dados coletados na anatomia, seria possível organizar internamente os corpos a fim de receberem determinações maquínicas que definiriam diversas funções, tais como o comportamento social e o trabalho humano. Dessa maneira, ambicionar-se-ia criar regulamentações precisas sobre o uso dos corpos.

Tais regulamentações, produzidas a partir dos dados sistematizados pelos meios cibernéticos, permitiriam ao Estado sofisticar suas políticas de intervenção nos elementos da população. A sofisticação seria mais apurada caso se conseguisse a adesão de cada indivíduo por sua vontade pessoal, à manutenção do próprio corpo equilibrado para o bem de toda a coletividade humana.

A combinação dos fatores ecológicos, genéticos e cibernéticos tem, nessa dimensão utópica, o alinhavo econômico. Neste aspecto, os promotores da saúde perfeita imaginam uma sociedade plenamente produtiva. Para tanto, todas as limitações da natureza seriam ultrapassadas pela eliminação da dicotomia homem/máquina, uma vez que se compreenderia em ambos o mesmo tipo de funcionamento. Assim, os dados relativos à produção poderiam motivar a permanente realocação dos trabalhadores segundo suas capacidades físicas e psíquicas; capacidades estas detectáveis nos resultados aferidos nos constantes processos avaliativos. Portanto, o ato de avaliar, no contexto de uma sociedade seduzida pelos ideais de saúde perfeita, é condição para manter cada um e todos em permanente evolução produtiva.

As capacidades necessárias à formação de corpos produtivos fariam parte do próprio processo de subjetivação dos indivíduos. Estes seriam permanentemente avaliados com vistas a expandir constantemente seu potencial. Nesse aspecto, elevar-se-iam como fundamentais os saberes atinentes à psicologia a qual atinge hoje, assim como em tempos pregressos, o *status* de "ciência dos exames" (Foucault, 1987a).

Recolhendo os estilhaços das ideias foucaultianas atinentes aos processos de subjetivação na contemporaneidade, encontramos Nikolas Rose (2001) e suas acepções acerca dos "agenciamentos" com radical psi. Para o autor, tais agenciamentos operam por meio de "máquinas de formação de sujeitos", algo como uma sala de aula, para usar um exemplo do próprio Rose.

Segundo o autor, essas máquinas produzem vocábulos, julgamentos, técnicas, inscrições e práticas que explicam, valoram, formatam, codificam e moldam os indivíduos em determinados estilos de vida. Os agenciamentos psi atuam de modo a garantir argumentos de autoridade para sustentar as ditas maquinações. Para tanto, instalam regimes de verdade nos quais sobrelevam enunciados proferidos pela *expertise* psi. Esta se dedica a oferecer métodos científicos e, portanto, seguros para que as pessoas consigam suportar o ambiente exterior a elas de modo a resguardar suas interioridades das interferências indesejáveis do espaço público.

Usando esse conceito de *expertises* podemos saltar agora à mais ousada das plataformas. Tal salto pode ser impulsionado pela pergunta: como os agenciamentos psi instalariam, fundamentalmente na escola, processos de subjetivação adequados à vida em uma sociedade envolta pela utopia da saúde perfeita?

Qualquer problematização acerca da escola não pode dispensar a subjetivação produzida no interior dos discursos constituídos, dentre outros, por psicólogos, psicopedagogos, psicanalistas e psiquiatras. A despeito das diferenças entre as práticas implantadas por essas *expertises*, é inegável a força de persuasão que seus enunciados adquiriram no processo educacional, desde a modernidade até hoje.

Para especular sobre os efeitos desse processo de subjetivação, sigamos com Jorge Ramos do Ó (2003). Em sua obra intitulada *O governo de si mesmo*, o autor se vale do método genealógico para compreender a forma pela qual a pedagogia moderna se utilizou, desde o século XIX, das acepções criadas no campo psicológico. O autor suspeita de que essa utilização instaura mecanismos de governo para viabilizar a condução da conduta dos coletivos escolares. Tal estratégia seria responsável por instigar e, por conseguinte, regular a liberdade de cada um e, ao mesmo tempo, do conjunto dos educandos.

Em suas pesquisas, Ramos do Ó vasculhou os procedimentos educativos aplicados nos liceus portugueses desde fins do século XIX até meados do XX. Nessa sólida base documental, o autor observou procedimentos cada vez mais sofisticados para sondagem da alma dos jovens escolares. Tal sondagem recebeu a contribuição decisiva das infinitas medições da psique a que foram submetidos os alunos liceanos. Tais avaliações viabilizavam dois projetos complementares: de um lado se comparava os resultados alcançados por determinado estudante com os resultados alcançados pelos seus colegas, a seguir, usava-se a comparação para insuflar a constante reavaliação individual dos comportamentos. Assim fazendo, se poderia armar uma lógica identificadora que pagava tributos tanto aos processos de normalização das condutas quanto à constante e aparentemente infinita busca pelo autogoverno. Tudo isso, na opinião do autor, amplificaria a extensão do controle.

Portanto, amplificando mecanismos de autocontrole, a escola prestou numerosos serviços à construção de interioridades suscetíveis aos regimes de verdade instalados por especialistas do bem-estar, bem sentir, bem pensar, bem produzir e do bem conduzir. Tudo isso em nome da restauração de um determinado tipo de humano em um ambiente recriado por uma específica noção de saúde.

Educação higiênica, vestígios de uma utopia

Pouco se negará um fato: a escola sempre foi ambiente propício a recriações. Tomemos como prova disso as incontáveis reformas que assolaram toda a árida arena em que se digladiaram os experimentalistas do século XIX, os escolanovistas dos anos 1920 e os atuais construtivistas.

Além de reformista por nascimento, a educação moderna também sempre foi coletora de dados. Conta-se na escola por meio de: avaliações, exames, notas, quadros de resultados, registros de comportamento, relatos das conversas com pais, deliberações das assembleias de professores, registros em boletins de ocorrência, informes das direções, pautas das reuniões com coordenações, resultados de testes de inteligência, ditames de laudos psiquiátricos, verificações dos pesos, projeções das alturas, comentários nas redações, índices dos vestibulares, antecipações dos planejamentos, elementos dos currículos, apontamentos das entrevistas, acordos trabalhistas, listas de inadimplentes, cadastro dos endividados, inquéritos administrativos, petições e gráficos de todas as medidas. A despeito de tudo mais que esse parágrafo comportasse, não precisaríamos mais estendê-lo para compreender que a educação moderna e seus atores desde sempre conviveram com quantificações.

Das infinitas refundações a que foi submetida a escola moderna, elevam-se os grandes nomes. Beneméritos exemplares do rigor acadêmico e da labuta professoral, do alto de suas carreiras, outorgaram definições pedagógicas em abundantes cerimônias de lançamentos de propostas. Já disse um deles: "todas as glândulas, atuando de forma sinérgica ou antagônica, simultânea ou alternada sobre o organismo em desenvolvimento, constroem essa obra complexa e harmoniosa que é o ser humano, maduro e acabado" (Peregrino Jr. apud Lourenço Filho, 1963, p. 45). Arvoraram-se esses promotores de reformas que, por meio da educação, um novo mundo surgiria desde que, para tal, se continuasse preparando o corpo individual e coletivo das crianças.

Acresce-se a isso a avalanche de recursos estatais toda vez que se procurou criar uma nova escola. Para além de verbas diretas, todas as reformas educacionais modernas foram pródigas em promover institutos, agências de fomento, formação de professores, grandes obras, repartições públicas, ministérios etc.

Se observarmos com atenção os princípios que orientaram o amplo processo de institucionalização da moderna escola, constataremos que quase todos eles tinham como mote a preservação do mundo tal qual se apresentava. Na maioria das propostas, afirmava-se que o processo educativo deveria equiparar seus procedimentos aos novos tempos em que a sociedade fora dos portões escolares já vivia. Em outros casos, o ensino democratizado foi apontado como fator indispensável ao desenvolvimento econômico, necessitando-se assim preparar os jovens para um futuro produtivo e previsível.

O contínuo processo de democratização escolar para expansão produtiva do país sempre foi acompanhado por intervenções científicas. Tome-se como exemplo os princípios do higienismo mental de Artur Ramos (1939) ou mesmo as sentenças do atual Plano Nacional de Educação brasileiro, como no caso de considerar: "à medida que essa ciência da criança se democratiza, a educação infantil ganha prestígio e interessados em investir nela" (Brasil, 2000).

Aliado às intervenções científicas, o caráter performativo nunca abandonou a escola. Nesse domínio, destacam-se as contribuições da psicologia. Este saber sempre se dedicou a compreender o funcionamento mental dos aprendizes para sofisticar os métodos de antecipação e encaminhamento dos problemas gerados pela adaptação ao meio escolar.

A psicologia sempre ofereceu suas contribuições no que toca ao ajuste de eventuais desvios no processo de aprendizagem. Ela própria foi, muitas vezes, criadora de enunciados para restaurar os jovens tanto no contexto escolar quanto para além de seus limites. Pode-se considerar que a correção/condução da alma dos escolares diversas vezes foi promovida como forma de restaurar os diferentes indivíduos e, por consequência, de redimir toda a humanidade.

Há de se considerar o veículo pelo qual se impuseram tanto as reformas educacionais quanto as propostas de restauração individual: a regulamentação. A cada novo projeto de reformulação nota-se um conseguinte volume de determinações legais e interdições normativas, as quais quase sempre hipertrofiaram as minúcias das autorizações, concessões e proibições.

Desde a instalação dos fundamentos liberal-democráticos nos governos após o século XIX, nenhuma reforma educacional abdicou de atribuir à escola a tarefa de criar cidadãos participativos, aptos a adentrarem nos ditames econômicos, políticos e morais da sociedade que os cercavam e cercam.

Ambicionamos agora pensar pelo avesso. Ousar uma suposição outra, ficcional como qualquer uma. Assumindo o caráter preditivo de qualquer suposição, enunciaremos a questão: seria possível abdicar da psicologia na escola?

A proposta é instigante e a resposta irrelevante. No entanto, o simples fato de supô-la já revela a adesão do proponente. Suponhamos que sim.

Sem a psicologia, certamente, refluiriam as conversas em torno da autoestima dos alunos, possivelmente os comportamentos inusitados seriam tratados com vistas ao caráter público do espaço escolar. Provavelmente, a utilização privada do espaço comum sofreria sansões dos professores. A ênfase das aulas ater-se-ia à produção de pensamentos inusitados, à contação de histórias, a produções artísticas, ao convívio sem compromissos temporais, as conversas tomariam o lugar dos conselhos, enfim, como sonhara Arendt, os mais velhos seriam convocados a contar suas experiências aos mais novos.

Os mais novos poderiam não ser mais considerados entes em desenvolvimento, a graça dos crescimentos seria digna de admiração, não de controle. A disciplina seria dirigida ao trabalho intelectual, não à moralização; as medições seriam abolidas e com elas toda e qualquer perspectiva de cura. Não se aceitariam a alcunha de doentes a quaisquer dos inadequados da escola. A norma perderia seu sentido, pois os gráficos de rendimento seriam abolidos.

Os acres odores das utopias seriam extirpados das salas e das bocas nas escolas, notadamente a utopia da saúde perfeita. Esta, absolutamente coerente com os enunciados psi, teria esvaziada sua potência.

Saúde não seria um problema a se tratar na escola. Por consequência, desprezar-se-iam quaisquer explicações a respeito da intimidade, quer seja sexual, religiosa ou mnemônica dos alunos.

Tão ficcional quanto qualquer pensamento, a ideia de tornar uma escola livre da psicologia poderia aproveitar para afastar-se das propostas de redenção do mundo. Essa escola manter-se-ia radicalmente democrática na medida em que a condução do espaço individual se assentaria apenas na experiência do convívio. Dessa forma, considerar-se-ia o presente como um tempo saturado de agoras, à moda do que insinuara Benjamin (1985).

A escola poderia ser assim, ou não. Poder-se-ia, inclusive, imaginar a demolição de seus muros. Ou ainda eliminá-la por completo.

Abstraindo as teleologias, o futuro se tornaria mero espaço para criação literária.

De qualquer maneira, a invenção de cenários desponta necessária, uma vez que procura, modestamente, com ajuda de generosos argumentadores, transtornar o fazer pedagógico atual e imiscuir-se em suas brechas com abundantes críticas até que pensamentos novos em profusão desestabilizem a inércia da intelectualidade educacional brasileira.

Dessa forma, poder-se-iam constituir suposições calcadas nas astutas e infindas veredas pelas quais circularam as práticas e as palavras que compuseram a sempre insuficiente história da educação.

OS DOZE MACACOS:*
DO INFRA-HUMANO AO ECOGOVERNO

André Bocchetti

Horror ridículo, hermético, sufocante. A imagem sinistra de uma humanidade que a tudo quis comandar inaugura os delirantes 129 minutos de *Os doze macacos*. No nostálgico futuro de 2035 — onde um maquinário frio se une a utensílios do cotidiano industrial (aspiradores de pó, barômetros, caixas registradoras) —, confinados em um mundo subterrâneo, subsistem aqueles que puderam escapar da catástrofe microbiológica que assolara o planeta. A existência infra-humana, viral, tornou-se a grande responsável pela hiperclausura dos homens que, agora, se submetem ao "Código de Emergência Permanente" de um submundo que, não por acaso, é vislumbrado a partir das celas de um presídio que pouquíssimo tem de futurístico.

"Surgem presságios e profecias. As quatro bestas entregam aos sete anjos sete frascos cheios da ira de Deus que vive eternamente": a mensagem do pregador que sobrevive nas ruas guarda em si a ambiência do filme. A mensagem é apocalíptica. O homem está preso em um futuro sombrio. Após a liberação de um vírus mortal, provocada pela ação de um cientista ansioso por resolver de um modo radical os desequilíbrios

---

* Direção: Terry Gilliam. Roteiro: David Webb Peoples e Chris Marker (baseado no roteiro do filme *La jetée*). Título original: *Twelve monkeys*. Ano de lançamento (EUA): 1995.

ambientais provocados pela nossa espécie, a humanidade enclausurada procura desesperadamente voltar à liberdade, e vasculha por meio da mesma ciência que quase lhe exterminara uma possível cura para o ambiente infeccioso que criou. A manipulação da vida microscópica lhe trouxe o terror; outro tipo de manipulação, temporal, pode lhe trazer possíveis soluções. E a obsessão dos cientistas é, agora, a de voltar ao passado e coletar informações que lhes possam ajudar a exterminar o agente viral.

Os presidiários dessa época tornaram-se soldados que viajam no tempo à procura de respostas. A narrativa de Terry Gilliam — que a todo instante questiona os limites entre loucura e sanidade — delineia a história de um desses condenados-(a)-pesquisadores: James Cole. Ele, como todos ao seu redor, é vítima de uma série de saberes especializados, corporificados na *expertise* que não deixa de observar suas incursões ao passado, e na ciência duvidosa que, além de falhar no controle biológico, erra ao perseguir falsos suspeitos e ao enviá-los para diferentes períodos da história.

Em sua primeira viagem, Cole é erroneamente enviado a 1990. Por sua pregação futurístico-apocalíptica, é diagnosticado como insano pela Dra. Kathryn e confinado em um hospício. Lá, entra em contato com a instrutiva loucura de Jeffrey, que, em seus (sempre planejados) surtos, denuncia a sociedade consumista e o tratamento que recebem aqueles que não são mais do que seu refugo.

De volta ao seu presente (no qual a *expertise* reaparece, agora, como um júri medicalizado que perscruta suas ações), Cole descobre a associação de Jeffrey com um grupo ativista denominado "O Exército dos doze Macacos", supostamente responsável pela disseminação microbiológica que teria dado origem à terrível catástrofe da qual são todos vítimas. Enviado novamente ao passado (desta vez em 1996, ano de início da propagação viral), reencontra Kathryn, agora uma renomada psiquiatra, e a sequestra, forçando-a a, com ele, buscar pistas que conduzam aos fatos que permearam a origem do desastre. O contato com a especialista traz, a James, dúvidas acerca de sua própria sanidade. A trama que mescla viagens no tempo com questionamentos acerca de estados mentais e mecanismos constantes de controle (como a voz que persegue o protagonista) conduz James e Kathryn a crises que colocam em questão a realidade que os rodeia; realidade esta que vai, pela ação de ambos, sendo redefinida no elo entre o belo presente e o terrível devir da humanidade.

James é refém de sua própria (in)sanidade, de suas incursões pelo tempo e de uma "consciência" cuja origem lhe é estranha. A voz que incomoda seus pensamentos não cessa de lhe dizer que ele não pode se esconder — os cientistas-juízes do futuro estão em todo lugar. Em seu sono, vive um sonho recorrente, no qual uma criança vê um homem armado sendo alvejado por policiais no aeroporto. O homem cai morto, defronte sua amada que, desesperada, corre ao seu encontro.

A relação entre o protagonista e sua parceira tem uma inversão importante ao longo da trama. A imagem contundente da psiquiatra, contraposta a do resistente condenado, se vê aos poucos substituída pela de uma especialista que questiona os jogos de verdade da ciência que produz — "Todos aceitam a verdade que dizemos. Psiquiatria é a nova religião!" — e a de um enfraquecido habitante do futuro que "se conscientiza" de sua loucura, assumindo as leituras psi realizadas pela confusa Kathryn: "Você tinha razão. Sou doente mental."

As informações obtidas por James e Kathryn não são suficientes para desnudar os fatos antes de seu acontecimento. A realidade, ao final do filme, se revela inquietante: o suposto plano catastrófico do "Exército dos doze Macacos" não passara de uma ação rebelde de libertação dos animais do zoológico. Mas o desastre não deixaria de acontecer — o criminoso cientista conseguiria, enfim, viajar pelo mundo para disseminar sua praga viral. Não haveria salvação. E para Cole restou a sina de encontrar seu passado, presente e futuro reunidos em um só momento: o de sua morte, ao ser alvejado por policiais em um aeroporto, enquanto perseguia o responsável real pela infestação — fúnebre realização do sonho que o acompanhou por toda sua vida.

Ao longo da narrativa, a imagem de Cole em nada se assemelha à de um redentor. Sua mensagem ao passado não é preventiva. "Não posso salvá-los, ninguém pode." Aquilo que o motiva é, sobretudo, o mesmo que o enclausurou: a necessidade de saber mais, de conhecer para que nada fique fora; trata-se, como em muitos outros momentos que dominaram a vontade científica, de um retorno à ilusão de comando: a busca por informações sobre o vírus e o retorno à superfície em um mundo que, agora, zoológico por excelência, é dominado por animais que passeiam pelas ruínas da outrora dominante construção humana. Dessa vez, é o *homo sapiens* que surge enjaulado — dupla inversão, risível, que o enclausurou sem tirar-lhe o sonho de subjugar para libertar-se e, ao mesmo tempo, substituiu a honrosa luta pelos animais por outra, bem mais assustadora, contra eles. Efeito obscuro, pois, de um ecogoverno que, em seu apelo à participação consciente, já há muito investe nossas vidas.

Espaço limitado, desejo planetário: a ecologização e sua produtividade

Do risco do negativo ao pânico do inevitável. Muito daquilo que fomos capazes de inventar como essenciais à vida — o bem-estar, a liberdade, a segurança — foi esquecido na geografia limitada do planeta pós-catástrofe produzido por Terry Gilliam. Mundo densamente disciplinar, de olhares intensos e incessantes, que encontrou no desastre ecológico e no desespero por ele produzido a mensagem de esperança que revigora a ciência da domesticação corporal, potencializando-a no desejo coletivo de retomar o controle de tudo. Todos enclausurados, mas trabalhando juntos para voltar à liberdade, em uma disciplinarização que perscruta a todos, mantendo incessante a vontade de reconquistar o planeta.

O desejo de saber-poder para ser livre que permeia o homem do futuro em *Os doze macacos* nasce de um jogo constante entre pânico e esperança, da complementaridade entre o sonho de dominar por completo a natureza e o temor de a ela permanecer subjugado. Vontade e medo que, legitimados nos discursos dos cientistas do futuro, residem em todos, e que em Cole se intensificam em suas viagens de regresso: momentos em que pode sentir novamente tudo aquilo que, pela ação de somente um cientista, tornou-se apenas lembrança — inversão individual, portanto, do princípio de prevenção geral que delineou a virtude de toda a cidadania moderna, construída sob a obediência coletiva e "democrática" aos superiores (Passetti, 2004). Saudade saciada por um passado caracterizado pelo ar "puro", pela música que já não mais se ouve, ou pela relação apaixonada (mas, sobretudo, pedagógica) que estabelece com uma psicanalista, e que o faz assujeitado por um controle bem mais sutil, em uma "nova religião" que, sob a legitimação de uma cientificidade psi, o ensina a se tornar louco.

O que há de mais ridículo no desejo humano de tornar controlável está posto, seja em devaneios bastante lúcidos dos muitos "insanos" que povoam a narrativa, seja na incapacidade científica da desnorteada *expertise* futurística ou, então, nos diagnósticos psicológicos de uma especialista que, após testemunhar uma série de acontecimentos previstos por James, passa a questionar sua profissão. Em tudo, a incapacidade de mudar algo — o desfecho do filme, onde nada se pôde fazer, se mostra tão trágico quanto toda sua trajetória — soa menos como um alerta do que como uma lúcida compreensão daquilo que, insistentemente, continuamos a tentar ser.

Os doze macacos evidencia o terrível resultado de um mundo onde a biopolítica — o investimento sobre a vida de que nos fala Foucault (1999) — não foi suficiente para a manutenção tranquila das estratégias de controle. Sociedade que, ao se dedicar à moldagem da vida de todos e à inclusão incessante, entrou em colapso por não ser capaz de se preparar para um de seus mais prováveis produtos: o homem ambientalmente conscientizado, disposto a aniquilar seu próprio espaço e sua própria espécie em favor da manutenção da vida não humana. Eis a versão final do amante profundo da natureza, tão bem constituído nessas décadas de discursos ecológicos e capaz de se sacrificar pelo planeta, a quem coube a responsabilidade de enclausurar a espécie humana em um ambiente insuportavelmente infeccioso.

Vítimas de sua consciência ecológica, os homens do submundo nos falam da inquietante virtualidade de um planeta em suas inversões de confinamentos e liberações. Trata-se, em primeiro lugar, de um confinamento espacial, estranho por ter nascido justamente em uma era de controles difusos e pouco territorializados. Um pouco por isso, surge atrelado ao desejo de voltar à liberdade, de tornar a dominar os espaços e não se submeter a nenhum deles. Sonho que permite a ampliação de outro confinamento ainda mais eficiente, promovido por meio da *expertise* que inventa prisioneiros-heróis e a todos incita em uma participação forçada, porém desejada; minuciosamente controlada, mas com ares de libertação. Novo discurso, tomado por um desejo incontrolável de libertar — movimento paradoxal, talvez, por partir da ação coletiva dos prisioneiros de um mundo que se tornou um imenso encarceramento, profundamente produtivo por tornar a todos corresponsáveis.

Mas a narrativa de *Os doze macacos* também nos faz pensar em um mundo já estabelecido, cuja ameaça constante à destruição, aliada a uma incitação à participação de todos, se demonstra bem presente. A sociedade de controle não perdeu suas forças; pelo contrário, redefine seus discursos, reorganiza esforços e se beneficia com as possibilidades de um ecogoverno nascido da luta pela sobrevivência que, hoje, povoa nossos discursos em favor do ambiente. Em meio ao risco de falharmos em nossa missão preservacionista, somos incitados a participar sempre, incessantemente. O cuidado com a natureza providenciou as bases para um ambiente altamente governável ao investir naquilo que Passetti (2005) compreendeu como as duas principais estratégias da ecopolítica: de um lado, a redução das resistências pelo incentivo à participação; de outro, o deslocamento do foco da ação sobre os indivíduos, que deixando de priorizar o corpo passa a encontrar nos investimentos planetários as bases para o controle.

É a partir da definição daquilo que é biologicamente perigoso que nasce o ecogoverno e suas possibilidades de análise e implicações nas atitudes humanas. Códigos de conduta estabelecem uma nova e eficiente economia dos hábitos que agora, como nunca antes, estão associados ao risco — da poluição, da devastação, da aniquilação. O medo do impacto de nossas ações no futuro foi atualizado em um temor de deixar de existir. O cuidado de si passa agora a ser densamente associado à sobrevivência da espécie. A consciência ecológica, pois, traduzida principalmente no dever de cuidar, tem na catástrofe seu ápice: agora, é preciso obedecer às demandas ambientais para continuar vivo. Formula-se um controle extremamente rigoroso, pautado no risco incessante que aponta para a necessidade de autovigilância constante e que, ao mesmo tempo, legitima a produção das condutas pessoais. Mas há aqui um elemento adicional, de apelo ambientalista, que inaugura uma possibilidade discursiva antes impensável ao associar a iminência catastrófica com uma retórica bem mais amorosa a qual apela ao respeito pelo planeta e pelos outros e à sensibilização coletiva.

O apelo à participação constrói proximidades entre o antiambientalismo fictício apresentado em Os doze macacos e o exacerbado "discurso verde" que toma conta de uma sociedade que encontrou nas mudanças climáticas, no aquecimento global e na escassez da água os novos e grandes pilares para suas estratégias de assujeitamento. Em ambos, o homem-útil-preocupado-e-participante se insurge tomado pelas mesmas características, assim sumarizadas:

- Um medo de ser incapaz de fazer sua parte. Os riscos se multiplicam. Atitudes precipitadas podem destruir a humanidade — a imagem daqueles que desperdiçam recursos é tão assustadora quanto a dos condenados à clausura do ambiente infeccioso. Hábitos precisam ser controlados, tendo em vista as consequências à humanidade. Há que se realizar uma medida cuidadosa entre prazer e futuro (Vaz, 1999). O perigo maior é o de não conseguirmos nos preparar para o que está por vir. Na relação entre risco e cuidado planetário, o medo encontrou um campo fértil de produção das subjetividades.

- Um enorme senso de responsabilidade. Funda-se a necessidade de uma hipervigilância cuidadosa sobre as próprias ações. A ordem dada a James Cole de "ajudar a recuperar o planeta" ecoa no tempo presente, constrói adeptos e elabora regras cujo funcionamento se diferencia das ordens normalizadoras, apelando à consciência preservacionista. Do antigo cuidado com os recursos não renováveis, passou-se ao desenvolvimento sustentável e, daí, aos créditos de carbono. Muito além dos mecanismos coercitivos, multiplicam-se estudos e análises que, mais do que diagnosticar problemas, procuram antecipar efeitos. De várias formas, constrói-se a imagem do futuro

para que, no presente, ações possam ser modificadas. O corpo castigado dá lugar, definitivamente, à consciência responsável.
- Um desejo heroico de mudar a realidade. Todos estão convocados pela capacidade que possuem de transformar. Indivíduos, entidades, programas. Formam-se agrupamentos, interesses distintos, mas permanece a mesma convicção normalizadora e evolucionista de poder modificar para melhor — pois o melhor, como sempre, já está previamente estabelecido. A invenção do povo, uno em seus ideais, já não se faz necessária para a viabilização dos governos. Até mesmo a multidão, em sua heterogeneidade, se apropria de objetivos globais e, no interior inventado dos indivíduos, faz com que todos desejem o mesmo. Eficiência incontestável do controle pelo risco planetário, capaz de construir um desejo global, aglomerando a diversidade e dissolvendo ainda mais as resistências.

A efetividade do ecogoverno reside nas interações discursivas que, a partir dos anseios ecológicos, se puderam criar. A produtividade do apelo à participação alia-se a um poder pastoral de amplitude global, na medida em que se trata, acima de tudo, de cuidar da sobrevivência da humanidade. O salvacionismo cristão, atento às individualidades, agora é capaz de trazer consigo um olhar sobre a totalidade da espécie humana que, em um mesmo movimento, é levada a compreender-se como frágil e única responsável por sua sobrevivência ou extinção. O investimento sobre a participação de cada um, por outro lado, reposiciona a autovigilância e o escrutínio do outro em um regime cuja indissociação eu/outro é agora necessária à existência humana.

Na perspectiva do ecogoverno, a ação sobre a vida se dá mediante um jogo que mescla repulsa e exacerbação à atividade humana. Documentos ambientais apresentam o impacto das ações humanas e recolocam, sobre elas, a responsabilidade pela sobrevivência do planeta. Se o aquecimento global nos assola, precisaríamos investir em mais créditos de carbono; quanto mais poluímos, mais atenção deveríamos conceder ao cálculo de nossas pegadas ecológicas. Em tudo, a preocupação com aquilo que está por vir, evidenciado por meio de simulações científicas, garante o controle contínuo sobre as atitudes e os anseios da população.

Um breve olhar ao reconhecido relatório sobre mudanças climáticas apresentado em 2007 pelo Intergovernamental Panel on Climate Change (IPCC), por exemplo, pode evidenciar alguns dos modos pelos quais os saberes ecológicos são apresentados e podem, então, tornar-se úteis às elaborações discursivas do ecogoverno. O documento foi um dos primeiros a legitimar cientificamente a ideia de que o aumento das temperaturas médias globais estaria associado à concentração de gás estufa emitido pelo homem. Após a análise de diversas variáveis que apontam para tal conclusão, as linhas do estudo apresentam uma série de modelos e projeções sobre o futuro do planeta, criando cenários que mesclam a leitura de dados estatísticos com pareceres acerca da realidade social e da política global. O melhor desses cenários, segundo o parecer, seria aquele "orientado à proteção ambiental e igualdade social" (IPCC, 2008a, p. 15). Em outro estudo, o órgão é ainda mais enfático ao declarar que "a capacidade de atenuação das mudanças climáticas e adaptação aos seus impactos está condicionada à disponibilidade e viabilidade econômica de tecnologias apropriadas e processos fortemente colaborativos de discussão realizados através de múltiplos critérios administrativos e participativos" (IPCC, 2008b, p. 135). Obviamente, é com base em documentos como esse, nos quais se aliam saberes científicos e problemáticas sociais, que se constituirão as mais diversas políticas ambientais; todas elas encontrarão nas imagens do futuro e da responsabilidade planetária suas mais potentes possibilidades de homogeneização das relações entre nossa espécie e a natureza.

Duas elaborações conceituais, agora revalorizadas, tornam-se fundamentais nesse mundo que aprendeu a ser governado também por meio de seus clamores ecológicos. Segue-se, em primeiro lugar, o apelo a uma natureza inventada, de referenciais platônicos, agredida em suas perfeições e virtudes por uma humanidade irresponsável. Mito natural, impossibilita que homens comuns emerjam da caverna escura, dando apenas a alguns poucos sacerdotes a possibilidade de sair e reconhecer os segredos do planeta verde para, aí sim, revelá-los aos ignorantes-amantes-ambientais. Surge aí a possibilidade de um poder na duplicidade que (como em outros pares: homem-mulher, rico-pobre, normal-anormal) encontra no desligamento homem-natureza seu potencial de governo. É preciso, antes de tudo, reconhecer que o "natural", no plano biológico, é inverso à criação social humana — como se algum deles, em algum momento, na condição de objeto de problematização, não tivesse sido gerado pelos saberes que puderam se exercer em dado momento histórico. Elimina-se o caráter contingente do conhecimento biológico, para que assim o "natural" adquira uma essencialidade, tornando-se preexistente à qualquer estudo. Transcendente, agora a natureza deve ser respeitada, cuidada, temida.

Mas tal elaboração ainda não seria suficiente. Será necessário ainda criar um saber ecológico, de dedicação exclusiva ao "natural", que até aqui se esforça em manter a política e a natureza em planos distintos (Latour, 2004). Ecologia que, para isso, teve sempre em seus fundamentos a proteção de corpos naturais em sofrimento, personificados em árvores queimando, aves se debatendo, geleiras derretendo; que agora encontrou, na profusão de imagens catastróficas, uma visibilidade total, o evidenciamento pleno da agonia ambiental.

Como apoio à construção de tais conceitos (natureza isolada, ecologia monotemática), emergem duas evidentes inversões no discurso *pro natura*: a primeira delas foi capaz de transformar a imponente mãe-natureza de outrora, suficiente e forte, em fragilizada matriarca, que precisa ser cuidada para não ser destruída; a outra retirou da natureza sua potência invisível — imanente em algumas culturas, transcendente em determinadas religiões —, transportando-a para um evidenciamento imagético, e poluindo sua invisibilidade (Pelbart, 1993). Transformou-se num misto de exterioridade a ser observada com produto a ser adquirido. Híbrido platônico-consumista, cuja produção encontra respostas recentes nos altos preços dos produtos orgânicos ou nas cerimônias-verdes que, de nascimentos a funerais, trazem um sentido cada vez mais líquido e momentâneo ao "ecologicamente correto".

O ecogoverno rapidamente se estabelece por meio de discursos que criam a moral correta nas relações ambientais. À atitude contemplativa da relação entre homem e natureza se somariam o risco e o heroísmo participativo. Os perigos de uma catástrofe ecológica puderam, então, encontrar seus reflexos na ação individual. O cidadão conscientizado agora vislumbra seu novo código de conduta na análise de suas ações frente à natureza — sejam as pegadas que deixa, os créditos que compra ou os impostos ecológicos que paga. Precisa saber calcular os impactos de suas atividades, os percursos que realiza, o lixo que produz, o material que recicla. Trata-se de ser capaz de comparar suas ações com aquilo que a humanidade precisa fazer por seu planeta, contribuindo, assim, para uma estabilidade que agora, acima de tudo, é frágil e depende de todos.

O esforço atual das políticas ecológicas está ainda, e fundamentalmente, voltado à construção da calculabilidade do perigo — à racionalização do risco. Tornar as atividades humanas matematicamente mensuráveis significa, no plano ambiental, possibilitar a proatividade regulada e docilizada em relação ao futuro. Delimitação numérica do sustentável e do poluente para que as placas dos movimentos ambientalistas possam se levantar, ainda que isso continue a significar muito pouco além de mais imagens-produto: o cuidado com a natureza transmuta-se em camisetas e canecas biodegradáveis. Todos juntos, gritando pela despoluição das águas e dos ares, ainda que depois de tudo tenhamos que correr, cada um por si, para encher os tanques de nossos veículos cada vez menos poluidores por possuírem uma tecnologia, obviamente, cada vez mais cara.

Em suma: um indivíduo dócil e participante, portador de uma visão ambiental bastante delimitada e submetido a uma economia de hábitos globalizada. As bases desse ecogoverno recente foram capazes de reduzir ainda mais as possibilidades e o ensejo de resistir. Encontram-se, aí, formas demasiadamente sutis de homogeneização social: todos estão juntos, conscientes e preocupados em lutar, exigir, consumir.

A ecoeducação por vir e algumas de suas possíveis imagens

I

Uma sala e centenas de indivíduos (a idade pouco importa aqui). Na tela, diante deles, pássaros passeiam por uma árvore, enquanto outros tantos animais caminham pelos campos próximos. Eles não estão contemplando, apenas. Na verdade, vivem um misto de inquietação, surpresa e ódio. O amor cuidadoso por tudo que é verde, evidente há algumas gerações, se transforma, de uma vez por todas, no desejo de vingança causado pela incontestável submissão humana.

É provável que tenhamos um modelo peculiar de educação ambiental no futuro próximo. As ações de respeito ao meio ambiente, o cálculo cuidadoso do impacto humano sobre ele, as atenções totalmente voltadas à beleza da biodiversidade, serão substituídas por um romântico saudosismo, dando lugar à preparação constante para as batalhas sempre esperadas. As imagens-natureza, ainda que agora sempre confinadas ao espaço limitado das telas de projeção, continuarão as mesmas: as flores ainda aparecem nos campos, os insetos pousam sobre elas, a manada de elefantes se locomove como sempre, os predadores perseguem suas presas. O olhar apaixonado dos amantes da natureza, no entanto, se transformará em repugnância que analisa o que antes era belíssimo em busca de fraquezas. A ordem é tentar encontrar espaços de retorno, locais de isolamento, que permitam voltar a se relacionar com um mundo destruído pela cisão homem/natureza.

As relações entre os indivíduos de diferentes gerações jamais deixará de ser pedagógica. Desde seus primeiros dias, as crianças aprenderão a se relacionar, principalmente, consigo mesmas; ainda irão "se descobrir" continuamente na sua relação com outros seres, mas os exercícios de reflexão que um dia lhes fizeram sentir-se mais próximos da natureza serão substituídos por uma consciência plena de separação e antagonismo. O meio ambiente da fragilidade e cuidado tornar-se-á um poderoso inimigo. E ainda que os desejos de perscrutar para melhor comandá-lo continuem a existir, eles não mais se revelarão na forma de um conhecimento científico preservacionista, mas em estudos bélicos meticulosos. Poderemos vislumbrar a construção de planos de observação constante, instrumentos cada vez mais precisos de coleta de dados, estudos morfofisiológicos de espécies variadas — a procura de respostas para voltar a governar o planeta ampliará consideravelmente nossas estratégias.

Os jovens sonharão com um tipo de heroísmo bem característico de sua época. Quererão ser capazes de "limpar" grandes áreas para o retorno dos homens. Talvez não se imagine uma vitória definitiva contra os microrganismos, a poluição insuportável ou quaisquer que sejam os males responsáveis pela clausura humana. A imagem será de uma guerrilha que parece infindável. Todos os prisioneiros-soldados continuarão participantes nos diversos *fronts*.

O mundo-encarceramento não precisará de muros internos. Hospitais, igrejas e escolas serão esquecidos em um ambiente que ensina incessantemente a tentativa de reconquista. A educação, levada a cabo em todos os espaços, colocará de lado uma série de saberes especializados, os quais durante muitos anos lhe deram o *status* de redentora, reprodutora ou democrática, e se tornará, acima de tudo, treinamento. Abandonará sua arrogância para ser mais um dos instrumentos de combate. Procedimentos, métodos de observação, mecanismos de proteção — até a nova ciência será um espaço de instrumentalização da vida, por excelência.

Há de se pensar, no entanto, em outro tipo de ensino que sobreviveria a toda destruição. O currículo guerrilheiro ainda preservará intocáveis os anseios pela participação de todos, e o risco sempre iminente, transformado em acontecimento, ocasionará possibilidades de novas criações. A essência do risco só se interrompe na morte — que continuaria a ser o maior dos pavores. O perigo das catástrofes deverá se transformar em uma possibilidade eterna de não retorno.

Triunfará uma moralidade baseada na catástrofe. Os contos educativos, agora, não se apresentarão associados somente à nossa impotência — já não retratarão apenas um futuro incerto ou a incapacidade diante da iminência do sofrimento (Bauman, 2008); irão além, por nascerem de nosso maior pesadelo, daquilo que os riscos e inseguranças típicos de outros tempos foram incapazes de impedir. Por estarem associados à transformação do risco em fato, pois nosso medo tornou-se real, criarão ainda mais legitimidade, tornando ainda mais aceitável a anátomo-política (Foucault, 1999), a intensificação da disciplina. Os que restaram precisarão ser observados, minuciosamente analisados, e estarão sempre gratos por isso. O assujeitamento, ainda mais efetivo, se dará no cruzamento, até então pouco valorizado, entre a participação de todos e a consciência catastrófica.

Despontará uma representação assumidamente política. Da ojeriza ao "natural" talvez nasça um englobamento necessário da ecologia pela *res publica*. Após a quase destruição da humanidade, é provável que a natureza deixe de ser lembrada como um exterior a ser resguardado para tornar-se parte integrante da atividade e produção humana — embora agora como sua principal inimiga —, e muitos irão se lamentar por isso ter ocorrido tão tardiamente. Nascerá, aqui, outro discurso educacional, capaz de rever a imagem do respeito distante e contemplativo, incluindo o não humano em planos de atividades, alterações necessárias, técnicas intrusivas. Destituída de sua sacralidade, a natureza poderá, enfim, morrer; após a catástrofe, porém, não será em honra da multiplicidade de convívios e olhares que isso se fará. O que se inaugura, ao contrário, é outro discurso ambiental, que a tudo precisa incluir, de maneira uniforme, para supostamente tornar viável a sobrevivência dos homens.

Surgirá uma ação exploratória. O missionário tornar-se-á espião. Se a imagem do escoteiro (o respeitável e pacífico coletor) foi, em outros momentos, o ideal juvenil da relação sustentável com a natureza, agora é para uma atividade densamente extrativa e analítica que os jovens deverão se preparar. Os resultados para a antiga natureza pouco importarão aqui — a sobrevivência humana será a medida das estratégias. Aqueles que aprendem jamais conhecerão as pregações de uma educação ambiental bem mais pacificadora a que foram submetidos os que hoje lhes ensinam. Nas relações pedagógicas desse tempo futuro, o humanismo dará lugar à ação guerrilheira, e pouco haverá de mais educativo do que se preparar para obter informações e ser capaz de se infiltrar nos territórios inimigos.

II

O olhar não mais contempla, somente. O homem se relaciona com naturezas diversas, desdisciplinarizadas. Espaços mais amplos, atravessados por ecologias múltiplas ambientais, mas igualmente sociais e mentais, como nos diria Guattari (1990), que encontram suas possibilidades de realização na solidariedade heterogênea, distante da formatação das atitudes coletivas e individualizadas. A natureza una, enfim, desapareceu, para dar lugar à potência viva da diversidade (das biologias, das sociedades, dos desejos). Nesse mundo a responsabilidade se delineia por meio do amor às singularidades e às multiplicidades.

Na escola, ensina-se o caminho de revalidação do invisível — na medida em que, por meio dele, outros espaços de criação podem surgir, constituídos por novas relações com o material e o imaterial. Emergem valores capazes de constituir uma outra ética, pronta a abandonar a normalização pelas atitudes ecologicamente saudáveis e pela bioestetização natural, em honra da construção de ambientes múltiplos de respeito às diferentes maneiras de se relacionar com o planeta que venham a surgir.

Várias "casas": diversos hábitats, heterogêneos, que apontem para formas diferentes de ser e estar no planeta e que tornem impossível a constituição de uma *eco*logia uníssona. Outra aprendizagem ambiental, na qual os espaços ditos naturais, preservados, sejam invadidos por outras relações que, em vez de tomá-los como ambientes alienígenas — intocáveis e, por isso, densamente desejáveis — concebam-lhes como não ambientes, desterritorializando-os para que sobre eles não se desenvolva o poder da propriedade, mas espaços da criação de novos e mutáveis tipos de relação entre homem, não homem e não vivo.

Talvez sejam possíveis milhares de microecologias nessa nova educação ambiental. Diferentes relações, diferentes ambientes, diferentes ciências. Nessa multiplicidade residiriam, talvez, os maiores espaços de criação produtiva, nos quais estaríamos inseridos, não por nos tornarmos responsáveis, mas porque as muitas naturezas não mais farão parte de um belíssimo mundo supra-humano; estarão, ao contrário, contempladas nas diversas políticas de valorização social-ambiental-mental, que possuirão nas singularidades solidárias sua máxima potência.

O SHOW DE TRUMAN* E O SILÊNCIO DO ESPELHO

Iara Maria Alvarez Gambale

Céu azul, um pôr de sol com nuances de rosa e amarelo, casas pintadas em cores pálidas, ausência de muros, apenas pequenos arbustos separando umas casas das outras, alamedas arborizadas, um mar azul ao alcance da vista. Horizontalidade. Ela existe. Trata-se de Seaside, nos Estados Unidos.

Nomeada, no filme de Peter Weir, Seahaven Island, o cenário é uma das cidades artificiais projetadas pelo movimento arquitetônico norte-americano intitulado New Urbanism, nascido nos anos 1980. Ao conhecê-la, o diretor de *O show de Truman* desistiu de construir uma cidade cenográfica para o filme e transferiu para lá todo o elenco.

Artificialidade elevada ao impensável é o que se nos apresenta quando se narra a vida de Truman Burbank num programa que vai ao ar há 10.909 dias, ininterruptamente. No interior da planejada Seahaven Island, nada (ou quase nada) parece escapar à antecipação do roteiro: da família ao trabalho, da escola ao círculo de amizades, dos diálogos aos afetos, tempo e espaço, causa e efeito. Assim, o cotidiano de Truman é tutelado e conduzido pelo trabalho de atores coadjuvantes.

---

* Direção: Peter Weir. Roteiro: Andrew Niccol. Título original: *The Truman show*. Ano de lançamento (EUA): 1998.

Protagonista da trama, ele é o único que desconhece, até então, o fato de compartilhar sua vida com bilhões de telespectadores ávidos pela vida privada como último reduto da autenticidade e da espontaneidade.

Assim como a paisagem, o álbum de fotos do passado é novo, sem esfolados, sem arranhões, sem marcas dos que percorreram suas ruas e suas páginas. Nenhum vestígio deixado por um gesto mais brusco que fere uma parede ou molha inadvertidamente uma página. Sem sinais do tempo.

A horizontalidade da paisagem estende-se às relações entre as pessoas. Nos diálogos, apenas gentilezas: "bom-dia, boa-tarde, boa-noite", fazendo com que o outro só exista como "fonte potencial de experiência agradável" (Bauman, 1998, p. 35).

Em casa, nas ruas e no trabalho, as mesmas palavras, repetidas dia após dia, acompanhadas de um leve sorriso num rosto inexpressivo. Um sorriso instalado numa face em que o olhar nada revela. Fragmentos de uma imagem congelada no espelho. Talvez uma pintura. Só existe o que aparece.

As histórias e as vidas são lineares, sem atropelos. Não há lugar para a incerteza e a instabilidade. Sem imprevistos e sem sustos, está tudo posto como a mesa pronta para os convivas do banquete, o altar preparado para o sacrifício da missa ou o cadafalso à espera do condenado. Nada mais a ser feito.

Nada mais a fazer a não ser transformar em prazer estético, a serem fruídas privadamente, as imagens do cenário, do outro e de si próprio. E o que aparece, o que se mostra, o que se vê é a representação da mais pura harmonia. Pura exterioridade, quando os subterrâneos são nada mais que um cisco nos olhos.

Ao longo do filme, ficamos conhecendo a história de Truman: um homem de quase 30 anos e primeiro bebê adotado legalmente por uma empresa já com a intenção de transformá-lo em protagonista do espetáculo. Pelas cenas do passado, inteiramo-nos dos artifícios utilizados pela direção do programa a fim de mantê-lo no ar ao longo de todo esse tempo.

Uma delas é a cena de afogamento do pai de Truman quando, por insistência do filho ainda criança, distanciaram-se da costa e foram colhidos por uma tempestade. Desde então, traumatizado e culpado pela morte paterna, ele evita aproximar-se do mar. Vemos, mais tarde, que a cena forjada do afogamento serve a dois propósitos: retira das filmagens o pai, que não se mostrava um ator comprometido com a proposta, e instala o medo em uma criança que sonhava ser um explorador. Se nos lembramos de que Seahaven Island é uma ilha, fica claro que a produção do programa lançou mão do temor à água como garantia da permanência de Truman dentro dos limites da cidade cenográfica e, consequentemente, da continuidade do programa por quase 30 anos.

Entretanto, o rígido controle exercido por Christof (evidente referência à onipotência divina), criador e diretor do programa, não é o bastante para evitar que Truman e uma figurante se apaixonem à primeira vista. Na tentativa de ficar a sós, Sylvia propõe um encontro na praia, quando tenta contar a Truman que o seu mundo e a sua vida são uma mentira. Passados poucos minutos, tem lugar rápida intervenção de um ator que, apresentando-se como pai da garota, a retira de cena argumentando que o seu relato é produto de alucinações.

A aproximação foi recebida pela direção do programa como ousadia de Sylvia, afastada prontamente das filmagens, já que o papel de futura mulher de Truman destinava-se a outra atriz. Embora se case com Meryl, ele não esquece Sylvia e reconstrói a imagem de seu rosto utilizando recortes de faces femininas publicadas em revistas, num longo e secreto trabalho de colagem.

Certa manhã a caminho do trabalho, Truman depara com um mendigo e reconhece em seu rosto a figura de seu pai. Tenta aproximar-se, mas é impedido. O evento instala a suspeita de que Sylvia poderia ter razão. A partir de então, ele inicia uma caçada a outras evidências da artificialidade do mundo que o cerca: questiona sua mãe e Meryl na tentativa de reconstruir sua história, busca sinais no álbum de fotos, passa a observar a sequência repetida pelos figurantes que circulam pela cidade, altera seus horários e trajetos, torna-se imprevisível. Distanciando-se do controle de Christof, inicia sua fuga de Seahaven Island.

A bordo de um barco, navega sozinho pelos efeitos especiais de águas revoltas e tempestades, até que a proa se choca contra a parede do horizonte e rompe parte do cenário.

O espelho

"Para mim, a vida pública e privada são iguais. Truman Show é um estilo de vida." Às palavras de Meryl, é possível acrescentar a afirmação de Guy Debord (Debord, 1997) de que a sociedade do espetáculo — expressão cunhada pelo autor para descrever nova fase do capitalismo e título de seu livro publicado originalmente em 1967 na França — não é o mundo da visão, mas uma visão de mundo. Estendendo o conceito de *espetáculo* (tudo aquilo que chama a atenção, atrai e prende o olhar), ele utiliza o termo como atributo de uma sociedade, capturada pela imagem, na qual a vida humana se afirma como simples aparência. Instaura-se, nesses tempos, uma lógica da visibilidade que exclui, da vida social, tudo aquilo que não pode ser visto. Sob o ponto de vista do autor, o espetáculo deixa de ser um conjunto de imagens e passa a constituir-se como uma forma de relação social, mediada pelas imagens.

Ao destacar esse atributo do espetacular, o de configurar-se como modo de aproximação entre as pessoas, aponta para o empobrecimento das relações sociais. É ele mesmo quem nos diz ser, o espetáculo, uma mostra da miséria. Vladimir Safatle (2008, p. D6) chama nossa atenção para o fato de que, nesta afirmação de Debord, há um importante pressuposto de que "entre algo e a sua imagem, a relação pode ser de exclusão". As coisas não cabem inteiras na forma da imagem; algum atributo há de ficar perdido. Somada a essa crítica da razão, pode ser que a miséria maior, de que o autor nos fala, seja aquela quando afirma que o espetáculo é o momento em que a mercadoria ocupou totalmente a vida social. Tal abstração, que reduz e submete todas as singularidades à mesma forma geral de identidade, sepulta, definitivamente, a possibilidade de existência para além de. É essa subtração/abstração, quando as coisas ficam reduzidas apenas ao seu aspecto mercantil, que restringe as relações sociais a mais do mesmo. Golpe mortal da imagem espetacular, de acordo com o autor.

Para além da crítica à imagem, há de se considerar as convocações que a configuração espacial do espetáculo nos apresenta. Quando reduzidos a meros espectadores, os sujeitos, capturados, se assujeitam e aceitam as imagens eleitas pelo outro como real indiscutível. Por outro lado, quando são imagem, sujeitos ficam aprisionados ao olhar do outro, numa vida alterdirigida e esvaziada de autoria. Essa espetacularização do cotidiano resultaria num distanciamento da vivência e numa consequente inautenticidade da vida social. Nada mais próximo do conceito de alienar-se, de transferir algo para o outro: talvez a direção da cena, ou o controle da luz.

Ao afirmar que tudo é espetáculo e que ele se estende a todas as direções, aponta para uma configuração espacial que ultrapassa os limites que outrora definiam a plateia clássica: o espetáculo se espalha por toda a superfície do planeta e recobre a totalidade das atividades humanas. Assim, estendido, é possível entender que tudo passa a ser espetáculo e já não há mais lugar fora da representação. Realidade e representação passam a ser continuidades.

Italo Calvino, em uma de suas *cidades invisíveis*, nos fala desse distanciamento do espectador da vida. Ele nos conta de Valdrada, cidade construída às margens de um lago, com suas ruas suspensas sobre a água. Ao chegar, o visitante depara com uma cidade em duplicata. A primeira, à beira da água, e a outra, refletida sobre o lago. O que acontece na primeira repete-se igualmente na segunda. Sobre o espelho de água, refletem-se não só as imagens das fachadas das casas como também de seus interiores, mesmo dos aposentos mais íntimos, onde a vida privada acontece. E seus habitantes, conhecendo a arquitetura de Valdrada, em nenhum momento se entregam ao acaso e se deixam estar a sós, porque sabem que cada gesto se duplica na superfície do lago, adquirindo a força da imagem especular.

> Quando os amantes com os corpos nus rolam pele contra pele à procura da posição mais prazerosa ou quando os assassinos enfiam a faca nas veias

escuras do pescoço e quanto mais a lâmina desliza entre os tendões mais o sangue escorre, o que importa não é tanto o acasalamento ou o degolamento, mas o acasalamento e o degolamento de suas imagens límpidas e frias no espelho.

Às vezes o espelho aumenta o valor das coisas, às vezes anula. Nem tudo o que parece valer acima do espelho resiste a si próprio refletido no espelho. As duas cidades gêmeas não são iguais, porque nada que acontece em Valdrada é simétrico: para cada face ou gesto, há uma face ou gesto correspondente invertido ponto por ponto no espelho. As duas Valdradas vivem uma para a outra, olhando-se nos olhos continuamente, mas sem se amar (1990, p. 53).

Nesse mundo invertido, assim como na cidade espelhada de Calvino, o verdadeiro passa a ser nada mais que um momento do que é falso. Instaura-se um ambiente de trânsito entre real e aparente, no qual qualquer distinção pode ser um equívoco, confirmando o espraiamento do espetáculo e a inexistência de lugar fora da representação. Íntimo e exterior perdem seus opostos. Aparência e verdade passam à categoria de sinônimos. Descartada a possibilidade de existência para além daquilo que se vê, fica estabelecido que só é aquilo que aparece, que é consumido como imagem. Esta é monopólio dos meios de comunicação tornados fábricas de realidade, por delegação de competência de uma sociedade que abdicou do verbo. A mídia, nesse caso, sabedora do poder do falso, funciona como o espelho do lago de Valdrada: modulando intensidades, aumenta ou anula o valor do que é refletido.

Esse poder confirma que, desrealizado como *locus* virtual onde se formam opiniões e se desencadeiam ações, o espaço público migra para o monopólio dos meios de comunicação. Em face da degradação do espaço exterior como possibilidade do encontro casual, da troca de ideias e do convívio, a televisão se apresenta como a mais apropriada invenção da sociedade espetacular: configura-se como a nova ágora. Que agora, aperfeiçoada, produz imagens e determina o que estará na ordem do dia, na pauta das atenções cotidianas. As vicissitudes de Truman tornaram-se parte da vida de seus espectadores por 10.909 dias.

Toda imagem, no entanto, vela e revela. Muitas vezes, a velocidade e a simultaneidade, com que é veiculada, não permitem pensar que há subjetividade atrás da câmera. Diante de imagens transmitidas em tempo real, espectadores atravessam a tela acreditando ser a própria realidade, sem se darem conta do trabalho de produção: a escolha do ângulo, do tema, do que será mostrado e do que ficará oculto. Sob o domínio dessa imagem subtraída de seus aspectos estéticos e políticos, cabe indagar: o que acontece, ou acontecerá, com aquilo que não é visível e que, certamente, se constitui na maior parte da realidade?

Como revelação dos bastidores da produção de imagens, é brilhante a atuação de Christof na direção, manipulando com precisão os (de)feitos da imagem que constituem sua potência: provocar emoções, não conceder tempo para dúvida, ignorar o debate. A imagem é afirmativa e faz calar tudo que não convém ao discurso espetacular. O que ela mostra adquire tal autonomia que se descola do lugar, da história, das consequências e das intenções, dispensando os quatro pilares sobre os quais se funda o pensamento: tempo e espaço, causa e efeito. Já disse Giorgio Agamben (apud Pelbart, 2007b) que, quando a linguagem é sequestrada por um regime espetacular, ela se autonomiza na esfera da mídia hegemônica e já não nos revela mais nada.

Para além da fragilidade e da potência da imagem como representação, é preciso assinalar que as raízes do discurso espetacular estão fortemente fincadas no terreno da economia de mercado. Convém recordar o alerta de Bauman (1998, p. 61) de que, na atualidade, "(...) tudo que economicamente tem sentido não necessita do apoio de nenhum outro sentido — político, social ou categoricamente humano".

A adoção de uma criança por uma empresa, a fim de transformá-la em protagonista de uma série televisiva a ser veiculada sob seu patrocínio, pode ser apontada como a alegoria mais bem acabada da desregulamentação e do despedaçamento das redes sociais de segurança tal como temos conhecido, ou sonhado, até os dias de hoje. O Estado se enfraquece diante do poder econômico flexibilizando leis de proteção ao meio ambiente, revogando obstáculos aos lucros bancários, desmantelando dispositivos de bem-estar-social, afrouxando freios que possam conter a irracionalidade do mercado. Enfim, o Estado retira-se da cena pública permitindo a radical privatização do destino humano de maneira tão acelerada quanto flui a desregulamentação das finanças e das indústrias (Bauman, 1999a).

A volatilidade dos mercados financeiros e a sua inquestionável capacidade de desencadear situações de difícil controle pairam como uma ameaça sobre a autonomia das nações. O desejo do capital é desvencilhar-se de todo e qualquer obstáculo ético que possa frear sua caminhada. Distancia-se da política e dos interesses da população e passa a demandar tal nível de autonomia, adquirindo poderes que apequenam o Estado, reduzido, muitas vezes, a uma função executora e mantenedora da ordem necessária para que as transações comerciais aconteçam livres de atropelos. Ao promover o total esvaziamento daquilo que justifica sua existência, não há nada que possa ilustrar, de forma mais clara, a expropriação do próprio Estado. Novas configurações.

Seaside, a cidade artificial escolhida para cenário do filme, revela, com propriedade, que a sociedade do espetáculo é o não lugar do diálogo e do encontro das diferenças. A paisagem urbana se modifica e o espaço de convivência se desloca à procura da segurança das cidades artificiais, a tranquilidade dos condomínios fechados ou a comodidade dos centros comerciais em busca da homogeneidade, lugares onde o outro possa ser um outro igual. Não mais a antiga praça, ou seu equivalente, onde as diferenças se enfrentavam e se construíam as divergências; espaço onde se forjavam os líderes e onde o outro podia ser ouvido; lugar para o embate de ideias e construção de padrões de referência. Sob o signo da privatização, constituir-se sujeito e qualificar-se cidadão passaram a ser tarefas individuais: levadas a cabo, em silêncio, no face a face do espelho. Assim faz Truman.

Pelo poder de tornar fluido tudo aquilo que parecia consistente, Bauman (2001) nomeia esses tempos de *modernidade líquida*. Segundo o autor, a tarefa de derreter os sólidos, que foi posta em marcha, buscava eliminar vínculos e compromissos, desfazer-se de deveres e obrigações a fim de que os sujeitos pudessem viajar leves em direção a uma nova ordem a ser construída, na qual imperasse a liberdade individual para escolher e agir. Entretanto, a disponibilidade para sacrificar planos individuais em nome da construção de uma nova ordem social parece ter se desencaixado em face da lógica do princípio do prazer. Os sólidos que se dissolvem, no momento, "são os elos que entrelaçam as escolhas individuais em projetos e ações coletivas" (Ibid., p. 12). O desengajamento, a individualidade exacerbada, os comportamentos egoístas e narcisistas, bem como a desconsideração pelo outro, deságuam no desinteresse pela vida pública. Sai de cena a crença de que juntos poderíamos construir algo diferente para cada um. Liquefeitos os padrões de dependência e interação, só o indivíduo pode ser culpabilizado pelo seu fracasso.

O sucesso de *O show de Truman*, no filme, e a descrição da Valdrada, de Calvino, indicam que, esvaziado, o espaço público passa a ser colonizado pelo que outrora seria vivido a portas fechadas: as questões privadas e a intimidade. Essa transparência e a consequente espetacularização da vida parecem produzir um encantamento e uma sensação de pertencimento: parecemos, realmente, todos iguais. Por outro lado, essa horizontalidade, como atributo, faz com que céu e mar se confundam, interior e exterior sejam indistintos, real e falso sejam produtores e produzidos a ponto de, como o espectador de *O show de Truman*, não reconhecermos o filme dentro do filme. Retirados os trincos, escancaradas as portas, abertas as janelas e desfeitas as dobras, não há mais diferença. Ao ser estendida a toda a superfície, a noção de público como espaço exterior, onde estamos submetidos ao olhar do outro, se desrealiza na virtualidade do espetáculo. A intimidade perde seu oposto. Tudo pode ser vida ou tudo pode ser espetáculo, sem que se dê conta de onde termina um e começa o outro. Sem descontinuidades.

Esse desbotamento progressivo das distinções entre o interior e o exterior tem severas implicações na produção das subjetividades. A tarefa de subjetivação não é solitária. Como ser histórico, o homem torna-se sujeito no campo das forças sociais, num processo que se estende por toda sua vida. São as grandes instituições como a família, a escola e o local de trabalho que têm, nesse curso, lugar preponderante, pois é por meio das interações que acontecem no interior desses espaços que os sujeitos se constituem e se tornam quem são — conhecendo e reconhecendo-se a si próprios, como se as instituições e o outro fizessem vezes de um grande espelho.

Michael Hardt e Antonio Negri (2001), ao falarem dos diferentes lugares de produção da subjetividade, utilizam a figura de um arquipélago: o conjunto de instituições formaria como que um arquipélago de fábricas de subjetividade, pelas quais o indivíduo transita durante toda sua vida. Essa ideia de um conjunto de ilhas deixa claro que a noção de exterior e interior é fundamental nesse processo, pois cada uma das instituições possui modos de funcionamento e regras próprias. Esse distinto modo de funcionar, delimitando os diferentes espaços, permite que o sujeito sinta-se a salvo das influências e forças das demais instituições — ao entrar na escola, fica claro que não está mais na intimidade das relações familiares; ao estar com a família, não se vê subordinado à disciplina ou às regras do trabalho, e assim por diante. Essa não permeabilidade entre as diversas instituições possibilita que o sujeito, fora do alcance do olhar dos pais, do chefe ou do professor, possa experimentar ser diferente, lançar mão de outras e novas máscaras e desempenhar outras ações. É possível afirmar que os muros definidores das instituições poderiam livrá-lo de portar a mesma máscara que, colada ao rosto, o condenaria ao mesmo personagem vida afora. Sem receio do paradoxo, os muros seriam libertadores.

Entretanto, borradas as fronteiras que definiam o exterior e o interior, o cenário onde se desenrola a história contemporânea é um espaço liso, sem estrias, uniforme e no qual se diluíram as oposições que caracterizavam lugares discretos em torno dos quais se produziam subjetividades. Retomando o texto de Calvino, poderíamos dizer que a história do homem hodierno acontece numa imensa Valdrada. Habitamos, todos, essa mesma cidade-metáfora da qual nos fala o autor. A esses tempos de horizontalidade e transparência, de sobreposição e interpenetração dos espaços, de diluição dos contornos e bordas definidores das instituições, Gilles Deleuze (1992) nomeia *sociedade de controle*.

O derretimento dos contornos das instituições não implica, entretanto, o desaparecimento de sua força produtora de subjetividades. O modo de funcionamento das instituições, onde se dão os processos de subjetivação, é que se define de outra forma. Derrubados os muros e tornadas indistintas as fronteiras, as instituições se estendem por todo o terreno social, adquirindo uma onipresença que leva suas lógicas e tecnologias próprias a todos os espaços, indistintamente. Hardt e Negri (2001) afirmam que a crise das instituições se caracteriza não pelo enfraquecimento, mas por seu espraiamento: sua área de alcance torna-se, a cada dia, mais indeterminada. Os indivíduos, como "prisioneiros em campo aberto" (Costa, 2004, p. 161), estão sempre na escola, ainda no trabalho etc. num tempo que aniquila o passado e o futuro e que faz desaparecer a distância entre o começo e o fim. Presente contínuo.

O advento da sociedade de controle implica uma mudança na natureza das relações de poder que, despedindo-se do modelo hierárquico, passam a exercer-se de forma horizontal e difusa. Não mais importa o controle do espaço, mas os deslocamentos temporais das subjetividades. Controlar o sujeito passa a significar amedrontá-lo ou seduzi-lo. Talvez as duas coisas ao mesmo tempo: amedrontá-lo da exclusão e seduzi-lo com a promessa de gozo eterno.

Ao instalar os outros em nós mesmos, convocando-nos à imersão em novas subjetividades, o espetáculo revisitado da contemporaneidade "parece tragar inexoravelmente nossa forma de vida" (Safatle, 2008, p. D6). Por meio da mídia, vão-se estabelecendo verdades, ditando o que é certo, errado, belo, feio, desejável; produzindo e regulando opiniões e discursos, impondo modos de ser, sentir, amar, sofrer. Pousa, suavemente, em nosso imaginário e, insidiosamente, coloniza nossos modos de ser. Desconsiderando a potência da palavra, dispensando o pensamento, negando a história e dirigindo a vida, o espetáculo se revela como máquina de controle.

A tentativa de mapear e compreender novas e complexas condições de existência social não passa nem pela assunção de um único pensamento e tampouco pela superação deste ou daquele esforço teórico. Passa, sim, pela busca de possibilidades de trânsito entre eles. Há quatro décadas, quando Debord denunciava a *sociedade do espetáculo* e pretendia recusá-la, acabou por revelar que a mediação e as imagens são, indiscutivelmente, o novo paradigma de nosso tempo.

Nesse regime de visibilidade, sob o signo da horizontalidade e da transparência, as imagens circulam, autônomas, na espreita do instante em que poderão passar de mera informação a espetáculo, e daí a dispositivo de controle.

Passagem suave, modulação do controle.

O silêncio

Não muito longe, no futuro, uma numerosa equipe de arquitetos, engenheiros, administradores e investidores se debruçam sobre o projeto de mais uma cidade artificial a ser implantada. São longas as discussões, e árduo é o trabalho de conceber cada pormenor e antecipar todas as necessidades dos seus futuros habitantes. Cada detalhe arquitetônico deverá estar intimamente relacionado ao uso que será feito do espaço.

Uma das equipes se dedica ao projeto das escolas e começa a defini-lo a fim de que seja submetido à apreciação dos investidores.

A preocupação inicial é a de que as construções das várias escolas reproduzam o projeto arquitetônico da cidade. A ausência dos muros não foi passível de discussão primeiro porque a cidade, ela própria, já é murada e, segundo, porque as escolas terão câmeras distribuídas por todo espaço interno e externo.

A fim de evitar monotonia e criar certa identidade entre os usuários e o estilo arquitetônico, os diversos prédios das escolas terão uma fachada distinta e nada além disso. Em realidade, serão todas de propriedade do mesmo grupo investidor e serão administradas, a distância, por um escritório central que controlará todas e cada uma das atividades, por meio de um sofisticado sistema gerador de imagens. Embora haja um alto custo com a implantação de câmeras e outros dispositivos, os investidores consideraram interessante a ideia, pois permitirá a unificação e padronização de todo o trabalho e dispensará a participação de gestores presenciais.

As mesmas imagens poderão ser acessadas pelas famílias, a qualquer momento. Além do efeito tranquilizador para os pais, há o benefício de que diante da imagem as dúvidas se dissipem, pois ela é dotada desse caráter afirmativo que não admite discussão. Todos poderão saber tudo.

A educação que deverá ter lugar, nessas cidades, tem vistas para o homem conectado ao seu tempo e às suas necessidades de informação, liberdade, independência, visibilidade, leveza, mobilidade. Por conta disso, os planejadores preveem a flexibilização do formato de aulas, permitindo que os alunos personalizem sua agenda.

Essa customização não apresentará dificuldades, uma vez que as informações serão transmitidas, preponderantemente, por meio de um rico banco de imagens adquirido de uma empresa oriental.

Embora a imagem tenha a limitação de ignorar os conceitos e não poder representar o tempo e a história, o que ela mostra dispensa qualquer explicação. A riqueza de detalhes contida numa imagem requereria uma infinidade de palavras, traço este que não deixa dúvidas a respeito de sua superioridade e eficácia, para a escola desse tempo.

A grande massa de informações, que os alunos deverão dominar, só poderá ser cumprida diante de um estrito cronograma. Assim, o fato de ignorar a oposição de opiniões e não admitir o debate de ideias, outrora considerado um pecado, transformar-se-á em qualidade aos olhos dessa escola. Representar o real sem nuances e sem julgamentos confere uma força de realidade que a linguagem não suporta.

Ignorar o condicional e o possível, presentificando o passado e o futuro — traços que poderiam se constituir em imperfeições da imagem —, passará a ser aliado nessa corrida contra o tempo.

Entretanto, não mais sustentadas pela palavra, abandonadas a si próprias, as imagens serão condenadas a perecer no esquecimento; pois serão assunto para os olhos e viverão o tempo do fluxo. Distanciadas do alcance da memória, ficarão desprovidas de sentido e, desvencilhadas do pensamento, permanecerão indecifráveis.

Mas se, navegando por meio desse silêncio, um barco-escola qualquer batesse com a proa contra a parede do infinito e rasgasse o cenário? Por quais águas navegariam seus ocupantes, ao longo dos bastidores dessas escolas, nesse espaço onde são inventadas as verdades? Que tamanho de arbitrariedades e exclusões caberiam nessas oficinas móveis, onde essas mesmas verdades emergem do processo que as estabelece?

E, ainda, que instrumentos poderiam auxiliá-los a mapear esses regimes de verdade que sustentam e são sustentados pelos discursos (e silêncios) que atravessam essas escolas?

É possível que existam muitos. Há, entretanto, uma única condição: a presença do professor.

eXistenZ*: A QUE SERÁ QUE SE DESTINA?

José Norberto Soares

O clima é *noir*, um *noir high-tech*: um crime a elucidar, uma protagonista que enfrenta contínuas ameaças, um objeto de desejo e de disputa, traidores próximos que vazam informações, ambientes fechados e tingidos por sombras. O filme evoca um período entre a criação e o desfecho, entre o *play* e o *game over*, no qual a vida só é efetivamente artificial se for 100% orgânica e só pode ser reproduzida integralmente se comportar a pulsão dada por comandos nervosos e batimentos, cuja fonte de energia é o próprio corpo do usuário. *eXistenZ* evoca também a constituição de um duplo ou do múltiplo desvinculado da noção temporal e historicizada.

Esta coprodução britânico-canadense de 1999, escrita e dirigida por David Cronenberg, teve uma breve e nada marcante passagem pelo Brasil. A narrativa não é linear, tampouco cronológica, certamente confusa, já que todo o seu desenrolar se dá num ambiente virtual — o mundo dos *games*. Allegra Geller é a maior e mais bem-sucedida criadora de *games* do mercado, responsável por *eXistenZ*. Nele, todos os itens são estranhamente orgânicos: os *pods* (controles) lembram órgãos internos com três botões como mamilos, operados pela fricção dos dedos nas suas pontas;

---

* Direção e roteiro: David Cronenberg. Título original: *eXistenZ*. Ano de lançamento (Canadá): 1999.

os cabos de conexão têm a forma, espessura e consistência de cordões umbilicais com uma extremidade saindo do *pod* e a outra, uma quase indisfarçável glande, que, bem lubrificada (geralmente por lambidas ou gel), deve ser introduzida num orifício na base da coluna do jogador (*bioport*). Tudo muito orgânico, como se vê. Ted Pikul é um mero *trainee* de marketing que, após um atentado sofrido por Allegra, irá acompanhá-la durante toda a história, alternando o papel de protetor, protegido, vítima, até revelar-se parceiro. Os demais personagens vão assumindo seus papéis na trama, ora amigáveis, ora competidores, sempre traidores.

Ferida e acompanhada por Ted, Allegra inicia a busca pelos mandantes do atentado, já que o jovem que atirou foi abatido na cena do crime. Quando saem do ambiente fechado, percebemos que não há ambiente aberto; há algo estranho que demoramos a identificar com o mundo físico que conhecemos. Os dois pela estrada num velho Land Rover, Allegra ferida e Ted dirigindo, ela ciente do que ocorre, ele, ignorante absoluto, não compreende o que ela tenta explicar. Param no motel. Allegra fala que precisa de um parceiro para jogar *eXistenZ* com ela e tentar salvar o *pod*, danificado no atentado. Ele não pode, pois não está plugado; na verdade, ele nem tem o orifício próprio para isso, o *bioport*. Ela não acredita que existam pessoas ainda "desplugadas" e o seduz a experimentar as delícias de sua "viagem". Operação não tão legal, eles precisam achar um local em que alguém se disponha a furá-lo discretamente, tarde da noite. Próxima cena: o posto de gasolina.

Num posto de gasolina fora da cidade, Gas desconfia daquele casal jovem e tão convencional buscando algo ilícito, mas, ao reconhecer Allegra, se dispõe a ajudá-los. No meio da graxa, pega entre instrumentos de borracharia uma perfuratriz de alta compressão de uso automotivo para a "operação". Ted recua, mas depois da insistência de Allegra deixa-se furar. Ainda sem movimento nos membros inferiores, ele elimina Gas, que estava para assassinar Allegra dentro do seu jogo *ArtGod* (Deus, o artista, o mecânico). Antes de desaparecer, ele diz que há uma recompensa de cinco milhões pela morte dela, sem perguntas, o que torna claro para o expectador que alguém iniciou uma grande caçada em que ela é o alvo.

A partir daí, eles vão para muitos ambientes diferentes: o Ski Club, a Loja de Darcy Nader, o Viveiro de Trutas, o Restaurante Chinês. Passam diretamente de um para outro, mudam de cenário, mas, em cada um deles, encontram um jogador principal com um sotaque esquisito que joga o seu jogo e quer convencê-los a jogar também. Ao final, todos se mostram ameaçadores e desejosos de destruir o jogo de Allegra. Há uma sucessão de traições, uns querendo atrair os outros para seus jogos e destruí-los. Allegra vai eliminando os contendores um a um com a ajuda de Ted, que já desconfia não estar vivenciando nenhuma das situações na "realidade". Allegra termina por explodir Ted (o último dos seus contendores?), ao detonar um dispositivo que ela havia deixado no *bioport* dele. Proclama-se vencedora do jogo e brada "Morte ao realismo!".

O início e o final do filme se dão no mesmo local: uma "igreja". No início, Allegra é apresentada como "a maior, a deusa da criação dos *games*" e sua maior criação é *eXistenZ*. Ela (ou seu personagem, ou seu avatar) surge sozinha pela porta num daqueles eventos em que novos produtos são testados por um grupo de potenciais usuários antes de irem ao mercado, procura um café e espera ser chamada. Enfim, demonstra aquele tipo de humildade que pode ser confundida com extrema arrogância, própria dos criadores radicais quando em público. No final, de volta à "igreja", os cartazes promocionais que anunciavam *eXistenZ* agora anunciam *transCendenZ* — *game* no qual Allegra e Ted são apenas dois participantes. Então, ao retornar à cena e ao local do início do filme, ela percebe que participava de *transCendenZ*, um *game* criado por outro jogador/competidor, aquele que manipulava para sua eliminação em *eXistenZ*. Quando fica claro para eles quem forma o outro casal (os protagonistas de *transCendenZ*), Allegra e Ted eliminam-no com armas de fogo convencionais para puni-los por criar "a mais impressionante deformação da realidade", e deixam o local; na saída, armas nas mãos, passam pelo jogador "garçom chinês" que, muito assustado, questiona "digam-me a verdade: Ainda estamos no jogo?". É esta relação em níveis ambivalentes e não complementares, entre existência e transcendência, a melhor síntese da obra.

O sonho da razão científica

Na linguagem dos *games*, a ficção deságua no tema da vida constituída por realidades virtuais. A possibilidade de um plano da existência fora do mundo físico-material impõe duas questões principais: a primeira está relacionada ao virtual como ultrapassagem do corpo; a segunda, ao impacto do virtual sobre o corpo.

No primeiro caso, abre-se a possibilidade de experimentar vivências que não afetem o corpo físico — algo como apostar, perder e não ter que pagar, tão claro no caso dos *games*, nos quais o operador joga, mas é o personagem que corre os riscos: o operador é aquele que ganha e o personagem o que perde. No segundo caso, não se discute o impacto do virtual sobre os sentidos, mas a conjugação de ambos: o corpo do operador como fonte de energia; os sentidos que o habitam como equivalentes à tela onde os jogos se desenrolam.

Uma possibilidade seria usar a energia corporal como fonte alimentadora da construção de tais padrões de comportamento, ou melhor, energia corporal como fonte que deflagra e mantém a possibilidade de "mundos virtuais". Então, por que não o uso da energia gerada pelo corpo e a sua junção com o que atua no campo da criação de imagens e com a expansão da própria atividade? Depois da primeira questão, outras necessariamente se impõem em relação à possibilidade da vida num determinado ambiente virtual, por exemplo: Qual o *status* da "vida" criada no espelho animado das telas, visto que nada deterá um próximo passo?

eXistenZ não é apenas uma obra de ficção; pode ser visto como uma alegoria de sobreposições virtuais contíguas à "realidade". O filme não se limita à questão formal de levarmos em conta que todas as criações humanas só podem surgir depois de pensadas; ele ganha densidade se nos dermos conta de como entrelaça o mundo do qual parte (diretor e atores famosos, final de século e milênio, questionamento das possibilidades e riscos *cyber*) e aquele que cria (componentes orgânicos e energia corporal para alimentar o "jogo", a reinvenção da vida conectada a próteses e a crescente importância das disputas virtuais para aqueles que as praticam).

Em *eXistenZ*, a conjugação corpo/máquina, tão presente nas obras de Cronenberg durante a década de 1990, agora se dá via a linguagem dos *games* e da virtualidade para evocar o artifício da criação de formas de vida como, por exemplo, quando Allegra, entediada no posto de gasolina, faz surgir um dragãozinho bicéfalo para brincar com ela. Mais ainda, é no encontro da alegoria proposta pelo filme e das possibilidades de manipulação do orgânico, projetadas pela virtualidade, que *eXistenZ* mostra um elo crucial na noção de desenvolvimento dos *games*: a conexão do corpo do operador ao *pod*. Podemos entendê-la como um croqui da aspiração (ou necessidade) humana de manipular os componentes mais íntimos dos seres vivos — um croqui que retrata sem julgar eticamente tal questão. Há outra possibilidade de análise, mais sutil, de que os sonhos da razão científica têm um efeito causal sobre a mente, mesmo quando não se efetuam. Estas análises, porém, convergem para o fato de que obras de ficção científica exercem um papel para os que as assistem, quer se aproximem de uma possibilidade de futuro, ou não, posto que já estão colocadas como tal e, assim, se enquadram na percepção de Walter Benjamin de que "cada época sonha não somente a seguinte, mas ao sonhá-la força-a a despertar" (apud Rouanet, 1981, p. 91). Nesse sentido, *eXistenZ* parte de dois pontos escancarados à nossa frente: os mundos dos *games* (o material e o virtual) e a questão da manipulação da vida orgânica como artefato. Tal investida, acalentada pela biotecnologia e pelas possibilidades da nanotecnologia, poderia formar um conjunto imitativo da vida que, no filme, aparece apenas como virtualidade formal, mas que pode também ser vista como um ensaio para a (re)criação da vida.

Sem aprofundar a questão da produção e consumo de supérfluos nem a da mixórdia a que foi submetido o tempo e a percepção que as pessoas têm dele, não surpreende o filme tratar dos *games* que são, sobretudo, produtos (artefatos variados, comercializados mundo afora) e experimentação (múltiplas tramas e maneiras de lidar com elas). Mais do que isso, eles são uma expressão de que "os lugares vão dando vez aos fluxos e as redes com seus nós e espaços de localização não são mais lugares característicos atravessados por relações de poder e resistência. Não há mais itinerários de ida e volta, apenas fluxos atualizados" (Passeti,

2004, p. 154). Tal sensação é percebida no posto de gasolina e na estrada em que não passa outro carro além daquele dos personagens; ali não há vento, as folhas das árvores não se mexem, nenhum outro carro abastece o tanque, nem mesmo o dos personagens, e assim por diante. Todos os ambientes são cenários e não há objeto ou sujeito que não seja também parte deles.

O argumento do próprio diretor evidencia uma proposta cinematográfica desde sua concepção, mais do que qualquer veleidade literária própria de roteiros adaptados. Cronenberg sugere que a expansão da virtualidade deságua num tipo de transcendência, mas que a luta entre os "guerrilheiros do realismo" e os jogadores da transcendência, se não é falsa, toma outro sentido, já que ela está contida num campo distinto daquele que a abrange, o da imanência. A obra vai, portanto, além da tensão existência/transcendência e das possíveis implicações da intervenção do virtual tecnológico nessa tensão. Cabe averiguar como esse trânsito passa por nós agora, e também se será o caso de conduzir a outro jogo: *imaNenZ*.

No plano de *eXistenZ*, somos surpreendidos a cada mudança de situação ou ambiente de acordo com um jogo em que acompanhamos dois personagens interagindo com os demais, mas não simultaneamente; no plano de *eXistenZ*, personagens constroem virtualidades moldadas a partir de seus objetivos que, quando alcançados, levam a uma vitória — esta é a lógica dos *games* que se encaixa naquela do senso comum. No plano de *eXistenZ*, fica clara a premissa foucaultiana de que poder é ação sobre a ação alheia e, lá, tal poder opera no campo do controle das ações individuais pelo reconhecimento de padrões constituídos segundo os hábitos das operações exercidas no instrumental à disposição. Tais mudanças aceleradas de contorno dos operadores correspondem, por sua vez, a padrões de mudança de energia, pois demandam que uma determinada "matéria" (no caso, os corpos) se transforme. Essa energia alimenta a simulação de vida que julga protagonizar e cria simulacros encadeados. Trata-se, então, de uma energia estéril, um calor fátuo. Potências de vida que engendram virtualidades e que se esvaem no afã; mais do que órgãos e fluidos, usam o tempo da "fonte" para manter o nexo de imagens e representações que se estabelecem segundo a lógica da criação do jogo. A questão é que se desloca a energia mantenedora da vida para a criação de representações que terminam nelas mesmas e que se reiniciam por um toque sem conexão com o que passou, a não ser a repetição. Enfim, uma hemorragia de vida. O que se esvai é o tempo da vida e o seu possível encadeamento fora da sequência de narrativas limitadas entre o *play* e o *game over*.

Onde estão as sinergias e onde estão os conflitos? Alguns desses elementos podem até se complementar e alguns podem desfazer outros, ou tornar incompleta a experiência dos outros. Podemos, então, ir direto para uma questão muitas vezes proposta: "Por que nossos corpos devem terminar na pele?" Em *eXistenZ*, por sinal, tal não acontece; lá, cada jogador joga o "seu" *game* e o *bioport* — o buraco na base da espinha no qual o *plug* é conectado — utiliza a energia do corpo do usuário como a fonte que permite a construção de uma paradoxal virtualidade.

A vida que escapa à sua redução biológica, nos diz Maurizio Lazzarato (2007), deve inventar dispositivos de produção de subjetividade que correspondam ao tempo-potência. Mais grave do que não constituir uma trama sequencial de acordo com planos improváveis, porém ordenados (construção da memória ou narrativa histórica), é o mau uso "ecológico" da energia físico-mental. Se quisermos, vemo-nos livres de conceitos de eficácia duvidosa como tempo circular, continuidade e progressão, meios, fins e por aí vai. No entanto, se apenas recriarmos desenhos diferentes da própria existência, a imanência possível que a questão encerra continua distante. Por ora, o resultado obtido foi apenas o operador redundante.

De aranhas e morcegos

Os *games* são já há algum tempo objeto de patrulhamento pedagógico. Tidos por muitos como "alienantes", eles cumprem seu papel na constituição de uma geração criada com *joysticks* nas mãos e olhos no monitor. Esse efeito não se limita ao domínio de técnicas para alcançar pontos ou vencer partidas, tampouco às possibilidades do uso das suas linguagens na educação formal. Não, os *games* talvez sejam a mais importante forma de constituição de uma geração como tal e a maneira pela qual estas crianças ou jovens que os conhecem tão bem irão se reconhecer como contemporâneos num futuro já próximo. Durante a década de 1990, os *games* evoluíram e souberam encontrar uma forma de lucrar com sua popularização. A década iniciou-se com a terceira geração de jogadores, conhecida como geração X, e incorporou os velhos jogos imitativos da realidade física à simultaneidade proporcionada pela Internet e, depois, à interatividade, a fim de criar cenários e personagens num ambiente virtual sem um tipo de desfecho determinado, ou seja, formas imitativas do imponderável.

O ano de lançamento de *eXistenZ* — 1999 — nos impele a um tipo de reflexão historiográfica acerca do filme. Naquele ano, a indústria de *videogames* empatou com a venda de ingressos de cinema nos EUA e começou a se aproximar das vendas de música (que, sabemos agora, despencou nos primeiros anos do novo século). Além disso, os *games on-line* conseguiram a façanha de fazer centenas de milhares de pessoas participarem de jogos em qualquer lugar do mundo, todos no mesmo local — o ambiente virtual. O que foi criado era de tal complexidade que não se poderia prever o que os jogadores fariam ali e quais novas regras de convivência seriam capazes de criar. Assim, o *game* interativo é uma obra aberta, uma criação coletiva de uma multidão de pessoas.

Allegra Geller é uma criadora ímpar e genial no início da narrativa de *eXistenZ*. Tal pressuposto desaparece aos poucos durante a narrativa, à medida que ela interage com os demais jogadores e estes também se revelam criadores, cada um tentando trazer os outros para o seu *game*. Ela é apresentada como a deusa da criação de *games*, mas apenas como uma representação que Allegra quer da própria imagem.

Aí está uma possível chave para o universo dos *games*. Se cada invenção inicia-se nela mesma, numa sucessão de pontos de partida que se encadeiam de acordo com os personagens e as regras, ela porta a condição básica de não criar o jogo, mas apenas seus personagens e regras; o jogo, ele mesmo, se dá na intersecção daqueles que habitam espaços virtuais dispersos ou sobrepostos. Criadores e jogadores dependem uns dos outros para se transformarem, bem como para forjarem as diferentes maneiras de jogar. Assim, os *games*, como outras formas digitais de comunicação, não se restringem aos dispositivos materialmente disponibilizados; eles são, muito mais, a totalidade das conexões, aquilo que você, os outros jogadores e o *game* constituem. Shawn Lord, um dos mais famosos *game designers* do mundo, afirma: "honestamente eu acredito que os jogadores influenciam o jogo, tanto quanto nós o influenciamos. Se as pessoas estão jogando de um jeito, temos que aprender com isso. Nosso trabalho é tornar mais divertido aquele jeito inventado pela comunidade do jogo" (apud Vianna, 2004). Mais que participar, jogadores criam novos caminhos para os *games*; mais ainda, criam novas subjetivações de si mesmos, de acordo com a evolução narrativa que a dinâmica do *game* sugere. Então, o jogo só se dá quando estas invenções de si se afirmam independentemente de acertos prévios, como quando os personagens Darcy Nader e Nourish "travam" e entram numa espécie de transe, de suspensão, não respondendo mais a nenhuma questão, quando o que foi dito a eles por Ted não se "encaixou" nas possibilidades de diálogo dos seus respectivos *games*. Ted se surpreende com aquelas súbitas interrupções de fluxo até perceber que está num jogo, dentro de um jogo, que está dentro de outro jogo.

Este processo reforça a constituição da vida como dispositivo de sustentação da virtualidade. A facilidade de acesso e as múltiplas opções temáticas disponíveis no rol de experimentações dos *games* talvez já indiquem este caminho. Isto não se restringe a jogar Wee ou Spore (ainda restritos à tela), mas à vontade de ter acesso a novos conceitos de jogos que usam uma espécie de pequeno capacete acoplado a uma tela que toma todo o campo de visão do jogador e se transforma no seu espaço de ação para o jogo. Deste ponto ao *bioport* de *eXistenZ* a distância é pequena, já que atende ao desejo dos jogadores. É este desejo, entretanto, que no filme inverte a lógica das *sci-fi* consagradas, já que estas "criam o dom da vida" a partir de bases inorgânicas, numa imitação tecnicista do sopro que inaugura a vida em seres não nascidos (uma multidão de Nonatos), só que sobre "mídias" mais sintéticas do que o barro. Já em *eXistenZ* são os seres vivos que dispõem dos seus corpos e energia para criar simulacros animados deles mesmos, resultantes dos seus desejos preestabelecidos, dos meios à sua disposição e das regras que estabelecem nos seus jogos de poder. Não são então seres criados que anseiam alcançar e ultrapassar a "humanidade" dos mortais; ao contrário, são seres nascidos que se transformam em fonte de energia e que a "emprestam à máquina", que abdicam do dia de vida e da certeza da morte para brincar com a vida e com a morte, amparados em artefatos que transferem as pulsões vividas até ali para tais virtualidades, utilizando os seus próprios corpos como meios para tais transferências. Este novo "material" já pode inclusive ser chamado de *metaflesh*, e dele são constituídos os personagens de *eXistenZ*.

A simbiose entre os comandos tecnológicos e as operações mentais parece se abrir como uma forte tentação operativa para concepções educacionais. Essa expectativa corresponde à percepção de que a evolução natural da espécie, dependente de mecanismos com base no DNA, passa a ser considerada demasiadamente "lenta" frente a outros, criados pela ciência humana, via tecnologia. Para tal, tornar-se-ia imperioso desatar os mecanismos genéticos dados pela condição formativa da vida e usá-los apenas como fonte energética que alimenta outro processo "livre das amarras dos corpos" (Kurzweil, 2007, p. 72).

Poderíamos apressadamente inferir que subtrair o corpo da constituição da subjetividade alienaria o sujeito constituído do próprio corpo, salvo como fonte de energia. Mas, poder-se-ia ir além para concluir que tal constituição se daria no movimento de articulação da existência e da transcendência num mesmo plano orgânico-virtual de exercício da vida e das relações encadeadas por ela. Os dispositivos vinculados àqueles que ordenam o jogo estariam ligados então à "experimentação". Práticas pedagógicas com dispositivos virtuais emprestados aos *games* sugerem aprender as possibilidades da experimentação das formas de vida contidas nas linguagens dos jogos e estas certamente ajudariam a definir o *pathos* da confluência do corpo real e do corpo virtual.

Ora, a aprendizagem assenta-se num contrato comum de comunicação com formas e conteúdos compartilhados e apoiados em componentes instrumentais que facilitem a interação daqueles que estão envolvidos no processo. Assim, a reflexão sobre as práticas educacionais do porvir implica a rápida propagação das relações virtuais entre os jovens como uma questão preponderante. Abole-se, então, a noção de "real" como oposta à de virtual; é preferível conjugar o virtual ao físico, ambos constituindo o "real".

O que intriga, em termos pedagógicos, é a confusão provocada pela indefinição da fronteira material/virtual. As novas configurações do relacionamento com o virtual definem o conhecimento como algo móvel e, como tal, as concepções pedagógicas não desenvolveriam habilidades, operariam comandos. Ao se valerem da mobilidade generalizada, tais configurações transferem para a prática de ensino a volatilidade presente nos botões de controle remoto, dos comandos dos teclados, do domínio do *power point* e *joysticks,* não permitindo que habitemos um lugar, mas a própria velocidade, transladando-nos para uma instantaneidade hipnótica e chapada. O resultado é o fato de que "nós mesmos nos concebemos como terminais, espécies de aleijados rodeados de próteses tecnológicas por todos os lados, paralíticos entubados em meio à velocidade generalizada" (Pelbart, 1997, p. 7).

No seu famoso *Post scriptum* "Sobre as Sociedades de Controle", publicado na França em 1990, Gilles Deleuze define com clareza uma série de mudanças definidoras dos novos dispositivos de controle nos vários ambientes em que se instala. Ao comentar as maneiras como diferentes momentos lidam com o dinheiro — aspecto capital de todo sistema de exploração e domínio —, diz ele que "a disciplina sempre se referiu a moedas cunhadas em ouro, ao passo que o controle remete a trocas flutuantes", para concluir com uma analogia: "a velha toupeira monetária é o animal dos meios de confinamento, mas a serpente o é das sociedades de controle" (Deleuze, 1992, p. 222). Para o pensador, passar da disciplina para o controle significou deixar de ser um produtor descontínuo de energia para estabelecer relações de caráter "ondulatório, funcionando em órbita, num feixe contínuo. Por toda parte o *surf* já substituiu os antigos *esportes*" (Ibid., p. 223).

Cedo talvez, contudo pode-se propor uma atualização da analogia zoomórfica de Deleuze. Termina ele dizendo que "os anéis de uma serpente são ainda mais complicados que os buracos de uma toupeira" (Ibid., p. 226). Entretanto, os anéis da serpente que exercem uma força constritora e constante já não se aplicam mais. Logo após o início da virtualidade das relações através de instrumentos tecnológicos acessíveis e baratos, vimos surgir uma rede virtual, a *net*. A rede é uma teia que nos revela o próximo animal: a aranha e seus fios de seda virtuais. Pela adesão contínua e sistemática de novos pontos de conexão, tais teias, muito rapidamente, foram cobrindo os espaços com camadas e camadas de fios e criaram uma nova atmosfera: a *netsfera*. Os pontos de origem (operadores) de tais terminais foram encasulados nesta *net* que se sobrepõe continuamente. Estranha *nestsfera* que os enclausura sob a luz do sol, que eles não percebem, fechados no ambiente *cyber*. Todavia, tais terminais são fontes de comunicação: *Comunique-se, você que não mais vê! Você, encerrado do casulo*.

E quem virá para substituir a aranha e suas teias sucessivas e ligeiras?

Pode ser o morcego. Ele não enxerga e não carece disso; no escuro e no fundo, cego ao entorno que apenas percebe, ele estabelece relações sensoriais de orientação com o ambiente e com os seus iguais. Não se enxergam e são milhares. Rotineiramente, eles permanecem parados, pendurados, *off-line*. Ativados, eles são exímios sem a visão que não lhes faz falta, ao menos no seu mundo e com os apurados sensores de orientação que possuem. As já antigas teias invisíveis, porém permanentes, não são mais úteis. Cegos, projetam para si imagens do mundo que os envolve e nas quais vivem. Cabe então tentar adivinhar a topografia pressentida pelos voos desses seres.

Se aproveitarmos o aforismo de Deleuze (1988, p. 72), em que ele nos lembra de que "a verdade é inseparável do processo que a estabelece", um porvir que enverede pelas simultâneas criações virtuais presentes em *eXistenZ*, alimentadas pela energia de esquecidos seres humanos reduzidos a fontes, equivale a cada um e todos se tornarem aliterações das possíveis narrativas da vida.

NORMA E CONTROLE EM *MINORITY REPORT**

Akemi Kamimura

2054. Na capital norte-americana, o homicídio foi banido há seis anos, graças a um sistema pré-crime — uma tecnologia de previsão baseada em imagens produzidas pela mente dos *precogs:* três paranormais que flutuam numa espécie de piscina de líquido amniótico. As sinapses produzidas em suas mentes e transmitidas a terminais de vídeo não são apenas cenas de possíveis crimes, mas *flashes* de crimes que invariavelmente serão cometidos, ainda que o suposto assassino não tenha sequer pensado em praticá-lo.

Por meio de tal tecnologia, uma equipe especializada da polícia trabalha para evitar mortes e prender futuros homicidas. Nomes de vítimas e agressores são gravados em esferas de madeira, à moda de bolas de bilhar, e lançadas pelo sistema. Imagens confusas e desconexas apresentam-se aos paranormais como cenas premonitórias. Esses *flashes* serão rearranjados e reordenados pelo chefe da equipe pré-crime, John Anderton, tendo em vista procurar pistas que identifiquem o local em que o crime ocorrerá, e assim impedir a ação futura. A hora exata do crime previsto também é indicada pelos *precogs*, o que passa a referenciar o cronômetro da equipe, marcando cada milésimo de segundo do prazo dado, antes que o crime seja de fato cometido.

---

* Direção: Steven Spielberg. Roteiro: Scott Frank e Jon Cohen (baseado em estória de Philip K. Dick). Título original: *Minority report*. Ano de Lançamento (EUA): 2002.

Os *precogs* jamais erram. Durante os seis anos de implantação do sistema, houvera uma redução de 90% da violência e não ocorrera um único assassinato. O sistema pré-crime é infalível e mantém todos os cidadãos seguros e livres.

A hipótese de falha do sistema sequer é cogitada quando a previsão do caso 1.109 indica como futuro criminoso o próprio chefe da equipe pré-crime, o qual matará, em cerca de 36 horas, um desconhecido cujo nome foi indicado premonitoriamente. Como o sistema é infalível, com certeza Anderton deverá ser detido e condenado à prisão. Mas se o próprio Anderton sequer conhece a futura vítima e nem o local do crime, como ter certeza de que o sistema não foi forjado para indicá-lo como homicida? Impossível. O sistema nunca erra. É em meio à perseguição e fuga que Anderton buscará alguma possibilidade de falha no sistema, ao mesmo tempo que questionará sobre sua inocência em relação a um crime que ainda sequer foi por ele imaginado, mas que o praticará, certamente.

É curioso que em um dos casos resolvidos pela divisão pré-crime, o registro da previsão de um dos *precogs* foi estranhamente apagado. O suposto assassino, agora preso com uma tiara imobilizadora, nunca foi identificado. E a suposta vítima, salva antes mesmo da ação do homicida, está desaparecida desde a interrupção do crime previsto. Mas isso certamente é apenas uma coincidência, jamais um problema no sistema.

Os *precogs* nunca falham. Mas às vezes eles podem discordar uns dos outros. Esse "registro dissonante" não ocorre em todos os casos, mas apenas quando não houver o consenso entre as três previsões. Diante da existência de um destino alternativo apontado pelo *precog* discordante, a certeza do futuro é abalada. Como garantir que o crime ocorreria da forma prevista? Quais das previsões estariam corretas? O futuro poderia ter sido diferente nos mais de mil casos já "resolvidos"? Para não restar dúvida na previsão feita pelo trio vidente, a versão diferente é rejeitada. O sistema nunca falha.

Algumas informações podem ser apagadas do sistema. Embora um homicídio tenha sido impedido pela equipe pré-crime, uma espécie de "eco" pode ser visualizado com a repetição das cenas previstas pelos *precogs*; nesse caso, o operador do sistema pode descartar facilmente as imagens produzidas como ressonância da previsão. Da mesma forma, a previsão de um dos *precogs* pode ser descartada, sem maiores questionamentos, se estiver em discordância em relação às previsões dos demais. Os registros dissonantes são eliminados. O sistema nunca falha?

Os *precogs* apenas mostram o que vai acontecer. A verdade é decretada pela legitimidade das cenas previstas por tais oráculos, articulada a um complexo banco de dados contendo informações sobre identidade, habilitação, ficha criminal, declarações de imposto de renda, serviços públicos oferecidos, localização de espaços sociais etc. Nessa sociedade, o processo de identificação civil de cada um é aliado a um monitoramento contínuo de hábitos de consumo, preferências, condutas, circulação etc.

Para movimentar essa complexa engenharia de informações, leitores eletrônicos da íris ocular encontram-se espalhados por toda a parte. *Scanners* móveis semelhantes a aranhas-robô deslocam-se e perpassam todos os lugares, varrendo-os com velocidade, precisão e eficácia. Nas áreas de acesso restrito, é por meio da observação da retina que se tem autorização de trânsito permitida ou negada. Os olhos, condições de existência, são os cartões de circulação nos espaços sociais.

A leitura eletrônica do olhar de cada indivíduo numa multidão permite tanto o traçado de perfis pessoais, quanto o mapeamento de fluxos sociais. Por meio de ágeis engenhocas de controle, asseguram-se desde o bom funcionamento das leis do mercado de consumo até as condições de segurança pública.

A vigilância constante e difusa transforma os indivíduos em códigos e senhas, divisíveis e monitorados. A multidão passa a ser uma amostra, um banco de dados, um mapa de perfis de mercado. O registro constante se exerce a cada leitura da íris e modula constantemente todos os indivíduos no sistema. Parece não haver escapatória nessa sociedade de controle.

Crime sem transgressão

As práticas jurídicas nesse cenário de 2054 revelam procedimentos ágeis e céleres. Entretanto, sem uma acusação formal e sem a possibilidade de defesa; o juiz surge apenas como uma testemunha da "investigação" das cenas da previsão dos *precogs*, aparentemente para avalizar a observação dos procedimentos. Nessa forma jurídica, conta-se apenas com a atuação policial: buscam-se pistas na previsão dos *precogs* e prende-se o futuro criminoso, antes da ocorrência do crime.

Os procedimentos jurídicos são reduzidos em relação à forma e ao tempo. Princípios jurídicos consagrados na modernidade — como o da ampla defesa, do devido processo legal, do contraditório e da imparcialidade do juízo — parecem ser ignorados, negados ou desconsiderados.[1] Há crime sem definição legal; o crime independe da descrição de uma conduta como infração e de determinação de qual punição possível. Ninguém é inocente, até que se diga o contrário. Qualquer um será culpado e preso, se assim for previsto pela autoridade *precog*.

A figura do procurador desaparece. Os poderes judicial e político tomam outras configurações. O único representante de tais poderes passa a ser o policial que, de posse das informações sobre os envolvidos e o local do crime, impede o delito e prende o criminoso em potencial. A vítima não é representada nem substituída. Não há vítima. A acusação é apenas anunciada alguns segundos antes do confinamento, manifesto pela colocação de um halo sobre a cabeça do futuro criminoso.

Sem uma acusação formal, sequer se sabe da ação futura prevista, frente a qual é necessário se defender. Não há defesa. A previsão é certeza.

Minority report é também uma sociedade de confiança nos programas estatais: o pré-crime é infalível, e, para evitar que familiares e entes queridos sejam brutalmente atingidos, aceita-se a prisão antecipada dos criminosos em potencial. Em nome da segurança, os fluxos são monito-

---

1. Os princípios de proteção e garantia judicial consagrados na modernidade referem-se ao procedimento jurídico imparcial e justo. O princípio da ampla defesa se refere à possibilidade de utilização pela parte e apreciação judicial de todos os meios de defesa disponíveis e, nesse sentido, faz-se necessária uma acusação formal que indique os fatos imputados. O devido processo legal consagra a observância de todos os procedimentos para um processo justo, com acusação, defesa e juízo imparcial, garantindo-se a paridade de armas entre as partes, o contraditório, ampla defesa e imparcialidade. Cada uma das partes (acusação e defesa) tem a possibilidade de se manifestar e de contradizer a parte contrária, garantindo-se o contraditório. O juízo que aprecia as manifestações da acusação e da defesa deve ser imparcial e independente.

rados e a população é convidada a participar dos atos de prisão dos futuros criminosos, numa velocidade instantânea. Uma vez que tais sujeitos sejam localizados nas malhas dos espaços públicos, os jornais passam imediatamente a veicular suas imagens, convidando os leitores anônimos a colaborarem na perseguição desses perigosos elementos, os quais devem ser presos, punidos e banidos do convívio social.

Confia-se na verdade. Esta, inquestionável porque da ordem da previsão, mascara outras possibilidades de futuro. Não há saídas nem escolhas possíveis, pois a verdade é única, uma vez que é projeção do sistema pré-crime. Não se questiona a veracidade dos fatos, cujos atos ainda não foram sequer praticados. A verdade não mais é buscada e provada, reconstituindo-se um acontecimento; é revelada (ou produzida?) pelos paranormais *precogs* — as autoridades desse sistema.

É em nome da segurança pública que a prisão antecede ao crime, impedindo a ação do futuro delinquente. Aqui, o crime não se confunde com a transgressão da norma, pois não há efetivação do desvio. O crime e sua punição são singularizados e a cada instante mudam de forma e fôrma, na medida em que as possibilidades desviantes são capturadas em suas múltiplas modulações, numa vigilância contínua.

Nessa sociedade de controle, diferentes modos são empregados num sistema de geometria variável de linguagem numérica (não exclusivamente binária); há modulações, "como uma moldagem autodeformante que muda continuamente, a cada instante, ou como uma peneira cujas malhas mudam de um ponto a outro" (Deleuze, 1992, p. 221). Os acessos não dependem mais de uma assinatura ou número; dependem de uma cifra, uma senha, uma íris ocular. E os indivíduos passam a ser "dividuais", divisíveis; as massas são agora amostras, dados, mercados, bancos.

Os diversos dados produzidos pelos equipamentos distribuídos espacialmente possibilitam um controle difuso e modular. Esses dados compartilhados e interligados permitem uma vigilância constante e disforme, com diferentes níveis de detalhamento e amplitude. Algumas ações do controle podem contar com uma precisão cirúrgica garantida pela capilaridade da rede de informações registradas.

Os códigos não registram ou se referem apenas aos indivíduos ou às instituições de sequestro, mas ao controle do ser e do viver de todos. Cada indivíduo, cada conduta do sujeito torna-se objeto de controle contínuo. Este último atua também em relação a cada instituição, cada Estado, cada grupo, associação ou empresa — figuras cifradas, deformáveis e transformáveis.

Seguindo o pensamento de Michael Hardt (2000), com o "desmoronamento dos muros que definiam as instituições", verificamos cada vez menos distinções entre o dentro e o fora; ambos são substituídos por um jogo de modulações, artificialidades, graus e intensidades em constante mudança. Os espaços públicos são cada vez mais privatizados, o espaço da política é desrealizado, a soberania não é circunscrita a um espaço fora e o poder está em todos os lugares, não se cristalizando em nenhum deles. Parece haver, em todos os lugares, inimigos imperceptíveis, numa proliferação de diversas crises menores e maldefinidas.

A sociedade de controle redimensiona o domínio de maneira mais sutil, sem destruir aquilo que a antecedeu. É uma sociedade de segurança, pautada na reafirmação da incerteza assentada no aperfeiçoamento do inacabado, pela confiança nos programas e pela tolerância como maneira de lidar com assimetrias e dessimetrias (Passeti, 2004).

A segurança é uma exigência imprescindível — todos são convocados à participação e novos itinerários são demarcados, a fim de orientar o trânsito dos fluxos. Nesse contexto, os riscos não podem mais ser pensados como locais e circunscritos, mas como inúmeras possibilidades nesses diversos itinerários e fluxos.

O Estado — em que o poder é exercido no âmbito das regras jurídicas que delimitam sua competência e orientam suas decisões — não pode mais se manter na mesma configuração moderna. A vida tomada pelo poder passa também pela regulação do direito. As práticas jurídicas se organizam na velocidade dos fluxos e garantem a inclusão de todos, mesmo que de forma marginal.

Práticas judiciárias são modos por meio dos quais nossa sociedade definiu tipos de subjetividade, formas de saber e relações entre o homem e a verdade (Foucault, 1996b). O inquérito[2] foi a forma predominante no século XV a XVIII; a partir do século XIX verificamos a prática do exame. Este, na sociedade disciplinar, era caracterizado pela vigilância permanente, pelo registro constante e pela relação referencial com a norma. Essa vigilância sobre os indivíduos é desempenhada por alguém que exerce sobre eles um poder e que, enquanto isso, tem a possibilidade tanto de vigiar quanto de constituir um saber a respeito daquele que é vigiado. Esse saber determina não mais se um fato ocorreu ou não, mas se um indivíduo se conduz ou não como deve, conforme ou não a regra.

Na sociedade disciplinar, o exame combina técnicas da hierarquia que vigia e da sanção que normaliza (Foucault, 1987a). Na disciplina, o exame inverte a economia da visibilidade no exercício do poder; impõe àqueles sobre os quais o poder se exerce um princípio de visibilidade obrigatória. Na sociedade de controle, o poder não apenas é discreto, mas difuso, "disperso numa rede planetária" e às vezes até invisível — não se sabe onde está o poder ou quem o possui. Há graus variados de poder em diferentes mãos; há modulações em sua concentração e em seu exercício (Costa, 2004).

O exame fez a individualidade entrar no campo do documentário, com um arquivo de detalhes, escrita e registro, além da formação de uma série de códigos da individualidade disciplinar, formando categorias, estabelecendo médias e fixando normas. No exame, classificações e hierarquizações são feitas em relação à norma, em relação à proximidade ou não a um padrão, de acordo com a legitimidade de certos saberes.

Na sociedade de controle vemos uma forma atualizada desse exame: modular e modulado. A vigilância não só é permanente, mas também total: em todos os lugares, em qualquer tempo. No hiperexame, o futuro não é desconhecido e sua previsibilidade é a certeza de eventos por vir.

---

2. No inquérito, a resolução do litígio era feita por um poder (judiciário e político) exterior às pessoas envolvidas diretamente no fato, por meio de um sistema de produção de provas, com a figura de um procurador representante do poder soberano e substituto da vítima; a infração cometida era uma ofensa ou lesão à ordem, à lei, ao Estado, ao soberano. Com o exame, as formas jurídicas do inquérito não são mais aplicadas, não se tratava mais de reconstruir um acontecimento por meio de produção de provas.

Diante de inúmeras possibilidades, opera-se a regulação social: estimulam-se determinadas condutas em detrimento de outras; dificultam-se algumas práticas para impedir certos resultados; prescrevem-se as diversas modulações e fluxos.

Os saberes não mais se orientam tão somente em relação ao passado (se o crime ocorreu ou não, quem praticou o delito), nem apenas em relação ao presente e conformidade à norma (se o indivíduo é normal ou anormal), mas sobretudo em relação às condutas futuras de cada indivíduo. Há um registro constante de todas as ações de cada sujeito vigiado: condutas já praticadas, ações em curso e aquelas a serem realizadas. Esse saber produzido será utilizado para a regulação das ações sociais: o futuro, já conhecido, determina as ações do presente.

No universo do controle, o escrutínio da vigilância e do registro possibilita diferentes classificações sobrepostas em relação a diversas hierarquias e múltiplos posicionamentos do mesmo sujeito. De acordo com a conduta analisada, pode-se aplicar uma sanção, mas também se exercer o controle.

A sanção, que na ordem da disciplina funcionava como um pequeno mecanismo penal, pode ser modelada para qualificar, reprimir e regular um conjunto de comportamentos que escapavam àquele sistema disciplinar. Não mais atuando como micropenalidade, torna-se um microcontrole, não necessariamente para punir ou premiar, mas para incentivar ou constranger. Um microcontrole do tempo, das atividades, da circulação, da maneira de ser e de viver. O policiamento constante é realizado por todos, e também por e sobre si mesmo.

Numa sociedade de controle, há uma atualização da sanção normalizadora que, na sociedade disciplinar, operava num sistema duplo de prêmio e punição. O castigo e a recompensa são remodelados constantemente. Na lógica do controle, a norma opera num sistema múltiplo de inúmeros estímulos e incentivos de ações e omissões, facilidades e constrangimentos para o fazer, o não-fazer, o deixar-de-fazer, o tentar-fazer e suas variações. A responsabilização, a harmonização, adequação e implementação de medidas que regulem e transformem a vida são aplicadas não apenas em relação aos atos e aos indivíduos, mas também aos Estados, empresas e sociedade civil, em múltiplas modulações conforme os atores envolvidos e o tema objeto da regulação.

A norma é "a maneira de um grupo se dotar de uma *medida comum* segundo um rigoroso princípio de autorreferência" (Ewald, 2000, p. 108). Designa uma maneira de produzir a regra de juízo, ordenando-se multiplicidades, articulando-as e relacionando-as com elas mesmas conforme um princípio de pura referência a si. A norma produz objetividade, fornece a medida comum que torna cada indivíduo comparável a cada outro. Do mesmo modo que igualiza, a norma desigualiza, "convida cada indivíduo a reconhecer-se diferente dos outros; encerra-o no seu caso, na sua individualidade, na sua irredutível particularidade. Precisamente, o normativo afirma tanto mais a igualdade de cada um perante todos, quanto infinitiza as diferenças" (Ibid., p. 109).

Como forma de produção de uma medida comum, a norma torna todos comparáveis entre si e sua efetividade repousa na afirmação das diferenças, dos desvios e disparidades. O direito já não é mais baseado em relações verticais de soberania. A norma não é expressão de um soberano, ela é produto de todos, ainda que ninguém a queira explicitamente. Não há mais legislador. Ainda que exista parlamento, a produção da norma não exprime uma vontade ou interesse geral. O lugar do legislador encontra-se vazio e definitivamente vago.

A produção legislativa é demasiadamente lenta para os fluxos e diversos itinerários do controle. A *soft law*, prevista em resoluções, recomendações, acordos, declarações e instruções normativas, é elaborada e aplicada em detrimento da trabalhosa produção parlamentar da *hard law*[3]. Da mesma forma, a interpretação do direito e o julgamento dos conflitos não mais se baseiam exclusivamente em normas jurídicas formalmente produzidas pelo Poder Legislativo.

---

3. O termo *hard law* é utilizado em relação à legislação e aos códigos produzidos pelo Legislativo, respeitando-se os procedimentos e trâmites da produção legislativa "tradicional" e juridicamente vinculante. *Soft law* se refere às regulamentações, recomendações, declarações e acordos firmados entre diversos atores estatais ou não estatais, sem passar necessariamente pelos processos legislativos para a produção de efeitos e validade entre as partes envolvidas, e com reduzida força jurídica vinculante ou caráter obrigatório.

Nesse contexto, o direito é concebido sem obrigação e sem sanção. A norma é negociada, é uma recomendação. O direito não se reduz às formas de sua expressão em constituições, códigos e leis, mas se refere a tudo aquilo que na sociedade vale como medida comum, como princípio de objetividade de um juízo. A norma enuncia um valor, uma medida comum produzida por um mecanismo de autorreferência do grupo a si mesmo. Não há uma grande norma a substituir o soberano ausente, mas uma pluralidade delas, que revelam medidas aplicáveis a cada tipo de atividade. As normas não se articulam entre si de maneira hierárquica ou piramidal; definem espaços e redes sempre particulares, comunicam entre si pela sua forma.

A dignidade humana foi tomada como uma medida comum, um valor consagrado em diversas declarações e tratados de direitos humanos. A igualdade de cada ser humano perante todos é afirmada por meio de normativas, ao mesmo tempo que as diferenças são infinitas. A igualdade abstrata, normativa, torna todos os seres humanos comparáveis, mesmo com as inúmeras diferenciações, desvios e disparidades. Os direitos humanos como expressão de uma medida comum podem pautar a regulação de tudo aquilo que se faz imprescindível à dignidade humana.

Com a constituição de um campo homogêneo de positividades, a norma é simultaneamente aquela medida que se institui a partir de um princípio geral de comparabilidade, e também aquilo que abre o campo de visibilidade do comparável. Assim, a norma torna visíveis os desvios e as diferenças, aquilo que distingue um sujeito de outro. Sua relatividade limita seu peso, respeitando-se a maneira como foi decidido o valor dos valores numa ordem normativa, valor este definido pelo grupo, por autorreferência. Não pretende vigorar indefinidamente, tal qual uma lei. As normas são variáveis, mutáveis de acordo com as modulações e transformações.

Nesse contexto, a norma passa a tomar como objeto o valor vida, em diferentes modulações de controle. A vida passa a ser a expressão da medida comum e a lógica dos direitos humanos parece ser adequada e oportuna para tais modulações do controle. Os instrumentos técnicos, políticos e sociais de medida são constantemente modulados. As normas definem aspectos de uma vida ordinária, reprimem e punem determinadas formas de vida, ao mesmo tempo que estimulam outras formas de viver.

Nesse horizonte de controle partilhado, a universalidade dos direitos é garantida, mas o acesso aos direitos e seu exercício são modulados conforme a senha e o fluxo. As configurações do Estado moderno se dissipam e se amoldam a uma sociedade em que desaparecem as fronteiras entre público e privado, nação e território, indivíduo e cidadão. O poder se encontra disperso e difuso. O poder de viver e de deixar morrer passa a ser regulado pela norma que estabelece uma medida comum sobre a vida e a morte.

Os princípios de direito privado parecem prevalecer sobre os princípios constitucionais e outras garantias fundamentais. A hierarquia das normas jurídicas e a interpretação de princípios e regras são flexíveis. A norma deixa de ser um parâmetro estanque em relação ao desvio, voltada à segmentação e correção do normal e anormal; há uma modulação em relação à medida comum para melhor controle das ações e do próprio sujeito. Não se busca mais reduzir os desvios a uma lógica corretiva; o erro é administrado, regulado e contornado, de preferência, antes mesmo que ocorra. O parâmetro pode ser facilmente substituído, constantemente modificado e alternado. A regulação social depende da observância não imposta das normas — um direito sem obrigação e sem sanção.

Você pode escolher?

A vigilância contínua aliada a um registro minucioso e constante implica a operacionalização de normas, as quais indicam formas de vida e de viver que, ainda que não impostas, serão frequentemente observadas e produzidas. Não se determina que tais normas sejam respeitadas e obedecidas, mas todos fazem parte de um monitoramento contínuo e constante de sua aplicação, inclusive sobre si mesmos. Todos reproduzem as normas, mas ninguém as enuncia.

Na sociedade de controle, a organização de um Estado de Direito apresenta essas outras configurações. Sem uma distinção entre dentro e fora, tudo é capturado, classificado e organizado numa lógica modular. Cada poder pode ser exercido no âmbito de regras jurídicas que delimitam sua competência e orientam suas decisões, mas tais regras serão a expressão da medida comum de cada grupo, produzida por poderes difusos e dispersos na sociedade. A separação clássica dos poderes legislativo, executivo e judiciário se reconfigura. Ausente o legislador, o poder legislativo é esvaziado e todos participam da produção das normas e da aplicação da medida comum. A convocação à participação é observada em todos os aspectos, numa velocidade capaz de suprimir resistências e integrando todos, ainda que em graus diversos e desiguais. O julgamento e o cumprimento das normas também podem ser exercidos por todos.

Nessa sociedade, a norma expressa um valor ligado a uma forma de mecanismo de defesa ou de segurança social. A vida captada pelo conceito compartilhado da norma produz-se e regula-se. Os sujeitos são formados conforme esse alcance geral criado pelo grupo. Sem a efetiva transgressão da norma e, portanto, sem crime, o controle se aplica diante da previsibilidade de diversas condutas e de resultados possíveis. A verdade é produzida segundo previsões e probabilidades, configurando as modulações do controle.

A previsão anunciada como verdade inquestionável determina formas de constituição dos sujeitos. Nesse contexto de produção de subjetividades, qual seria o lugar da educação e, particularmente, da escola?

Numa escola de uma sociedade de controle, cada comportamento é vigiado e registrado minuciosamente — o histórico do aluno, sua identidade, suas atitudes, seus resultados de avaliações etc.

De posse de tais saberes, os professores já conhecem exatamente como cada aluno se comportará durante toda sua vida escolar. Diante disso, caberá optar por afastar o futuro indesejado, ou aguardar pacientemente que a revelação seja promessa cumprida.

O projeto pedagógico, aliado ao controle contínuo dos corpos e das modulações dos desvios, orienta uma profilaxia das relações do homem consigo próprio e com os outros, com uma função de enquadramento moral de autorregulação, de autointerpretação para a explicitação de modos de ser (França, 2004, p. 8).

Os modos de ser do educando são previstos e regulados. A educação se vale da formação de procedimentos por meio dos quais o sujeito é induzido a observar-se a si mesmo, a se analisar e se reconhecer como um sujeito. Diante das diversas maneiras de se relacionar consigo e com os outros, quais serão aquelas privilegiadas pela educação?

Se o futuro já anunciado na previsão for uma verdade imutável, os alunos podem ser facilmente categorizados e hierarquizados conforme os padrões apontados nos registros; a convivência será irrelevante e os esforços em vão, pois os resultados já são conhecidos. Não haverá falhas. Os resultados futuros já seriam adequações às normas particulares de um grupo em questão.

Nada está fora do controle. A escola deve incluir a todos, sem distinção alguma, seja de raça/etnia, gênero, deficiência, religião, língua, orientação sexual, nascimento ou condição social. Todos são incluídos, ainda que marginalmente. A educação é para todos, mas cada aluno tem acesso ao que lhe foi definido e previsto.

Cada aluno é comparável a um outro. O controle minucioso, constante e preciso indica o futuro de cada qual, a partir das probabilidades da ocorrência de determinadas condutas e resultados. Nesse cenário, qual seria a estratégia da escola para formar os alunos, ensinando-os a lidar consigo e com os outros?

A educação pode iniciar o aluno a se reconhecer no lugar ou papel que lhe foi determinado nessa sociedade. Como a verdade é anunciada, o aluno pode, desde já, ser preparado para lidar com o que o futuro lhe reservou. A educação pode manter e reforçar o controle. Mas pode também promover o conhecimento das formas de funcionamento do controle e indicar a existência de outras possibilidades de ser e de viver.

O hábito, a mecanização de técnicas, os efeitos de poder e os regimes de verdade difundidos e vivenciados podem configurar métodos pedagógicos. Pode haver uma produção de outras formas de subjetivação e de viver, diversas daquelas que se desdobram pela previsibilidade da verdade. A existência adquire significação e concretude com a presença e pertença no mundo, entre os homens e as mulheres, entre iguais e diferentes.

Nessa sociedade do controle, a educação pode ser uma forma eficaz para legitimar modos de perceber, conhecer e se relacionar com os outros. Ou pode indicar outras formas de ser e de viver, modos de conhecer, perceber e se relacionar consigo e com os outros que ainda não se fazem previstos.

Probabilidades e riscos são regulados no presente, pela norma — essa medida comum que organiza a sociedade ao mesmo tempo que direciona e promove formas de viver. Mas todos podem participar da produção dessa medida comum. Todos podem escolher; cada um pode aguardar pacientemente o futuro anunciado, ou impedir que essa revelação se concretize. Mas, ainda que a previsão seja a verdade, nós ainda podemos escolher como participar, como viver, como e para que educar.

CÓDIGO 46*: NÓS E(M) NOSSOS GENES

Luciana Valéria Nogueira

Código 46: artigo 1

Dois seres humanos com o mesmo grupo de genes nucleares são considerados geneticamente idênticos. As relações de um são as relações de todos. Devido as técnicas de fecundação artificial e clonagem é necessário prevenir qualquer reprodução geneticamente incestuosa acidental ou proposital. Portanto:

I. os futuros pais devem ser geneticamente examinados antes de conceber. Se apresentarem 100, 50 ou 25% de igualdade genética, não poderão conceber.

II. se a gravidez não for planejada, o feto será examinado. Uma gravidez vinda de pais com 100, 50 ou 25% de igualdade genética será imediatamente interrompida.

III. se os pais não sabiam da igualdade genética entre eles é permitida uma intervenção médica para prevenir a violação do código 46.

IV. se os pais sabiam da igualdade genética antes de conceber, se trata de uma violação do código 46.

O filme *Código 46* remete-nos a um ambiente futurista que, não obstante, nos parece muito familiar. É o futuro mais que presente. O proces-

---

* Direção: Michael Winterbottom. Roteiro: Frank Cottrell Boyce. Título original: *Code 46*. Ano de lançamento (Inglaterra): 2003.

so de globalização parece ter atingido seu ápice, a língua falada é uma babel inteligível e os habitantes deste mundo estão rigorosa e controladamente divididos em: os de fora e os de dentro. Também a biotecnologia parece ter alcançado um estágio elevado dada a sua inserção absolutamente naturalizada na sociedade. Às voltas com clonagens e identificação de genomas executadas generalizadamente alguns cuidados por parte do Estado devem ser tomados, isto é, leis específicas e sanções adequadas precisam tomar lugar para que a ordem e o futuro da espécie sejam assegurados. É nessa ambiência que se passa a história. A tomada aérea nos lança no mundo regido pelo código 46: o espaço é quadriculado e desértico. A terra marrom dá o tom da aridez da vida que se vive ("do pó vieste e ao pó retornarás"). O burburinho diário das relações comerciais e pessoais acontece à noite: o sol é um inimigo.

William, o intuitivo, chega pela manhã, as ruas estão desertas. No posto de passagem para o mundo dos "de dentro", toma contato com os de *al fuera*. Essa realidade se lhe apresenta pitoresca. Amistosamente, diverte-se com a multidão de excluídos que oferecem os mais diversos serviços, como corte de cabelos, balas, pirulitos. Eles apenas existem.

Foi enviado para desvendar um caso de falsificação de passes. A empresa Sphinx, emissora de coberturas de curta duração, detectou, entre suas impressoras, a emissão de autorização falsa. E isso não é admissível. Não, não se pode ir e vir; há que se ter cobertura. Essa prática faz parte do controle exercido sobre as vidas humanas sempre a fim de preservar a integridade da espécie.

Rapidamente descobre quem falsifica os bilhetes, mas o imponderável já estava à espreita: William se apaixona pela contraventora, Maria Gonçalez. Para livrá-la das penas previstas por lei, mente, incriminando outra pessoa. Sendo um intuitivo não precisa apresentar provas. Basta sua palavra.

Envolve-se com Maria; ela engravida e o código entra em ação. Descobre-se que a moça é clone da mãe de William, logo a identidade genética entre eles não permite que a gestação seja levada a cabo. Voluntariamente Maria se submete a um aborto e sua memória, por meio de uma infecção viral provocada pelo serviço médico, é seletivamente apagada. As lembranças relativas ao seu envolvimento com William desaparecem e ela volta à sua vida ordinária.

Paralelamente, as coisas se complicam para o protagonista, pois seu suposto erro de intuição é detectado e seu visto expirou sem que tivesse voltado para casa. Numa sucessão de contravenções, tenta recuperar a parceira para com ela fugir. Ao cabo de sua epopeia, sofre um acidente, tem seu poder de intuição aniquilado também por uma infecção viral provocada pelos órgãos de controle e Maria vê seu maior medo ser concretizado: é enviada para o mundo dos de *al fuera* onde a vida não está garantida, apenas a existência.

As aparentes brechas do controle cuidam para que nada escape.

Gestão do risco contra a degeneração da espécie

Numa espécie de versão *high-tech* do mito de Édipo-Rei, *Código 46* carrega referências mais ou menos diretas à questão do tabu do incesto. Assim, temos o casal edipiano formado por Maria (figura materna por excelência no cristianismo) e William (do teutônico, protetor absoluto — o rei). Ambos, cada um a seu modo, envolvidos com a esfinge e seus enigmas (a panóptica[1] Sphinx, a empresa que emite coberturas de estadia para as pessoas em trânsito). Ao fim e ao cabo, serão por ela devorados.

É possível, a partir desse cenário, explorar uma discussão sobre a questão do tabu do incesto, inserindo-a numa problemática mais ampla que implica relações de poder e, para além dos poderes envolvidos, dar-se conta da íntima conexão entre a produção de saberes, sobretudo os do campo científico-biológico, sua utilização na instauração ou perpetuação de práticas que, ao serem de alguma forma naturalizadas pela noção de

---

1. O plano arquitetônico de Jeremy Bentham, conhecido como panóptico, foi o mais famoso exemplo de um paradigma inserido numa tecnologia disciplinadora. Consistia num grande pátio com uma torre no centro, circundado por prédios divididos em níveis e celas. O extraordinário desta estrutura reside no fato de que podia estabelecer a possibilidade de vigilância constante. Sua perfeição: não podendo o prisioneiro ver o vigia (este também sistematicamente vigiado), não se sabendo assim efetivamente vigiado ou não, acabava, na dúvida, por exercer uma autovigilância. Pode-se, então, dizer que o ordenamento espacial propiciado pelo panóptico sintetizou a condição múltipla de poder, controle do corpo, controle de grupos e saber. A tecnologia panóptica pode ser traduzida, segundo Foucault, numa racionalidade particular, onde a autossuficiência volta-se à eficiência e à produtividade.

risco, performatizam subjetividades absolutamente contemporâneas. Essa discussão pode se dar de maneiras diversas. Na série argumentativa aqui proposta pretende-se partir da problematização da análise estruturalista acerca do problema do incesto nas organizações sociais. Busca-se, por meio do pensamento de Michel Foucault, operar um deslocamento estratégico em relação à perspectiva estruturalista, aqui representada pelo pensamento de Claude Lévi-Strauss.

Em ambos, a questão do incesto diz respeito a relações de poder estabelecidas que devem ser mantidas. Se, de alguma forma, há certa convergência entre ambas, esta se dá por esbarros na superfície.

A problematização dos pressupostos universais estruturantes, bem como a singularidade na analítica dessas relações de poder, parece-nos configurar a fecundidade do pensamento foucaultiano para lidar com as tramas da contemporaneidade. Vejamos, pois.

Sabe-se que em todas as sociedades estudadas até o momento pela Antropologia e Etnologia existe alguma forma de restrição à reprodução. Não obstante esta restrição apresentar-se sob as mais diferentes formas, algum controle sempre está presente. De um modo genérico, pode-se dizer que o tabu do incesto incide sobre indivíduos com algum grau de parentesco, apesar de a própria noção de parentesco ser variável nas múltiplas culturas. A diversidade é grande, mas a universalidade, aplicável. Tal universalidade apontaria para algo da ordem do explicitamente natural ou biológico. No entanto, o fato de traduzir-se numa regra, a ser aplicada socialmente, com leis e sanções claras, aponta para algo da ordem do social. Afinal, a proibição universal do incesto apontaria para uma espécie de sabedoria natural inerente ao ser humano ou haveria aí algo da ordem da prática de poderes sobre a vida? Trata-se, no limite, de um imperativo da *vida nua*[2] ou, antes, de uma demanda de *biopoder*?[3]

---

2. A noção de vida nua aqui empregada toma como referência o exposto por Giorgio Agamben em *Homo sacer* (2004b). Remontando aos gregos, Agamben estabelece uma clara distinção entre *zoé*, a vida nua, concebida em seu âmbito puramente biológico, isto é, no fato de viver comum a todos os seres, e *bíos*, indicando uma maneira de viver própria de um indivíduo ou grupo. Ao conceito de *bíos* poderíamos associar a vida na pólis, aquilo que diferenciaria o humano dos demais viventes.

3. A noção de biopoder, segundo Foucault, está vinculada às práticas e estratégias políticas que tomam os indivíduos em seu âmbito *zoé* tornado indistinguível do âmbito *bíos*, isto é, pelas práticas

Para Lévi-Strauss (2003), esse aparente paradoxo é resolvido se pensarmos que a proibição do incesto não traduz algo nem da ordem do puramente natural, nem do puramente cultural, mas o passo fundamental por meio do qual se realiza a passagem da natureza à cultura, não sendo possível falar numa natureza humana, o que pressuporia um homem pré-social. Então, a que se deve essa proibição uma vez que não se trata de evitar a degeneração da espécie, tampouco a preservação da família, tão fortemente naturalizada entre nós? Trata-se antes de tudo de uma regulação com vistas ao âmbito social, à dimensão coletiva. As qualificações do tipo maternidade, sorolidade e filiadade são propriedades dos indivíduos considerados. No entanto, estas não podem ser admitidas definindo indivíduos isolados. É na relação com outros indivíduos que tais qualificações podem ser determinadas. Assim, a comunicação, o estabelecimento das relações entre indivíduos e grupos é uma consequência da vida em sociedade; na verdade, seria a própria vida. A comunicação desenrola se em três níveis: a troca de mulheres, de bens e serviços e de mensagens. As mulheres são, a um só tempo, pessoas e valores. Conclui Lévi-Strauss (2006; 2003) que a troca de mulheres (a exogamia) fornece o meio necessário para a manutenção do grupo como grupo, evitando o fracionamento e a divisão indefinidos advindos dos casamentos consanguíneos. Não se trataria, pois, de algum perigo biológico imposto pela consanguinidade, mas, antes, um benefício coletivo, inserindo-se, desta forma, no espectro das relações de poder e de controle. A ausência de restrições poderia colocar em risco a própria *bíos*. A análise de Lévi-Strauss não aponta de forma alguma para a dimensão biopolítica, mas, ainda que de maneira enviesada, assinala o paradoxo do controle sobre a *zoé* como forma de garantir a *bíos*.

A análise pós-estruturalista aponta para um entendimento muito diferenciado do problema, não obstante reputar à questão algo da ordem do poder. Mas aqui, é o risco da perda de poder que está em jogo. A busca pela verdade, empreendida por Édipo, tem como força motriz o medo

---

de poder-saber, a noção de *bíos* está superposta pela noção de *zoé*, sendo os indivíduos reduzidos à sua dimensão de vida nua.

de se ver afastado de seu lugar de rei. E é justamente esta busca para instauração da verdade que o levará à queda.

Em *A verdade e as formas jurídicas*, Michel Foucault (1996b) argumenta em favor da ideia de que toda a tragédia de Sófocles gira em torno do desejo de Édipo de manter seu poder. Não se trata, pois, de um horror diante do ato incestuoso, nem sequer do assassinato do pai, mas, acima de tudo, do risco de perder o poder conquistado sobre Tebas. Isto porque, na argumentação foucaultiana, é necessário perceber a maneira como as relações políticas se estabelecem e se investem na nossa cultura, engendrando uma série de fenômenos que não podem ser reduzidos à análise de forças estritamente econômicas. É central perceber que as relações políticas produzem toda a trama de nossa existência. Assim, se o complexo de Édipo existe, não é ao seu nível individual que devemos nos reportar, mas ao das relações de poder e de saber. Vejamos como isso se dá.

A tragédia de Édipo é, antes de tudo, uma pesquisa da verdade, a verdade sobre a peste que se abateu sobre Tebas. Quem haveria de ter conspurcado e assassinado? *Código 46* também transcorre a partir da necessidade de encontro com a verdade: quem falsificou os passes, quem é o responsável pela contravenção que poderia jogar a sociedade numa situação de risco?

Sófocles recorre ao jogo da prova no qual, juridicamente, a verdade é estabelecida pelo desafio e pela palavra. São os testemunhos, predições e adivinhações, todas práticas centradas na palavra de indivíduos, que vão desenhando o jogo que encurrala Édipo e o coloca em situação de risco.

William, o intuitivo, vale-se do mesmo proceder. É pela sua palavra que a prova é produzida, o criminoso encontrado, a verdade estabelecida. É o detentor de um certo saber superior em eficácia ao dos outros.

No entanto, assim como Édipo caiu em face da verdade que ele mesmo produziu a fim de manter-se no poder, o par Maria e William cai diante das malhas do controle que se exerce em nome do risco da degeneração da espécie, risco este alimentado e alicerçado pelos saberes científicos. O que a tragédia de Édipo parece ter produzido, ainda na análise de Foucault, foi a desconstrução do mito de que a verdade é isenta de poder, uma espécie de antinomia entre saber e poder. Assim, o lugar ocupado pela ciência como guardiã da verdade sobre o mundo nunca poderia ser maculado pelos interesses mundanos ligados ao poder. Haveria, em Édipo, pensando com Foucault, uma espécie de pureza primordial insinuada, uma suposta neutralidade na produção dos saberes científicos que não poderia ser conspurcada pelas malhas maculadas do poder: onde há ciência, há verdade, logo não há poder. Ora, o que Foucault procura nos mostrar, amparado pelo pensamento de Nietzsche, é que se trata mesmo de um mito, mito este bastante conveniente para as estratégias de controle e poder, uma vez que, em se tratando de uma verdade científica, não há como contradizê-la ou negá-la. É justamente essa relação de profundo entrelaçamento do poder com o saber científico que está aqui em questão. É na relação que a inteligibilidade torna-se possível. É este o salto analítico referido anteriormente que nos permite olhar para a contemporaneidade com olhos menos ingênuos. Sem a separação platônica entre poder e saber, é possível compreender o quanto os saberes científico-biológicos, por exemplo, podem legitimar práticas de poder que subjetivam um homem reduzido à sua vida nua.

Tome-se como exemplo dessa conexão aquilo que Deleuze e Guattari (2004) apontaram em *O antiédipo*. Para esses pensadores, Édipo não seria uma espécie de verdade da natureza, algo da ordem do atemporal de nosso desejo. Configura-se, antes, como uma possibilidade de manipulação e controle no universo da cura dos problemas psíquicos. Édipo condensa uma espécie de clausura do desejo circulante no interior da família (daí o triângulo burguês papai-mamãe-filhinho). Coação e limitação puras com um verniz aplicado pela verdade de um saber a fim de enquadrar o desejo numa estrutura familiar definida tida como natural.

Durham (2004) chama a atenção para o fato de que essa naturalização da família assume uma forma particularmente insidiosa na cultura ocidental, uma vez que esta faz uso da manipulação de concepções científicas para sua legitimação. Assim, antes de tudo, trata-se de um exercício de poder legitimado pelos saberes médicos e psicanalíticos.

O trinômio saber-poder-subjetividade pode ainda ser inferido, de forma modelar, a partir do ideário eugênico que grassou entre nós no período do final do século XIX até o início do século XX, podendo, talvez, ser entendido por meio do potente conceito foucaultiano de governamentalidade. Entender a tal conceito exige certo recuo no tempo. Em seu esforço intelectual com vistas a entender os processos por meio dos quais os seres humanos tornam-se sujeitos na nossa cultura, Foucault localiza por volta do século XVI uma nova política de poder concretizada na figura do Estado. À crescente solidificação do Estado pode ser imputada, como causa e consequência, uma crescente forma de poder tanto individualizadora quanto totalizadora. Desta forma, a governamentalidade, afastada claramente da antinomia poder-saber, poderia ser entendida como uma espécie de arte de governar caracterizada por uma gama de autoridades e agências heterogêneas, que empregam variadas técnicas e formas de conhecimento científico com o intuito claro de avaliar e melhorar a riqueza, a educação, os costumes, a saúde e os hábitos da população. A ação individualizadora e totalizadora simultaneamente presente no dispositivo da governamentalidade conhece uma enorme aceleração por volta do século XVIII com a saturação promovida pelo modelo biopolítico. É o governar sempre sem governar diretamente. Não por coincidência as ciências biológicas ganham também portentosa aceleração nesse período, inclusive por conta do crescente uso da estatística (a ciência do Estado) na produção de conhecimentos relativos a fenômenos observados entre os viventes, mormente os ligados à hereditariedade.

Parece-me que justamente os maiores avanços assistidos no campo dos estudos sobre a hereditariedade, a genética, acabaram por respaldar ao mesmo tempo que produziam os discursos e práticas eugênicas. Não se incorreria em erro ao afirmar-se que, na atualidade, os avanços da biologia molecular e dos estudos ligados ao DNA (ver Projeto Genoma Humano[4]) produzem discursos e práticas neoeugênicos. A neoeugenia ligada à tecnologia do DNA produz efeitos de subjetividade. Se, segundo Rabinow (2002), o ideário eugênico do final do século XIX e primeiras décadas do século do XX podem ser reconhecidos como projetos sociais

---

4. Esforço científico internacional, iniciado em 1990 e finalizado em 2002, que visava ao mapeamento de todo o genoma humano. Concluída esta etapa, procede-se agora a um entendimento mais minucioso do material genético que possibilite a proposição de novas abordagens terapêuticas.

moldados a partir de metáforas biológicas, estendendo-se da higiene pública ao holocausto, a nova genética e seu discurso neoeugênico já deixaram de ser uma metáfora biológica para se tornar uma rede de circulação de identidades e lugares de restrição, fazendo surgir um tipo rigorosamente inusitado de autoprodução: a biossociabilidade. O risco aqui seria a dissolução da categoria do social, entendendo-se sociedade não como um universal naturalizado, mas antes a totalidade do modo de vida de um povo sempre sujeita à mudança e à análise empírica. Essa dissolução, passo necessário para a superação da separação entre natureza e cultura, é passível de ocorrência na medida mesmo em que os diagnósticos genéticos podem levar a um esquadrinhamento total da população, podendo cada um filiar-se ao seu lugar no mundo, seja entre os diabéticos, os hipertensos, os hipotensos, os obesos, os anoréxicos etc. Para cada qual haveria um lugar ao sol dos distúrbios, dos doentes, da adequação e sobreposição entre diagnóstico e terapêutica. O indivíduo como entidade biológica, nu, autoproduzindo-se como portador de alguma deficiência na série infinita de seres que o DNA pode fazer surgir. Entre intuitivos, os de fora, os de dentro, os hemorrágicos, há uma miríade de possibilidades que devem ser geridas. Daí a necessidade de um mapeamento dos riscos a fim de atuar-se, sobretudo, no campo da prevenção. Tal movimento traduz-se por vigilância, não de indivíduos ou grupos, mas de prováveis doenças, anomalias, comportamentos desviantes, com o firme propósito de promover uma vida mais saudável, salvaguardando a saúde perfeita.

Como numa cadeia de traduções, teríamos o incessante movimento do discurso científico produzindo efeitos outros em instâncias alhures, num espraiamento difícil de cartografar. Não obstante tal cartografia apresentar-se sob linhas tênues, um tema recorre: o risco — risco de se macular a coletividade, risco de perder poder, risco de perder seu lugar entre os de dentro, risco de degenerar a espécie, risco de não ser portador da saúde perfeita. O movimento apresenta um paradoxo na medida exata em que a ciência moderna nasce com a vocação primordial de controle, de previsibilidade. A matematização do mundo tem sido considerada como a possibilidade única de controlar os riscos a que a natureza nos submete todo o tempo. No entanto, o imponderável das biotecnologias aponta para uma impossibilidade mesmo do cálculo desse risco. Assim, transgênicos à solta, clones vagamundos, nanotecnologias substituintes de funções fisiológicas, medicamentos personalizados, vidas em suspensão por criogenia parecem fugir à possibilidade de controle, tornando o medo pelos riscos possíveis algo da ordem do insuportável. O medo é a alcunha daquilo que nos traz incertezas. Assusta tanto mais quando difuso, flutuante, sem endereço ou motivo claros. Não o é com os brados daqueles contrários às sementes transgênicas? Não nos dizem, pois, que, pelo princípio da precaução, seria melhor não delas fazer uso? Ora, o que é o princípio da precaução senão a racionalização desse medo indistinto diante do absolutamente incerto acenado pelas biotecnologias, nossa estufa dos temores? Não é o medo da exclusão que faz Maria Gonçalez voluntariar-se ao aborto? Não é o medo de perder o amor que faz William mentir, transgredir? Bauman (2008, p. 12) traz uma bela imagem capaz de sintetizar não apenas o medo, mas também uma reação a ele, tão familiar para nós: "Afinal, viver num mundo líquido-moderno conhecido por admitir apenas uma certeza — a de que amanhã não pode ser, não deve ser, não será como hoje — significa um ensaio diário de desaparecimento, sumiço, extinção e morte. E assim, indiretamente, um ensaio da não finalidade da morte, de ressurreições recorrentes e reencarnações perpétuas" (...)

A sombra sempre presente do risco talvez seja a mais notável produção biopolítica nublando nosso olhar. O medo serve para catapultar nossa rendição a esse estado de coisas que toma os homens na sua mais mirrada manifestação. Os determinismos, sobretudo de ordem genética, nos assombram e nos colocam numa berlinda sentida como inescapável, afinal é sobre a natureza, sobre nossa natureza biológica (nosso corpo, nossas células, nossos genes, nossa espécie) que o inevitável, mas perigoso, supostamente opera. É preciso cuidar, é preciso prevenir a todo custo. É preciso vigiar. Onde encontraríamos lugar mais apropriado à produção e legitimação dessas formas de vida organizadas pela vigilância, senão nos espaços sociais formativos? Em que medida as singularidades da instituição escolar, particularmente, não seriam condições privilegiadas a tal empreita? Aliás, não tem sido esta mesma a vocação da escola tão dada a propiciar um adequado espaço de disciplinamento, de autonomização do sujeito, de autogoverno? Por que não incentivar o governo de si mesmo como forma de prevenir os riscos inerentes ao próprio fato de se estar vivo? Então, que porvires serão por nós engendrados?

As educações por vir

Não importa aqui se a possibilidade tecnológica existe ou existirá, tampouco se o determinismo genético é razoável ou não. Não; o que está em jogo são as produções possíveis a partir de noções postas como verdades, noções que, por meio das práticas discursivas, têm força de verdade. É necessário refletir que tipo de compreensão acerca do mundo se deseja forjar ao propagar-se a noção de determinismo genético (ou quaisquer outros determinismos)? De que maneira engendram-se relações do homem com a natureza ou entre os próprios homens?

Pois bem, num mundo determinado geneticamente, a marca congênita é definidora de destinos, castradora de possibilidades. A vida, no sentido bergsoniano, aquela produtora de movimento e de contínuas novidades, torna-se esvaziada e impossibilitada de acontecer. A multiplicidade da duração reduz-se à homogeneidade estéril da repetição.

O que restaria à educação num mundo absolutamente previsível e conhecido de véspera? Parece-me que nada muito diferente daquilo que já se apresenta. A elitização crescente da educação à custa do sucateamento do ensino público e gratuito é uma realidade, ainda não posta em termos de herança genética. Trabalha-se, por ora, no velho diapasão das diferenças sociais e econômicas. Mas, a estas, não poderiam simplesmente ser somadas as marcas genéticas de nascimento? Não estão elas já postas entre aqueles que desfrutam de uma educação de qualidade? Não seria surpreendente encontrar "os melhores genes" da espécie humana entre os bem-nascidos (os de dentro!). Aos poucos estamos produzindo os de *al fuera* sob a chancela da ciência. É bastante reconfortante para as mentes humanas saber que a culpa não é de ninguém, é dos genes, logo não há o que se fazer, apenas manter o mundo nos conformes, funcionando de acordo com as leis naturais. Ah, aquilo que se esconde sob a ideia de "leis naturais"... É a ideia mesma da inexorabilidade, do inevitável, afinal é da natureza. Logo, por que investir naqueles que a própria mãe-natureza relegou a um segundo plano? Por que semearíamos sementes natimortas?

Ou não!

Em que tábua, segundo qual espaço de identidades, de similitudes, de analogias, adquirimos o hábito de distribuir tantas coisas diferentes e parecidas? Que coerência é essa — que se vê logo não ser nem determinada por um encadeamento *a priori* e necessário, nem imposta por conteúdos imediatamente sensíveis? (Foucault, 1981, p. xv).

O alfabeto é restrito, o léxico vastíssimo, mas a gramática, constrangedora. São apenas quatro letras (A, T, C e G) que, sob a forma de um código — o código da vida — supostamente *determinam* os viventes. Para a espécie humana, o código inscreve-se em 46 cromossomos que contêm três bilhões de mesmices representadas pela alternância repetitiva das quatro letras. É o código 46.

Como é possível pressupor que estruturas moleculares possam dar conta de explicar a complexidade e a plasticidade observadas entre os seres vivos? Onde residem a potência e a força explicativa do conceito de código genético a ponto de ser possível decretar um determinismo garantido por ele?

Partindo-se da certeza de que há, em grande medida, uma forte dose de arbitrariedade nas produções científicas do campo biológico, seja ela a estampada na fragilidade do conceito de espécie ou na insuficiência da noção de gene, engendrando um homem-espécie sob medida para os moldes dos melhores sonhos eugênicos, não nos seria possível imaginar algo, já que a liquidez da modernidade é tangível, absolutamente diverso?

Não poderíamos nós, à revelia daquilo que supostamente nossos genes de nós podem dizer, potencializar outra forma de entender a vida e seus viventes?

Tem-se, portanto, razão em dizer que o que fazemos depende daquilo que somos; mas deve-se acrescentar que, em certa medida, somos o que fazemos e que nos criamos continuamente a nós mesmos (Bergson, 2005, p. 7).

Para pensar esse "ou não", tomemos de empréstimo o pensamento de Henri Bergson apresentado em *A evolução criadora*. Nesta obra, apresenta-se uma noção de vida que, acoplada ao conceito de duração, pode nos catapultar a outra ordem de relação com o mundo vivente.

A duração é um estado interior da consciência, uma continuidade temporal percebida pelo espírito em que os momentos se interpenetram e se continuam sem que possamos distingui-los. Todos os momentos de consciência formam uma multiplicidade de interpenetrações em que todos os elementos são solidários entre si. Penetrando na natureza do tempo, temos que a duração significa invenção, criação de formas, elaboração contínua do absolutamente novo. O organismo que vive é aquele que dura. Assim, o vivente e, por consequência, a vida, é invenção e elaboração sempre por vir. É continuidade, é imprevisibilidade. Continuidade de mudança, conservação do passado no presente, criação incessante. A vida cria algo a cada instante, instante este não quantificável, essencialmente virtual.

O grande desafio da educação, da que temos e daquela por vir, será o de provocar o debate acerca dos determinismos postos, dos fatos prontos, das verdades científicas, e das leis naturais. Provocar o vislumbre de realidades outras. Na duração, a provocação de novidades constantes.

Afinal, como poderia um código explicar a vida? Contradição de termos na própria gênese do conceito.

*VIOLAÇÃO DE PRIVACIDADE**:
WWW.FINAL.CUT/AHORAVAGA-LUME

Cláudia Ribeiro Calixto

Bem-vindos à família EYE Tech. Comprar o chip Zoe significa imortalidade. As experiências e aventuras serão relembradas e deletadas — disso são feitas as boas lembranças. Eis o enunciado publicitário propagado no cenário capitalístico disposto em *Violação de privacidade*.

O *chip* orgânico Zoe, fabricado pela empresa Eye Tech, constitui um produto de alto fascínio e de elevado custo; um objeto de desejo de pais, ansiosos por exibir a vida "dourada" dos filhos (algo assim como se faz com crianças pequenas em apresentações de dança em escola, em eventos de marcos felizes e exitosos de *performances* familiares, acadêmicas, afetivas etc.). Trata-se de um *chip*-memória: uma vez implantado no cérebro da criança antes do nascimento, o *chip*, agora parte desse corpo, registra todos os acontecimentos de sua vida. Ali, todos os eventos da existência são flagrados por um olhar onipresente, que tudo vê, o tempo todo, desde o nascimento. E são os olhos do próprio indivíduo a captar todos os seus movimentos, cenários e atitudes, dirigindo essas imagens a um arquivo interno que estaria acessível a outros, após a sua morte. Ter, ou não, o implante depende da vontade e da possibilidade financeira de pais, quando do nascimento de seus filhos.

---

* Direção e roteiro: Omar Naim. Título original: *The final cut*. Ano de lançamento (Canadá): 2004.

A edição das imagens captadas pelo *chip* é feita por um editor profissional que as organiza em um filme a ser apresentado na rememória do indivíduo (filme Zoe), na cerimônia de seu funeral. Os signos gravados no *chip* são operados por um programa que classifica os arquivos da vida em diferentes categorias semânticas: *infância, fase embaraçosa, vida amorosa, higiene pessoal, tentações, tragédia, violência, casamento, religião* etc. Para a edição da rememória, o editor rearranja os acontecimentos aleatórios, por meio de seleção de aparecimentos e de apagamentos/silenciamentos dos eventos conforme a vontade dos familiares.

O trabalho de edição da memória faz aparecer efeitos de coesão, coerência e causalidade à história. Edita-se, assim, uma biografia que produz, ao final, uma vida outra que não necessariamente aquela vivida pelo indivíduo. Efetiva-se uma ordenação de acontecimentos por uma produção de sentido que cria a narrativa de uma vida a ser ecoada para a eternidade. Alan Hackman, o editor profissional das imagens e protagonista principal da trama, compara-se a um comedor de pecados: "uma antiga tradição. Colocava-se pão e sal sobre o peito do morto e moedas nos olhos. O comedor comia o pão e levava as moedas. Assim, o comedor absorvia os pecados do morto, limpava sua alma e permitia sua entrada para a outra vida".

Hackman carrega consigo inconfessável lembrança. Algo de pecado, de culpa, o acompanha desde a infância. *Flashes* de imagens, recorrentemente, insurgem-lhe à mente: Alan brinca com um garoto em uma fábrica abandonada. Na brincadeira, o garoto cai da altura de um andar. O protagonista nada faz, a não ser abandoná-lo no galpão banhado em sangue e imóvel. Deletérias lembranças. Esse acontecimento se consolidou em verdade pela sedimentação da memória.

Ao realizar a edição de uma rememória, Alan reconhece no arquivo manipulado os traços de alguém que julgara morto: Louis, o garoto de sua infância. Haveria, pois, que resgatar a sua própria lembrança. Procurar Louis, remir-se de seu passado, libertar-se de tão cáustica lembrança que o atormenta — reza a racionalidade operante.

Nessa empreitada, ele acaba por descobrir que Louis havia falecido já adulto. Quando busca nos arquivos da Eye Tech um possível filme-Zoe de Louis, acaba por descobrir que ele próprio tinha um *chip* instalado em si.

A imagem gravada no *chip* que registrou o acontecimento difere da lembrança com a qual convivera. A essa altura da narrativa, Alan tem gravadas em si imagens de suas experiências de vida e as das vidas de incontáveis pessoas das quais fizera a rememória. Arquivo vivo de si e de outros, torna-se alvo de grupo de resistentes anti-implantes, que deseja adquirir o arquivo das imagens da vida de um personagem de atitudes morais questionáveis ao qual Alan tivera acesso e cujo *chip* fora destruído — Bannister, o advogado da Eye Tech.

O líder dos resistentes tenciona expor à mídia o jogo de produção de verdades ali dissimulado e colocar em xeque o dispositivo de manipulação da memória humana e controle desmedido da existência.

E eis que, ainda, o investimento na memória expõe, à vontade de saber/poder, uma tecnologia de controle tal em que o poder se espraia para além das coordenadas de tempo e espaço (o "olho-*chip*" está em todo lugar e todo o tempo: em si, no outro, a vida toda) e para além da existência física. Constrange a vida e conduz a uma publicização extremada da existência.

Está posto um jogo de controle. E, aos brados, alertam os hippies antizoe: *abra os olhos; não consinta o controle; olhe com seus próprios olhos; lembre-se por si mesmo; viva o presente.*

...

Acessar arquivos.

C:\> MKDIR educacaoporvir

Violação de privacidade traz à cena a questão da criação de narrativas (auto)biográficas, na distensão entre sujeito e verdade, bem como de mecanismos de poder a monitorar e constranger a vida, ao mesmo tempo que se joga com a ideia de liberdade. Abordaremos, aqui, menos a rememória *post mortem* e o controle a céu aberto, e mais a operação maquínica de manipulação da memória na produção da verdade do sujeito: da relação com essa verdade e da produção da vida. À moda de um editor, buscaremos percorrer um sistema operacional, fazer recortes, editar pensamentos, operar ideias, abrir arquivos, deslocar verdades, percorrer diretórios, datar comandos, criar subdiretórios, desdobrar chaves de pensar, deletar uma forma gráfica de uma estrutura de pastas, de uma unidade ou caminho. Sempre cortes.

c:\ >chdir\ ag.psi\biotec\memória\(auto)biografia

Vemos em *The final cut* um investimento na produção de biografias edificantes por meio da edição estratégica da memória. Alan Hackman (Louis, Delila, Eu, Você) tem história. Pelas imagens de seu passado (vídeos, fotos, escritos — provas materiais de sua existência), narra sua história, convencido de si, e vai se relacionando com a vida, convicto de uma identidade "natural", de sua realidade objetiva, de um eu essencializado. Certo de sua construção subjetiva, julga-se possuidor de uma "história particular": um sujeito que viveu um conjunto de experiências que o constituíram e o tornam inteligível no tempo presente.

No filme, a memória é tomada como a capacidade de adquirir, armazenar e recuperar fatos, informações, impressões. O filme, desta feita, enuncia uma concepção de memória muito em voga na atualidade: trata-a como a soma de lembranças, aptidões, impressões; remete à capacidade de fixação, impressão na consciência de imagens, retenção de ideias, conhecimentos e também à capacidade de evocação e reprodução dessas impressões.

Na atualidade, o discurso dominante produzido em diferentes campos, como a psicologia, pedagogia, história etc., concebe a memória como o conjunto de processos que envolvem mecanismos de codificação, retenção e recuperação. Aqui, a memória constitui uma ponte, um elo entre passado (o vivido) e o presente (o eu constituído pelo vivido); permite estabelecer um nexo de temporalidade — retenção, recordação e causalidade produzindo uma verdade ao sujeito.

Nessa acepção, a memória figura como um alvo privilegiado no dispositivo psi, ou seja, toma parte num conjunto heterogêneo de elementos como discursos, instituições, organizações arquitetônicas, aparatos jurídicos, medidas administrativas (Foucault, 1979), e suas combinações, configurando políticas de subjetivação. Ora, a psicologia "como um corpo de discursos e práticas profissionais, como uma gama de técnicas e sistemas de julgamento e como um componente de ética, tem uma importância particular em relação aos agenciamentos contemporâneos de subjetivação" (Rose, 2001, p. 146).

Fio nos dispositivos de poder, a linguagem torna enunciáveis as racionalidades políticas movimentadas pelos saberes investidos. A circulação redundante de profusões discursivas confere *status* de cientificidade e verdade às narrativas psi. Nesse sentido, no campo discursivo da memória, um vasto léxico é produzido: memória semântica, episódica, procedimental, primária, secundária, de curto/longo prazo etc. Métodos e técnicas são desenvolvidos para dissecar a memória-corpo-pensamento, produzindo práticas num campo de saber: imagéticos, sonda elétrica, químicos, estudo de casos clínicos etc.

Assim é que, como aponta Nikolas Rose (2001), a própria memória é agenciada no exercício de poder na atualidade. Corpos de saberes, técnicas mnemônicas e práticas realizadas visam ao ajustamento, à regulação dos indivíduos e ao aprimoramento de *performances* nos diferenciados setores da existência. Nesse contorno, especial destaque é conferido ao emprego desses saberes em práticas que visam ao desenvolvimento de competências e habilidades no trabalho — um eixo gravitacional no contexto capitalístico, tendo por mira (e por sedução) sempre mais felicidade, mais saúde, mais produção, mais eficiência, mais consumo.

Assentadas na memória, as (auto)narrativas constituem técnicas de subjetivação destacadas nos agenciamentos psi. Para Rose, esses agenciamentos se referem a um conjunto de práticas, objetos, multiplicidades e forças que, em ligação com os humanos, produzem os efeitos da interioridade psicológica. Essas variadas relações e ligações fazem emergir os fenômenos por meio dos quais os seres humanos se relacionam consigo próprios em termos de um interior psicológico: como eus desejantes, sexuados, sensíveis, trabalhadores, pensantes, intencionais, empreendedores — como eus capazes de agir como sujeitos.

Podemos situar as narrativas (auto)biográficas na trama das tecnologias de si, aquelas que, segundo Foucault (2004b, p. 323):

> permitem aos indivíduos efetuarem, sozinhos ou com a ajuda de outros, um certo número de operações sobre seus corpos e suas almas, seus pensamentos, suas condutas, seus modos de ser; de transformarem-se a fim de atender a um certo estado de felicidade, de pureza, de sabedoria, de perfeição ou de imortalidade.

Essas narrativas fazem parte de um conjunto de práticas regulatórias que "buscam governar os indivíduos de uma certa maneira que está (...) ligada àquelas características que o definem (o ser humano) com um 'eu'" (Rose, 2001, p. 140). Nas mais variadas arenas da existência — vida política, trabalho, mercado, cinema, aparatos jurídicos, medicina, saúde etc. —,

> os seres humanos são interpelados, representados e influenciados como se fossem eus de um tipo particular: imbuídos de uma subjetividade individualizada, motivados por ansiedades e aspirações a respeito de sua autorrealização, comprometidos a encontrar suas verdadeiras identidades e a maximizar a autêntica expressão dessas identidades em seus estilos de vida (Ibid., p. 140).

Sob essa racionalidade, a memória ocupa papel organizador ante o caos de imagens gravadas a partir de fragmentos vividos, ganhando centralidade na produção de um discurso "verdadeiro" sobre o indivíduo, na produção de sua (auto)biografia. A memória, entretanto, não se refere a uma função mental individual. Essa operação está inserida numa produção coletiva, social, cultural, espaçotemporal — contingente, enfim.

Destaquemos que governar os indivíduos por meio de sua veracidade numa incitação à descoberta de si tem sido um importante mote das ciências humanas, sobretudo quando articuladas às ciências psi. Nesse investimento, a memória assume lugar-chave no que seria o desvelamento do eu interior.

"Aquilo que é lembrado, só o é por meio do envolvimento dos humanos com as tecnologias da memória" (Ibid., p. 163) como, por exemplo, diários, cartões de aniversário, retratos, romances narrativos, vídeos do momento de nascimento, (auto)biografias. Alan retém e evoca a memória do que ele pensa ter vivido. Desenvolve uma relação ruminante com o acontecimento, produzindo a sensação de reedições sucessivas de uma lembrança, aprisionando as suas forças e atribuindo a si mesmo adjetivações identitárias.

Tomemos, contudo, a memória como tão somente (e tanto) fluxo de energia. O seu agenciamento dissimula o acaso, sequestra o porvir. Ao ser agenciada, ela canaliza o fluxo mesmo da vida, assumindo formas e tomando parte nas estratégias de poder. Assim, podemos entender que as autonarrativas constituem uma técnica na condução da conduta das pessoas. Constitui uma técnica de confissão numa atualização do poder pastoral em que o governo da conduta pauta-se num investimento individualizado em cada membro de uma população — é pela regulação da conduta de cada um que o controle de todos se dá.

Por meio de uma dieta de poder que busca não governar nem demais nem de menos, conforme rezam as racionalidades políticas das democracias liberais avançadas, essas tecnologias convocam os indivíduos ao seu exercício. Práticas que intimam, inscrevem, incitam certas relações da pessoa consigo mesma são operadas por uma razão de governo aninhada no que Rose nomeou "ética da liberdade". O indivíduo a elas se engata por adesão voluntária, na presunção de ser sujeito de liberdade. Seguem-se assim as prescrições dos especialistas sobre cuidados com a própria saúde, sobre a educação dos filhos, sobre formas de se vestir, sobre formas de se relacionar no trabalho e na família, sobre o sexo e seus gestos.

Como aponta Rose, nosso pensamento político é inspirado pelas imagens de liberdade e autonomia que operam

> em termos de uma imagem de ser humano que o vê como o foco psicológico unificado de sua biografia, como o *locus* de direitos e reivindicações legítimas, como um ator que busca "empresariar" sua vida e seu eu por meio de atos de escolha (Ibid., p. 164).

As edições de uma narrativa são orientadas pelos valores investidos numa dada sociedade. Ao narrar uma história, evocar seus arquivos, o indivíduo realiza um filtro de imagens, uma ordenação e classificação de acontecimentos. Entram em cena aparecimentos e silenciamentos: *as experiências e aventuras serão relembradas e deletadas — disso são feitas as boas lembranças*. É feito um sequenciamento dos episódios segundo uma produção de sentido ao vivido. Fatos difusos, rupturas e descontinuidades ganham ordenamento.

Nessas edições, saberes impõem uma lei de verdade e, a partir da relação com essa verdade (certa relação com a verdade, com os acontecimentos), o indivíduo desdobrará uma relação consigo. Assim, os regimes de verdade realizam uma dada forma de viver. Os agenciamentos psi produzem, desta feita, efeitos de sujeito. Há uma produção identitária formatada, materializada numa consciência ou autoconhecimento. E o indivíduo é governado pelo saber dessa consciência e pela capacidade de dirigi-la na produção da sua verdade. Essencializa-se a ideia de um eu, como se este eu já estivera desde sempre aí.

Costurada pelo nexo sujeito-moral-verdade, a (auto)biografia, uma prática do indivíduo sobre si, sedimenta o sujeito, confere-lhe estabilidade, assentamento e um sentido de pertencimento ao mundo das coisas verdadeiras. Confere coesão, coerência e significado à existência. Ata-o.

A edição de uma história dissimula os efeitos do acaso e ordena os acontecimentos fortuitos forjando relações causais que não passam de ficção. Os filmes Zoe são editados sempre a partir de um olhar. É o movimento do olho de Bannister/da câmera que aponta o cenário, destaca os personagens, seleciona os eventos. É sempre perspectivístico. É sempre ficção. Como ficção são os documentários, as biografias, as obras literárias, a nossa vida. Cabe aqui destacar que o trabalho de se remeter ao passado, necessariamente, remete ao presente daquele que reedita uma história.

Alan pertence a um gênero, a uma classe social, a uma etnia, a uma cultura, a um grupo ocupacional, a uma bioidentidade, a uma faixa etária — categorias prévias a um sujeito, pré-pessoais, que conformam um tipo de eu que se quer universal, estável, individualizado, interiorizado, totalizado (Rose, 2001). São atribuições identitárias, formatações arbitrárias que se fecham num círculo de previsibilidade, estabilidade, coerência e adestramento identitário do sujeito da narrativa.

Nesse conjunto discursivo, os regimes de linguagem, de pensamento e suas conexões produzem um campo de incitamentos e interditos ao modo de viver, de se comportar, de se relacionar, dispondo, por exemplo, formas de andar, sonhar, desejar, dirigindo os gestos. Encontra-se já estabelecido o que pode, deve ou não ser vivido, dito, pensado, sentido, tendo por parâmetro o sujeito normal, saudável, responsável, produtivo — ficções que imperaram. Fecham-se, assim, possibilidades de experiências outras na vida. Alan é. Poder vir a ser algo diferente do que se *é* parece não ter lugar nas narrativas biográficas, que tendem à repetição, ao ensimesmamento da experiência, ao assentamento existencial — força que se dobra sobre si mesma. Nesse sentido, as biografias são autoperformativas no que diz respeito à produção da subjetividade. A narrativa que diz o sujeito ao mesmo tempo o produz.

A (auto)narrativa, edição de uma vida, converte-se, assim, em envelope, contorno, conformação de um eu produzido. Ante a um caminho de redenção, descoberta e inteligibilidade do ser, consubstancia-se em aprisionamento das forças da vida, seu adestramento, a domesticação das multiplicidades. Como uma cápsula, constitui a retenção de fluxo, a contenção de movimento, restringindo formas de afetar e ser afetado, pelo atravessamento de empresas maquínicas a produzir, confinar um eu, contragestar existências, devires; fazê-lo nascido.

Evoquemos a imagem da infância de um indivíduo qualquer, selecionada de um filme Zoe qualquer: ao nascer, uma história já determinava aquela existência. Não havia mais escolhas. Elas já haviam sido feitas. Esse eu, agora nascido na casa do mundo (Pessanha, 2002), já era dito, produzido, contado. Esses eus, nós todos, desde antes nascidos.

Discursos médicos, psi, pedagógicos, jurídicos compõem a palavra predita, dispõem a gramática operante, definem a forma-homem pré-constituída desde antes do nascimento. Aparecer nascido na casa do mundo é adentrar no jogo de regras já postas: jogos de saber-poder-verdade, jogos civilizatórios. E nesses jogos, um esforço cotidiano e ordinário no processo educativo das novas gerações põe em circulação saberes e práticas de assujeitamento que visam à estabilidade de um eu.

Vários são, pois, os saberes que operam na produção de uma dada forma-homem: a linguística, a biologia, a economia, a psicologia, a medicina, a antropologia etc. Há, então, que se problematizar a ideia de uma essencialidade humana, de uma naturalidade do eu. O que temos são ideias formatadas de sujeito e que imperaram; efeitos de saberes que triunfaram e conferiram *status* de realidades a-históricas. Esse eu, contudo, é produto de contingências, alvo de operações maquínicas de poder. Artefato. E, como já alertara Nietzsche (1992, p. 21): "Isso pensa: mas que este 'isso' seja precisamente o velho e decantado 'eu' é, dito de maneira suave, apenas uma suposição, uma afirmação, e certamente não uma 'certeza imediata'."

Outro importante corte para esse debate remete à inserção da biotecnologia nos agenciamentos maquínicos sobre nossos corpos e subjetividades a nos capturar pelos apelos midiáticos, tal como aparece em *The final cut*. Em meio a uma enorme constelação de produtos postados diuturnamente pela biotecnologia, o implante de *chips* vem se tornando, cada vez mais, intervenção usual no corpo orgânico e figura em enunciados reiterativos de periódicos científicos às revistas eletrônicas da *mass media*: olho e ouvido biônico, impulsos elétricos do corpo orgânico a movimentar máquinas a distância, próteses eletrônicas etc.

Ao migrar para o corpo orgânico, as produções biotecnológicas encontram alojamento nas funções mentais e entram como aparato do dispositivo psi na forja de uma interioridade, de um sujeito — uma tecnologia da subjetividade. Ocupa lugar no domínio do governo com fins sociopolíticos e configura a base da constituição de um determinado tipo de eu. E, como vimos argumentando, é no investimento num eu, na sua fundação e fixação, que mecanismos de poder incidem de forma tão potente.

O *chip*-memória a ser implantado no cérebro, hoje objeto de pesquisas e experimentos da cyberciência na interface homem-máquina (Novaes, 2003), traz novas potências a esse corpo-pensamento e novas frestas de agenciamento maquínico. Conhecimentos, informações doravante poderão ser acessados de arquivos virtuais, atualizados na configuração *updated* da existência. Não mais apenas extensão mecânica do corpo para melhoria de *performances* físicas e fisiológicas. Com esse *chip*, a função de assimilar, reter, fixar informações deixa de ser a questão. E o que foi alvo de tantos investimentos de pesquisa e produções discursivas, desde a medicina até a pedagogia, cede lugar ao tratamento da informação.

O que é concebido como problema da filosofia antiga até a concepção iluminista sobre a memória encontra no aparato tecnológico uma solução: a superação das debilidades da sua base física, da versão orgânica de nosso corpo. As imagens fielmente arquivadas, nesse constructo discursivo, não sofreriam o crivo das impressões subjetivas; guardariam certa pureza, certa assepsia. A memória tecnológica apresentar-se-ia assim como uma alternativa importante à suposta inoperância e falibilidade do corpo orgânico tomado como obstáculo. Esse discurso vem sendo veiculado por parte da comunidade científica e reverberado por diversas revistas de divulgação.

No *chip*, a memória é materializada já no procedimento de fixação de algo por uma imagem, por exemplo. Já se fixa como algo que retém uma ideia, uma vivência numa forma de materialidade de signos. Diferentemente da memória do corpo orgânico que é concebida como disforme, mais frágil e menos exata, afeita à ilusão. A "perfectibilidade" do arquivo do *chip* não ofereceria dúvidas quanto ao conteúdo registrado. Ali se encontraria um conteúdo "mais verdadeiro".

O *chip*/suporte eletrônico traz para a manipulação da memória uma velocidade e agilidade outrora inauditas. A vida pode ser revista rapidamente e seu material torna-se mais manipulável. Compõe-se, desta feita, uma economia de poder que confere à existência mais plasticidade e maior velocidade.

Novas peças entram no jogo. Não mais livros, bibliotecas, não mais o suporte orgânico. Agora, o digital confere aos *exabytes* de memória no ciberespaço um caráter mutante, mutável, ativo, coletivo, fluido, num fenômeno de privatização de usos e percursos. Senhas permitem acessos, interditam circulação, conferem estatutos identitários. Conectividade e fluxos compõem um novo vocabulário de um *modus vivendi* distinto. Maior velocidade, espaços outros, alterações na cultura, novas relações com o tempo: mudanças na produção de subjetividades, por conseguinte. Eis, então, um novo vetor no dispositivo psi a trazer novas configurações no exercício do poder, nas práticas de subjetivação, na produção da vida.

Cerceada, pois, por um conjunto de agenciamentos (psi, pedagógicos, médicos, midiáticos, tecnológicos etc.) e suas combinações, a clausura de uma história, de uma biografia formata uma subjetividade e torna cativo o sujeito. Narrativa que sequencia, ordena, naturaliza uma história. Confere universalidade ao que é contingente. Converte *um* em *o*.

Não se trata de um determinismo essencial, contudo. Apenas opera uma trama de forças diversas a formar um campo de consistência sobre o qual o indivíduo se produz e se movimenta. Nesse diagrama de forças, vários saberes informam os indivíduos acerca das formas aceitáveis, desejáveis, exitosas de se conduzir na vida. E também as formas não autorizadas pelas autoridades que professam a verdade, os *experts* (psicólogos, juristas, economistas, administradores, médicos etc.).

Podemos entender a subjetividade, contudo, como superfície de inscrição. Tomá-la como superfície é pensar em uma transitoriedade de eus possíveis; é pensar em campos de consistência, em plataformas de (para) existências múltiplas. Significa pensar em intensidades, conexões, multiplicidades que nos atravessam e podem ampliar nossa capacidade de afetar e de ser afetado. Pensar processos de modificação dos limites que nos sujeitam, que nos convertem em sujeitos, para produzir, quiçá, modos outros de existência, para habitar o limite que traça as bordas do que somos, nos situarmos em uma linha instável e arriscada na qual os contornos do familiar possam diluir-se em contato com o desconhecido (Domènech, Tirado e Gómez, 2001). É pensar a vida não como uma construção edificante, mas como uma obra de arte.

chdir c:\educacaoporvir\ obarqueiro\comedordepecados

Na empresa psi, a educação figura como importante *locus* de investimento ao assentamento identitário em face do processo civilizatório em marcha. O incitamento à autonarrativa é crivado de um acossamento moralista no governo do eu, investindo numa determinada forma-homem que é produzida por narrativas científicas. Busca-se manter a própria idealização do eu. No governo da alma, por um investimento *cyberpsi* e ultrapassada a obsolescência do corpo orgânico, as subjetividades *cyberfashion* postam-se nas prateleiras do consumo. Há, então, que se preparar os indivíduos para seus *uploads* contínuos, à sua inclusão sempre mais esquartejada, à superação constante de sua versão obsoleta. A vida frívola precisa garantir seu fluxo. Há de se ter mais e mais: mais segurança, mais inteligência, mais criatividade e habilidade no tratamento das informações, mais aparatos *high-tech*, mais saúde, mais sensações, mais longevidade.

Arquivo, armazenamento, retenção não são mais questão para a aprendizagem, para o ensino, para a produção dos sujeitos. As máquinas lembram. Não mais decorar, mas escolher passa a ser a tarefa. Restam, pois, a seleção e o tratamento do material mnemônico, tendo em vista a mais-valia da vida que precisa ser vivida com toda a intensidade, toda a novidade, toda velocidade, toda qualquer coisa. É preciso, doravante, aprender a surfar nas ondas do mar de conhecimentos, informações, arquivos múltiplos, mutantes e universais do ciberespaço. Para Le Breton (2003b, p. 127):

> o ciberespaço é hoje um modo de existência integral, com linguagens, culturas, utopias. Mundo real e imaginário, de sentidos e valores que só existem a partir do cruzamento de milhões de computadores que colocam provisoriamente em contato indivíduos afastados no tempo e no espaço e que, às vezes, nada sabem uns dos outros. Mundo onde as fronteiras se confundem e onde o corpo se apaga e o Outro existe na interface da comunicação, mas sem corpo, sem rosto.

A escola, não alvo de problematização, não lugar de exercício de crítica, não lugar de convocação ao pensamento, pode ser visualizada como terreno fértil para o espraiamento de mecanismos e pedagogias psicologizantes. O sujeito liberto das mazelas de seu corpo orgânico tem ao seu alcance um manancial de sensações e felicidade bem ao estilo *Disneyworld* de ser. E precisa saber aproveitá-lo. A produção da mesmice dissimulada de diferença vige nas práticas pedagógicas com maior profusão.

Verdades dentre verdades, as narrativas científicas vão cada vez mais provocando nos viventes uma relação quase mítica. Não se sai do registro dos processos de normalização, da querência de estabilidade, porém sob batutas mais individualizantes no percurso. Navegar é preciso. Navegar por hiperdocumentos, em redes digitais e percorrer rotas singulares que, ao final, tendem a gerar totalizações privatizadas de sentido.

Pelo enfeixamento entre a biotecnologia e as ciências psi, promove-se o exacerbamento da *expertise*: são arregimentadas para a educação permanente das pessoas, seja qual for a arena, os engenheiros da alma (Rose, 2007). As questões orgânicas do corpo têm na biotecnologia reparações e aprimoramentos possíveis. Restam as questões da alma. Não mais, ou não apenas extensões mecânicas do corpo e suas potencialidades. A tecnologia migra para o corpo orgânico. Não mais acesso, toma parte de um corpo produzindo subjetividades. E é sobre essas subjetividades que se ocuparão as ciências convocadas no processo educativo dos sujeitos dessa era.

As biotecnologias são colocadas a serviço de certa moralização da vida e os saberes concorrem na produção de uma nova forma-homem-máquina, balizada por uma pedagogia redentora. Pelo constrangimento moral, o material mnemônico é selecionado, tratado, editado. Cada vez mais práticas de subjetivação investem um processo de individuação na produção de um sujeito que, liberto da função da memória, é acossado pela moral psi, sob um discurso de liberdade. É instado a narrar e suster seu eu (e seus vários eus nos cenários da *world wide web*). A relacionar-se com sua(s) biografia(s) de forma cada vez mais peremptória porque assentada(s) em conhecimentos indubitáveis e, ao mesmo tempo, mais voláteis.

Livre das mazelas de sua organicidade obsoletante, o indivíduo é capturado na assunção de uma suposta liberdade ampla, geral e irrestrita. Abrem-se-lhe espaços ilimitados para agir: a ética da liberdade encontra um campo de possibilidade de vigência mais fértil.

Esse sujeito, cada vez mais investido na obrigatoriedade de ser livre, precisa estar apto ao exercício de escolhas no mundo. E nas práticas pedagógicas, técnicas e táticas são sofisticadas no sentido de habilitá-lo a fazer boas escolhas, tornar-se mais produtivo, mais eficiente e eficaz, mais sagaz e mais empreendedor, no exercício mesmo de sua liberdade. Liberdade sempre e cada vez mais regulada.

Se o controle externo incomoda e parece estressar o sujeito, asfixiar sua liberdade, todo o maquinário psi é posto a operar na amortização de seus efeitos. Ou seja, o controle, sob a batuta da moral científica, é exercido também e especialmente pelo próprio indivíduo que é convocado a governar a si mesmo, a produzir sua individualidade na busca por diferenciar-se e incorporar à massa de (in)diferenciação no pasto digital. Promove-se, então, uma espécie de ascese capitalística, investindo em uma subjetividade empreendedora, de sucesso, produtiva, assediada pelos conhecimentos refinados das ciências e seus aparatos tecnológicos, pelos prazeres efêmeros e imediatos por eles produzidos, pela busca incessante por extração de mais-valia no viver. Energia-peça-vital no fluxo da gerência da vida sob ditames econômicos.

Novo pragmatismo tecnocientífico se instala nas formas de vida. Novas demandas psi no apaziguamento da alma e neutralização de processos de outramento passam a circular. Não se investe na formação de uma ambiência à crítica, ao pensamento, a formas outras de se afetar e ser afetado, de se produzir outro do que se é. Ou seja, o investimento moral que os agenciamentos da subjetividade efetuam, com seus efeitos de naturalização e essencialização da vida, das identidades, da forma-homem enfim, tende a produzir subjetividades do mesmo, a manter a regulação social no processo civilizatório.

A *expertise* psi encontra, então, solo mais fértil e garantirá a sustentação do que parece segurar o mundo, capacitando o indivíduo a, por meio de um trabalho árduo sobre si, produzir e sustentar uma envergadura de sujeito moral seja ela qual for: sujeito consumidor, sujeito eco-sócio-ego-responsável, sujeito eficiente e produtivo em uma racionalidade governamental que tem por mira a felicidade, o desenvolvimento econômico, a harmonia social.

Nessa configuração, há de se produzir e domar subjetividades voláteis. Há de se produzir coesão de narrativas entrecortadas. Há de se dotar os indivíduos de plasticidade para conformar a velocidade da vida capitalística e muito bem regular essas vidas. Destarte, imperativos psicologizantes como *saber ser, saber conviver, saber selecionar, saber viver* ganham acentuação tônica e se desdobram em práticas de governo de alunos e educadores que tendem, ao final, ao autogoverno. Práticas que capturam o desejo e incidem sobre a volição vão garantindo contornos identitários e um recheio (auto)biográfico aos indivíduos e seus avatares virtuais.

Nesse cenário, cálculos diferenciais são mobilizados por uma educação voltada à vida prática, produtiva, em um tempo de alterações constantes no mundo do trabalho. Processos vão se tornando cada vez mais individualizados e individualizantes. Surgem novos territórios nas práticas educativas, novas relações com o saber, novos conhecimentos. Conhecimentos mais diversos, mais plurais, mais mutantes e, paradoxalmente, mais o mesmo. O mesmo em novos arranjos, em novos modos, em novos e múltiplos acordes, em fluxos e velocidades mais intensas que comporão os *exabytes* da memória virtual.

A educação a distância figurará de forma marcante nas práticas educativas virtuais. Novos saberes, novas práticas, novas linguagens, novos signos comporão uma ecologia distinta, planificada em redes rizomáticas do espaço virtual e o conhecimento por simulação provocará deslocamentos na relação com o saber em um modelo mais plástico e dinâmico.

Professores, agora animadores da inteligência coletiva (Lévy, 2000), facilitadores no processo de navegação midiática e preceptores, ou melhor, pastores da alma dos seres, hão de habilitá-los a realizarem sobre si um trabalho que lhes permita serem mais autônomos, mais sagazes, mais ágeis, flexíveis, criativos, inventivos, imaginativos. Serão distendidas práticas que promovam uma educação interativa como exige a racionalidade www.

Depreende-se, ainda nesse quadro, um forte investimento na produção de narrativas com inserção de novas linguagens, novas estruturas e formas. Buscar-se-á fornecer elementos à estampa biográfica em um processo de buscas, descartes constantes, acréscimos e voluntariado. Práticas de governo das almas imersas em um processo acintoso de individualização visam garantir um estado de coisas estáveis e a sustentação do arcabouço capitalístico que emolduram nossas subjetividades e conferem lastro na tessitura de nossas biografias, em meio ao fluxo volátil e vivo das interações e conexões que caracteriza a contemporaneidade informacional.

E, em meio a esse maquinário, no investimento de produção de subjetividades autossustentáveis, o campo da vontade, do desejo, toma parte do cálculo do poder que tende a investir na produção de sujeitos desejantes da ordem do mundo, sitiados pelas conquistas tecnológicas e seus produtos *high-tech*, sejam eles *chips*, estilos de vida, perpetuação da existência e identidades. Algo que, evidentemente, está fora das regras que hoje mobilizam os processos de subjetivação que nos acossam, não é mesmo?

Talvez, o que nos reste, então, seja o esquecimento. O abandono da forma-homem do *Iluminismo*. Pôr em suspeição os códigos e clichês que nos ditam formas de sentir, agir, pensar, ver, escutar, se afetar, se relacionar. Deslizar por entre as forças. Rir dos acossos identitários. Talvez, a saída de uma biografia — "a vida inde" (Antunes, 2007). O retorno ao pré-originário, ao não originário, à nadidade. Pôr o mundo em estado de hesitação. Silenciar. Habitar os interstícios das dobras das subjetividades. Dobrar, desdobrar, redobrar. Instituir-se artista da própria vida — inventar-se, reinventar-se no infinito dos instantes. Perder-se na hora vaga-lume.

O AVESSO DA VIDA EM *FILHOS DA ESPERANÇA**

Gisela Maria do Val

Impossibilidade de futuro; vida resumida ao presente, sem condição de perseverar numa nova geração. Essa é a tônica do filme *Filhos da esperança*, uma adaptação do livro de Phylis Dorothy James, publicado em 1992, cuja narrativa se passa em Londres, no ano de 2027. As alternativas sugeridas para o viver desenham trajetórias desprovidas de sentido, mas classificadas por pertencimentos: ser cidadão ou estrangeiro. É o enredo que apresenta a sentença: em dezoito anos, nenhuma criança nasce; ao mesmo tempo, o mais jovem cidadão é assassinado. Esta é a primeira cena do filme, aliás.

O mundo ali narrado é retratado com cuidado, inclusive nos aspectos técnicos. Cenas nervosas e impactantes, com poucos cortes, e que resultam em tomadas longas, nas quais a câmera é quase um personagem. O destaque às cores mais frias e as ambientações sombrias reforçam o preciosismo do diretor Alfonso Cuarón, enquanto o roteiro consegue aliar ao refinamento técnico uma coerente e aflitiva narrativa. A cor cinza predomina, dando à paisagem tons que remetem ao lúgubre. O espaço é entulhado; os detritos e a sujeira se acumulam, encobrindo cantos, pisos e paredes. Os meios de transporte são adaptados e/ou reutilizados; em

---

* Direção: Alfonso Cuarón. Roteiro: Alfonso Cuarón e Timothy J. Sexton (baseado em livro de P. D. James). Título original: *Children of men*. Ano de lançamento (EUA/Inglaterra): 2006.

ruas lotadas, o trânsito é caótico, delineando uma gritante falta de sentido e de direção.

À improdutividade biológica soma-se uma guerra ao terrorismo que, supostamente, destruiu cidades e países. Reforçam-se competentes formas de segregação fundamentadas e controladas pelo medo, e certificadas pela indiferença. Propaga-se a ideia de que os estrangeiros, sinônimos de perigo e de terrorismo, ultrapassam fronteiras e se infiltram na população "de direito", enquanto o Estado, reduzido a um núcleo militar com função de polícia, empenha-se na tarefa de proteger a integridade dos cidadãos.

A propaganda estatal anuncia que "o mundo desmoronou; somente os soldados britânicos continuam", do que se extrai a ideia de que a Inglaterra é o último local que resiste ao terror. Resistência que tem alto preço: a população vive em constante estado de emergência. É a guerra contra o terror que traz à luz o poder de deixar viver alguns cidadãos e de fazer morrer outros. O que ali se apresenta, pois, é a arte de coordenar ações de soberania na gestão da vida.

Em meio à necessária ordenação de uma população minguante, sem perspectiva de descendência, e à eliminação implacável do estrangeiro, o espaço público foi abandonado, entregue ao lixo. Nesse cenário, narra-se a história de Theo, um desiludido homem de meia-idade que se envolve numa trama para tentar transportar Kee, uma refugiada e a única mulher grávida, para um santuário no mar.

As vidas ali geridas e reguladas se diferem nas maneiras de ser e de estar. Algumas se definem segundo a lógica aplicada ao lixo, isto é, são redundantes. São vidas só porque apresentam um conjunto de atividades e funções orgânicas que as distinguem de um corpo inerte: no limite, apenas sobrevivem. Tratadas como objetos inúteis, são facilmente elimináveis. Vidas que não contam, que se desviam da polícia, a qual, por sua vez, concentra esforços de prosseguir numa ferrenha classificação e separação corporais. Vidas que estão presas em jaulas à espera de uma passagem para campos de refugiados. Vidas que passam por zonas de execução, nas quais o festival de brutalidades é ininterrupto.

Distintas configurações vitais aparecem num mundo sem o burburinho das novas gerações. Na procura por algo que abrande essa ausência ou que amorteça a dolorosa constatação da falta de um futuro, soluções messiânicas são uma resposta fácil e rápida. Como coadjuvantes desse mundo desesperançado aparecem seitas, como a dos "Renunciantes", que propõem o autoflagelo pela redenção da humanidade, ou a dos "Arrependidos" que, de joelhos, pedem a salvação, em púlpitos improvisados, junto aos gritos dos profetas.

Existem outras formas de habitar esse cenário. São aquelas vidas investidas de certo potencial simulado; as que apenas permanecem, vivendo um esmaecimento de todos os sentidos, talvez seguindo o raciocínio de Zoé, no romance de Wilhelm Jensen (1987, p. 65): "há muito tempo já me habituei a estar morta". A apatia, pois, é a marca da trajetória dessas pessoas. E uma boa mostra dessa forma de vida é a descrição que Theo faz de sua rotina: "Acordo me sentindo uma droga. Trabalho me sentindo uma droga." Seu amigo insiste que a sensação descrita é a de ressaca, ao que Theo responde: "Na ressaca ao menos sinto alguma coisa."

Há também o grupo dos ativistas políticos que canalizam suas energias para o combate ao governo vigente. O país vive sob um conjunto de leis segregadoras, que resultam em medidas opressivas, tendo por objetivo isolar os estrangeiros. É contra as leis, e as ações delas derivadas, que o grupo de resistência "Peixes" combate, seja perseguindo, seja sequestrando, ou mesmo matando. Suas tramas visam tão somente alcançar o controle.

Finalmente, para os que querem renunciar a uma trajetória pífia, pretendendo o sossego, existe uma contribuição do Estado, lançada para pôr fim à existência: facilita-se a morte, obtendo-se o *kit* suicídio "Quietus", por meio do qual se promete um término sereno aos indivíduos.

Paradoxalmente, é no meio do refugo humano (Bauman, 2005b) que fecunda a hipotética esperança: uma das refugiadas está grávida e consegue dar à luz uma criança. Lançando mão de uma eficiente analogia, o filme evoca que a vida é resistente, tendo chances de encontrar frestas de escape. Trata-se da cena, no interior do campo de refugiados, na qual a criança recém-nascida é retirada de um prédio durante um combate entre o exército, os imigrantes e os revolucionários. Numa espécie de acordo tácito, os grupos interrompem o tiroteio para que a passagem do bebê seja assegurada. É o caminho da vida que, assim, fica garantido.

Filhos da esperança dá a conhecer um futuro imaginário que apresenta o colapso, o anunciado fim, explícito em pichações nas ruas da cidade em que se recomenda: "O último a morrer, por favor, apague a luz." O encerramento moroso daquela civilização não veio de uma guerra nuclear ou de explosões terroristas; tampouco por falta de água ou por excesso de calor. Theo comenta com seu amigo Jasper: "Quer saber? O mundo acabou. Já era tarde, antes de acontecer a infertilidade."

Quadro a quadro tal cenário é descortinado, revelando um sonho aflitivo que produz uma incômoda inquietação de que o pesadelo está apenas começando.

Entre a norma e a exceção

Muitos sonhos e pesadelos nasceram na gestão das vidas. Estas, cada vez mais desordenadas entre o entorpecimento e a potência, são fundamentais às intrincadas engenharias do poder. Para uma administração produtiva da população há a necessidade de gerenciar a "matéria", numa ação contínua que classifica algumas vidas como mais necessárias que outras. A quem cabe tal tarefa administrativa? Rapidamente, alguns responderiam: ao Estado, um conceito multíplice.

Não se trata aqui de discorrer sobre teorias de Estado, mas de flanar sobre as relações capilares de poder que, por meio de táticas, estratégias e procedimentos, cindiram o viver. A vida, segundo a concepção grega, era constituída de dois âmbitos acoplados, como descreve Giorgio Agamben (2004b): *zoé*, toda e qualquer vida natural, e *bíos*, os traços característicos de uma vida qualificada; ou seja, uma concepção que distinguia "o simples fato de viver, comum a todos os viventes, e a forma de viver própria de um indivíduo ou de um grupo" (Agamben, 2001, p. 13). Essas diferentes faces de uma mesma moeda se complementavam, produzindo uma vida plena, isto é, composta pelo fato de estar vivo e pelo modo de viver. Com todas as engrenagens e domínios do poder investindo principalmente na *zoé* (na saúde, na reprodução, no biológico, na conservação da espécie), a vida é despida de sentido e segue, em desequilíbrio, sua saga: nascer, crescer, se reproduzir e morrer. A existência vai caminhando passo a passo para se configurar como "vida nua", desqualificada e administrada por um conjunto de ações, normas e técnicas.

O processo de despir a vida de formas qualificadas a situa como um artigo sacro; sua existência passa a ser sacralizada num movimento que se empenha em cuidar e intensificar. Simultaneamente, transforma-a em objeto de um poder que pode dispor de sua utilidade. Essa autorização permite separações e cortes, cabe à gestão calculada das vidas estabelecer regras de funcionamento e graus de adequação, anunciando normas que comportarão, em posições descontínuas, as variadas vidas.

As diversas maneiras de configurar as existências abrangem até o descarte de vidas calculadamente desprezíveis, segundo uma lógica que pode parecer oposta a da centralização do poder na otimização da vida. Trata-se de uma estratégia efetuada, justamente, para dar conta do efeito colateral da elaboração de uma ordem fundamentada no viés econômico. A vida de alguns indivíduos, assim, é capturada por um mecanismo que os priva de toda e qualquer proteção, restando a eles apenas a sobrevivência.

A vida nua (Agamben, 2004b) é a personagem principal do cenário de Theo e Kee. As existências ali narradas são tolas e descartáveis, convivendo com uma gestão que extrai, confunde e esmorece suas potências.

Nesse registro podemos compreender como algumas vidas pouco valem, pois são dispostas pelos propósitos do poder. Vidas que servem de cobaias, de lastro populacional, de justificativa para ações militares. Vidas difíceis de governar e insistentes em suas pálidas resistências fazem parte do pacote de gerenciamento das populações.

Para controlar as existências, é necessária uma monitoração sobre corpos, mentes e almas, operando disjunções e reconhecendo que o limite é adaptável e maleável, expandindo e recuando conforme o movimento oscilatório das resistências. Resistências estas que se remetem às liberdades oferecidas e às exigências que se delineiam nas situações de mercado.

No plano da subjetivação, algumas vezes a dominação alcança o limiar extremo entre o humano e o não humano e, nesse patamar, o homem passa a ser não homem; suas forças não bastam sequer para vivenciar o sofrimento; ele está vivo apenas por suas funções vitais, encontrando-se reduzido a uma mera silhueta. Tal corpo, que concentra o epicentro da vida nua, o filósofo italiano Giorgio Agamben (2008b) qualifica como "muçulmano" — resultado da ação impiedosa de criar sobreviventes, produzindo sobrevida.

A sobrevida não habita somente essa espécie de morto-vivo, figura sombria dos campos de concentração nazistas. Na contemporaneidade, todos nós abrigamos um pouco do "mulçumano", posto que, por meio de processos de subjetivação contínuos, nos submetemos voluntariamente à manutenção e ao aprimoramento do corpo, da mente e da alma. Seja pela saúde, pela estética ou pela busca da recôndita essência, uma inscrição biologizada e psicologizada age sob condições modulares de convencimento e fabrica sobreviventes de uma obrigatoriedade física e psíquica.

A biopolítica efetua-se nesse registro, o poder não é num movimento de punição, de repressão, de restrição, mas impele a ações e condutas; não se impondo hierarquicamente, mas agindo do interior; criando um processo no qual já não sabemos onde está o poder e onde estamos nós (Pelbart, 2007a).

Instituições, família, mercado, Estado e afins se conformam numa rede que exerce esse controle e governa cada um e todos. Ação que se posiciona como questão central para os gestores do Estado, os quais, juridicamente, representam a esfera legítima pela qual a soberania é desempenhada valendo-se das leis como recursos. Seguindo o pensamento de Agamben, temos uma tradução da ideia de "estado de exceção" — instrumento que tornou possível o gerenciamento oficial da população e que se mostra capaz de iluminar os porões das democracias atuais.

No projeto moderno, o Estado deve ser o patrocinador máximo dos direitos civis, sociais e políticos, além da ordenação de sua população. Para consolidar essa ação múltipla, relações de poder atuam concomitantemente transpassando e constituindo a forma do corpo social. Essas relações de poder operam por meio de uma política jurídica que valide a norma, um corpo sistematizado de regras de condutas que impõe comportamentos desejados, ou seja, é a norma a ferramenta pela qual se cria um padrão, se individualiza, compara e classifica um indivíduo dentro um grupo.

As ações normativas dentro de uma ordem jurídica produzem e fazem circular discursos de verdade que fixam a legitimidade do poder. Essa legitimidade concede ao Estado condição de compor e validar normas jurídicas, valendo-se do direito — conjunto de regras vigentes dentro de um corpo social — como um importante aparato para o exame e a normalização social, operando numa relação de interdependência. A ciência jurídica produz, faz circular e valida verdades. Na relação entre poder, saber e verdade, o direito é o meio coercitivo que integra, normaliza, além de punir e repelir quem se opõe aos ditames do poder (Soriano, 2005).

O Estado utiliza o ato de excepcionar como parte desse arranjo, elaborando o elemento jurídico "estado de exceção", o qual, para Carl Schmitt (apud Agamben, 2004a), autoriza a possibilidade de suspender os direitos constitucionais dos cidadãos em caso de extrema necessidade. Esse procedimento se caracteriza como uma estratégia jurídico-política que, teoricamente, deveria ser utilizada em situações excepcionais. Para Walter Benjamin, porém, "o 'estado de exceção' no qual vivemos é a regra" (apud Agamben, 2004a, p. 18). Usando essa constatação, Agamben amplia a ideia de "estado de exceção" para um instrumento que tornou possível o gerenciamento oficial da população, mostrando-se capaz de iluminar os porões das democracias atuais. Percorrendo seu pensamento, entendemos que tal estado não é um dispositivo para acontecimentos emergenciais ou um instrumento para solucionar necessidades pontuais; ele "se apresenta muito mais como uma técnica de governo (...) de paradigma constitutivo da ordem jurídica" (Ibid., p. 18). Sua estrutura faz com que certos indivíduos estejam, ao mesmo tempo, fora e dentro do arcabouço jurídico (sem direitos mínimos), já que essa suspensão é definida e prevista pelo poder do Estado, gerando um local híbrido, vazio de direitos e limitações, mas previsto na norma. Tem-se, enfim, uma legalização de algo ("estado de exceção") que não pode ter forma legal (suspensão da legalidade).

O "estado de exceção", pois, é o cenário da saga de Theo e Kee. As perseguições e segregações, sancionadas pela norma jurídica, constroem certo panorama que aponta para uma clara distinção entre "nós" e "eles". Aparta-se tudo o que é de fora e, assim, o estrangeiro torna-se perigoso, ameaçador e portador de incertezas. Operando a regulação pelo medo, a exceção adquire a aparência de resguardo, separando e protegendo a quem de direito, seja de ataques terroristas, seja da desagradável presença de um maltrapilho.

A questão é que o Estado de direito com seus cálculos, técnicas de segregação e depreciação visa à obtenção de lastro que lhe permita fiscalizar, conter e gerenciar a população, a partir de demandas e pleitos de mercado e pertencimentos determinados pelo local de nascimento.

Num intricado jogo de validades jurídicas, esquemas e forças são articulados para constituírem terrenos que possibilitem ações, aos moldes de lugares permanentes ou extinguíveis, nos quais as regras válidas não funcionam ou, de modo deslocado, hiperfuncionam. Em outras palavras, trata-se de áreas consideradas matrizes ocultas do espaço político em que vivemos. Lugares que, denominados por Agamben (2001) como "campo", têm sua essência na medida preventiva segundo a qual se permite colocar sob custódia determinados indivíduos, com o propósito de evitar o perigo para a segurança do Estado. Ligado ao "estado de exceção", esses espaços de detenção são utilizados como uma proteção à liberdade, ameaçada em situações de perigos graves.

O campo aparece em contraponto à desordem, num movimento aparentemente paradoxal, pois a ordem vigente produz os distúrbios por meio de uma proliferação de pequenas e descontinuadas crises, estas conduzem a momentos caóticos que se retroalimentam de pequenos levantes, gerando mais conflito, ocasionando choques e enfrentamentos, refletindo-se, todos, em mais perturbações. É por esses caminhos que o controle opera: na falta da ordem e na prevenção do risco. Na conjunção desses dois fatores tem-se o instrumento mais eficaz para decretar medidas de segurança e para fortalecer o objetivo "prever para prevenir"; é nesse movimento, enfim, que a gerência das vidas também se dá.

Como o "estado de exceção" é regra, o perigo produzido pelo medo espreita continuamente, e a segurança torna-se imprescindível. O campo transformou-se numa realidade permanente, caracterizando-se como um espaço que se situa fora do ordenamento jurídico, a materialização de uma zona de anomia. Ele tem como aptidão a maneira estável como opera a exceção, e seus habitantes ou visitantes se encontram numa tal zona de indistinção entre o lícito e o ilícito que ficam sem qualquer tipo de proteção jurídica, numa estratégia de despolitização plena do homem. Uma realidade que transforma o campo no espaço da vida nua, por excelência. Ele não necessita de um espaço físico, pois se materializa a cada momento em que se ativa essa estrutura de medo, perigo e necessidade de precaução. Nesse sentido, campo pode ser um campo de refugiados, uma periferia, uma zona de desembarque internacional num aeroporto etc.

Esse movimento permanente de condução das populações evidencia que a norma depende das exceções e das diferenças para desenhar contornos de uma tênue fronteira, absolutamente maleável e adaptável às necessidades do momento. Esse limite flexível realiza um movimento quase imperceptível, que abrange os pertencentes e seleciona os rejeitados constantemente. Tal processo, para se estabelecer, precisa de um discurso que valide a posição da norma e torne indiscutível a necessidade da exclusão. Na verdade, os desvios abrangidos pelo "estado de exceção" são os que moldam a norma.

Contemplando as imagens desse sobrevoo, fica claro como a biopolítica desenha rascunhos de existências controladas e operacionalizadas. Atuando por meio dessa lógica, uma sagaz estratégia conduz a potência de viver a outro domínio: a projeção das forças em busca do futuro, do amanhã. Assim como Theo passa de uma imobilidade gritante para um movimento alucinado, tentando salvar o que vislumbra como a única esperança, o que temos em jogo é o futuro, esse tempo que nunca chega. Entorpecidos pelo que virá, esquecemos o presente, o que temos e onde vivemos. Concentrando as intenções e ações no que irá acontecer, o espaço do presente torna-se esvaziado, habitado por uma não vida, por uma eterna promessa. A não vida resulta na impotência, no tédio, no abandono. O hoje toma a forma de um campo, onde as relações se baseiam em desabitação, lugar no qual se processa a redução da vida a um fluxo contínuo de devires, submetido a formas profundas de agenciamentos guiadas por uma reconfortante racionalidade.

Vida cindida, nua, despotencializada, porém supostamente saudável. Normas, estratégias, técnicas, controle. Exceção, segregação, dominação, persuasão, governo. No cenário contemporâneo, a monitoração se dá desde os âmbitos mais íntimos até os espaços mais exteriores; suas seduções são corrosivas e envolventes, articuladas e naturalizadas, reais e produzidas, individualizantes e totalizadoras. Ninguém está fora. Mesmo os descartáveis têm seu lugar garantido nas engrenagens e fornecerão a sua parcela de contribuição à produtividade globalizante.

Da ascendência à profanação

Em *Filhos da esperança*, o destino é um caminhar estéril, que independe da infertilidade. As pessoas percorrem o trajeto imersas nas sombras de vidas. Na carência de futuras gerações, torna-se impossível a uma cultura perseverar. A falta da imprevisibilidade do novo, contrapondo-se ao acomodamento do velho, faz o desértico presente sucumbir.

A escola é um local desabitado; foi abandonada com todas as suas intenções racionalistas e humanistas e dela sobrou apenas o esqueleto, à mercê das persistentes forças da natureza. Em seus espaços, plantas crescem pelas frestas, invadindo e produzindo rachaduras; apenas animais habitam aquelas, antes, salas de aula.

As circunstâncias físicas nas quais a escola se encontra devem ser expandidas para entendermos o lugar que restou à educação. Num cenário de não futuro e de um presente quase inteiramente cooptado, a educação, outrora uma importante estratégia de governo, torna-se completamente desprezível. Esse antigo e eficiente dispositivo, baseado em processos de subjetivação, entrou em colapso frente a uma situação que foi, nas palavras de Slavoj Zizek (2007), "diagnosticada há muito tempo por Friedrich Nietzsche, quando percebeu o modo como a civilização ocidental avançava em direção ao Último Homem, uma criatura apática, sem grandes paixões ou compromissos, incapaz de sonhar, cansado da vida, que não aceita riscos, procurando apenas conforto e segurança".

Recorrendo a Hannah Arendt (1992), podemos dizer que o que se dá na educação é um modo de acolhimento do recém-chegado ao mundo numa espécie de "apresentação" deste. Partindo de tal premissa, o cerne da educação é o confronto velho/novo, bem como as consequentes permanências e renovações resultantes desse acontecimento. A educação seria, então, um processo que necessariamente lida com subjetivações para conformar condutas que resultem em determinadas identidades. Um percurso marcado pela imprevisibilidade de resultados, mas com a garantia de prover aos que chegam um pensamento racional, linear e evolutivo.

A educação, portanto, necessita de um tempo que está por vir. Imaginar uma educação sem o amanhã é permitir devanear sobre outra possibilidade de elaboração do pensamento. Fugindo das ideias habituais, convidativas e afirmativas que se pautam em construir, o ato de educar se deslocaria do sentido de conduzir e seria uma experiência de linguagem, que habitaria o preciso lugar entre o ser e o não ser.

A possibilidade do não ser/fazer abre um espaço que tem a condição de anular a norma, sem negá-la, mas fazendo outro uso dela. Um gesto que supera a indiferença se afirmando maior que a simples negação. Nesse contraponto da linguagem, a potência se estabelece ultrapassando o movimento que se esgota no ato. A "potência de não" (Pelbart, 2008) é uma ação que desativa a outra e não se extingue no próprio ato, ao contrário, se reafirma como fundadora de uma força desestabilizante da ordem.

O lugar ocupado pela negativa é regido pela indeterminação e se forma na imponderável atitude de "preferir não fazer", como o personagem Bartleby de Herman Melville, ou mesmo de preferir não ser e, assim, abre um istmo de possibilidades inauditas, imprevistas. Essa atitude, que Agamben denomina de inoperância, não deve ser lida no sentido de inação, de prostração, mas vista como um ato que resiste e desmonta um tipo de pensamento porque o torna inoperante.

Agamben (2008a) mostra que a posição de "preferir não" apresenta uma fórmula que desmembra o signo (o que deve ser reconhecido) do discurso (o que deve ser compreendido). Na construção *I would prefer not to* há uma cisão no enunciado, na qual a linguagem se insubordina e silencia o discurso, propondo o indeterminado; seu proferimento desestabiliza, alojando quem o manifestou no espaço do imponderável. Uma opção que prescinde do futuro e perturba o presente, apontando a um lugar no qual o discurso não mais funciona: o ponto da inoperância. Uma postura que não infringe a norma, mas mimetiza-a com tal intensidade que conturba a sua capacidade organizadora.

Essa atitude se dá num espaço transitório que tem o mesmo princípio do campo: um local de não discernimento entre o legítimo e o ilegítimo; que se forma momentaneamente para ser desmontado e remontado em seguida noutro lugar, só que numa frequência que vibra insistentemente, abrindo a possibilidade da contingência, permitindo uma posição de afirmação da diferença. Com essa ação surge outro lugar que concede a capacidade de ser subjetivado e se dessubjetivar num enfrentamento contínuo.

A educação, na inoperância, atuaria como um desmonte da sacralização da vida, ocasionando a possibilidade de pensar de outra forma, escapando da lógica e do registro de que, para resistir, é fundamental se contrapor a algo. No caso da inoperância, não existe uma posição de contrariedade; há outro lugar, que retoma a complementaridade da vida entre *zoé* e *bíos*, instaurando uma forma-de-vida, que pode ser entendida como uma vida que não se aparta da sua forma, na qual não é possível isolar uma vida nua, facultando possibilidades de vida política, melhor, de potências, conforme demonstra Agamben (2001).

Nenhum comportamento e nenhuma forma humana de viver são prescritos por uma vocação biológica específica, nem impostos por uma ou outra necessidade; mas, ainda que habituais, repetidos e socialmente obrigatórios, sempre conservam o caráter de uma possibilidade, ou, dito de outra forma, eles sempre põem em jogo o próprio viver. Por essa razão que, enquanto um ser de potência, que pode fazer e não fazer, fracassar ou ser bem-sucedido, perder-se ou encontrar-se, o homem é o único ser em cuja vida está em jogo a felicidade, cuja vida está designada irremediável e dolorosamente à felicidade. E isto constitui, de saída, a forma-de-vida como vida política.

Esse processo que contrasta com a almejada produtividade, que rege os intricados mecanismos do poder, transtornaria os princípios da vida sacralizada, a mais perfeita e profícua produção do poder. A vida, submetida e computada no sentido de uma valia, seria profanada.

A profanação é um processo que necessita de um contágio para se alastrar, a vida, pois, precisa ser contaminada para perder sua sacralidade. O pensamento e o ato que transtornam o instituído, gerados na via da inoperância, são possíveis meios de contágio. Assim, a inoperância pode ser o roçar contaminado que restitui a vida aos sujos e infectados usos do seu vivente, fazendo-a perdendo seu caráter de dádiva. A profanação significaria o irromper de possibilidades e de outras significações (desdobrando-se em outras mais) do viver.

Uma escolha como essa sugere uma nova dimensão para a educação, que se processaria pelo transbordamento do pensamento, sem se delimitar pela arrogância cientificista, pela generosidade humanista (Larrosa, 2001) e pelo amparo psicológico. Uma manobra transtornadora da ideia de um percurso traçado de véspera. Não seria a proposição de um caminho alternativo, mas um exercício de pensar fazendo o pensamento manifestar-se impetuosamente.

Trata-se de uma concepção que rompe com promessas anunciadoras de um mundo pronto: interpretado, configurado e predeterminado; que enseja a possibilidade de haver forma-de-vida no cenário do "estado de exceção", com seus personagens apáticos, dominados e desiludidos. Um pensamento no presente, que dispensa o futuro e toda a ascendência de alguém sobre outrem, numa ação de resistência passiva operando por meio da profanação. O determinante aceno de não fazer ou de não ser manifesta um vazio expressivo, um inevitável desencontro, que se concretiza numa atitude, "uma maneira de pensar e de sentir, assim como uma maneira de agir e de se conduzir, que, tudo ao mesmo tempo, marca um pertencimento e se apresenta com uma tarefa" (Foucault apud Castelo Branco, 2001).

Parte Dois

As Fabulações da Resistência

*BLADE RUNNER** OU UM RÉQUIEM PARA O SUJEITO DO *COGITO, ERGO SUM*

Vera Lúcia Tachinardi

No início do século XXI, a Tyrel Corporation criou os robôs da série Nexus, virtualmente idênticos aos seres humanos. Eram chamados replicantes. Os replicantes Nexus 6 eram mais ágeis e fortes e no mínimo tão inteligentes quanto os engenheiros genéticos que os criaram. Eles eram usados fora da Terra como escravos em tarefas perigosas da colonização planetária. Após motim sangrento de um grupo de Nexus 6, os replicantes foram declarados ilegais sob pena de morte. Policiais especiais, os blade runners, tinham ordens de atirar para matar qualquer replicante. Isto não era chamado execução, mas sim "aposentadoria". Los Angeles, novembro de 2019.[1]

Com essa tela, Ridley Scott inicia sua narrativa cinematográfica, no estilo *noir* dos anos 1980, banhando as cenas com uma chuva intermiten-

---

* Direção: Ridley Scott. Roteiro: Hampton Francher e David Webb Peoples (baseado em livro de Philip Kindred Dirk). Título original: *Blade runner*. Ano de lançamento (EUA): 1982.

1. Roteiro baseado no livro *Do androids dream of electric sheep?*, publicado em 1968, de Philip Kindred Dick (PKD). Numa versão hollywoodiana, o filme chega aos cinemas em 1982. Mais tarde, em 1992, o diretor inglês, Ridley Scott, lança a versão que conhecemos como "a versão do diretor". Em 2007, as telas de cinema puderam exibir outra versão final (*final cut*) de Blade Runner, totalmente restaurada a partir do negativo original.

te sobre os corpos das criaturas que circulam pelo espaço urbano da caótica e escura metrópole. Não se vê a luz do sol, exceto num dos fugidios momentos finais. Uma paisagem distópica de decadência pós-industrial contrasta com luzes e painéis de neon fazendo a propaganda de grandes corporações. Carros ocupam o espaço aéreo na altura de *outdoors* que anunciam *Coca-Cola* e *Panair*. O que se vê nas ruas, abarrotadas de barracas de *fast-food*, é a predominância de seres com características asiáticas. Um vai e vem de criaturas nem sempre belas e nem todas perfeitas. Muitos são os aleijados, os mutilados. Artefatos e artifícios por todos os lados. Próteses. O que se ouve são vozes de muitas etnias. Uma língua mestiça, um híbrido de japonês, alemão, espanhol, inglês, árabe, compõe o burburinho de uma espécie de Chinatown, no coração de Los Angeles. Uma voz em alto-falante propaga um mundo de maravilhas para além das fronteiras terrestres, anunciando a grande chance de se começar uma nova vida nas colônias interplanetárias, numa terra dourada de oportunidades e aventuras — "Ajudando a América a entrar no Novo Mundo" — esta a mensagem da *Shimago-Domingues Corporation*. É o capital se desterritorializando. A Terra ficou pequena para os grandes investimentos.

Era uma vez a América de Colombo. O "Novo Mundo" já está do lado de fora. Não mais neste planeta. Para lá, muitos são os chamados e poucos os escolhidos. É preciso passar nos testes para ter acesso ao "paraíso". A chance está para os humanos nascidos e "bem-nascidos" ou para as criaturas que saíram dos laboratórios de manipulação genética, tão boas quanto, ou melhores que a encomenda de seus criadores. Seres fortes, belos, inteligentes, ágeis e que em quase nada (ou em nada) se distinguem de humanos com tais qualidades. Não meras imitações: réplicas perfeitas ou replicantes. Às criaturas que não deram certo — às vezes ocorrem falhas na engenharia genética — é vedada a passagem para a "terra prometida". Aos que ficam, o submundo, a névoa, a fumaça, o lixo. *Nossa meta é o comércio*. Eis o lema ou "a moral da história": fazer viver e deixar morrer (Foucault, 1999). Eis que a vida, em qualquer de seus estatutos, passa a ser o rentável negócio. As corporações assumem a administração dos desejos, da vida, dos estatutos da vida. E o Estado, aqui personificado na figura da polícia e dos caçadores de androides, está a serviço da grande empresa capitalista.

Diferentemente do que ocorre em uma sociedade disciplinar, panóptica, numa sociedade hiperdisciplinar ou de controle, vigiar passa a ser o mesmo que interceptar e interpretar (Costa, 2004). Esta é a função altamente especializada do caçador de androides: ouvir e interpretar as respostas emocionais dos indivíduos que interroga, rastreando padrões de comportamento, pois é preciso caçar o diferente, o rugoso; perseguir o dissidente, o perigoso, o monstro (Passeti, 2004).

Blade runner é o próprio espaço/tempo pós-moderno em que se concilia degradação ambiental e *high technology*. Trabalhadores informais e trabalhadores altamente especializados que vendem seus produtos (em geral, órgãos fabricados em laboratórios de alta tecnologia, como olhos, escamas e próteses as mais diversas) para as grandes corporações que se incumbem de produzir androides.

Nesse cenário, policiais de elite são convocados a eliminar os replicantes insurgentes que retornam à Terra. Eles são perfeitos, inteligentes e, sobretudo, perigosos. Ninguém consegue, sequer, localizá-los. É então que, após incontáveis tentativas fracassadas, o mais experiente caçador de androides é intimado pelo chefe da polícia a deixar o repouso de sua aposentadoria (no sentido convencional do termo) para "aposentar" quatro replicantes que, inconformados com seu curto "prazo de validade" — de apenas quatro anos —, infiltram-se na cidade, à procura de seu criador, reivindicando uma reprogramação genética que lhes desse mais tempo de vida. A finitude iminente é a tragédia dos androides caçados pelo *blade runner*.

Embora tivessem sido produzidos para não sentir emoção ou fossem enunciados por seu criador como "emocionalmente inexperientes", os quatro replicantes rebelados aprenderam, durante o período em que trabalharam como escravos nas colônias interplanetárias, a sentir medo, raiva, ódio; passaram a valorar a vida e a temer a morte. Conforme assegura seu criador, por lhes faltar uma história, seriam potencialmente mais perigosos: "eles são emocionalmente inexperientes, têm poucos anos para coletar experiências que nós achamos corriqueiras; fornecendo a eles um passado, criamos um amortecedor para suas emoções e os controlamos melhor". É o que ele próprio faz com a secretária executiva da Tyrell

Corporation, sua mais recente e sofisticada criação. Essa androide recebe implante de memória de uma sobrinha de seu criador e é cercada por fotografias de seus supostos familiares. A secretária da Tyrell Corporation sequer suspeita de que as lembranças que povoam sua mente nunca foram suas de fato. Ela simplesmente reproduz os modos de sua "doadora". Veste-se e penteia-se de forma idêntica à do modelo fornecido pelas fotos. A memória faz diferença nos modos de agir dos humanos, bem como nas formas como estes se relacionam consigo mesmos e com outrem. E, conforme nos diz Rose (2001), a memória é uma propriedade de máquinas de lembrar. Em *Blade runner*, fotografias funcionam como máquinas de produzir memória, máquinas de agenciar memória. Máquinas de driblar caçadores de androides. Um sujeito, ou melhor, uma subjetividade está sendo fabricada quando são acionadas as máquinas de lembrar. Para tanto, quaisquer fotos servem.

Os quatro replicantes caçados não têm a mesma "sorte" da secretária da Tyrell Corporation. E é de uma enunciada falta de história que se valem os *experts* para detectar androides. Para driblar seus caçadores, os replicantes forjam para si "fotografias de família" e as usam, estrategicamente, como provas de sua hominidade.

No mundo de *Blade runner*, fotografias estão em toda parte, da sala do chefe de polícia ao apartamento do *blade runner*-mor. É gato que come gato. Pois, ao que parece, nem mesmo os caçadores escapam da condição de androides. E é exatamente uma foto (além de uma escama de cobra artificial) que, em última instância, leva o grande *blade runner* à primeira replicante do grupo de rebelados a ser "aposentada". Não sem que ela, antes de morrer, demonstre toda sua perspicácia e força. Quando se vê a forma como a androide reage, fica-se pensando o quanto a vida luta, resiste, pede passagem. Sempre.

Num procedimento extraordinário de investigação, nenhum funcionário da Tyrell Corporation fica isento da perícia do *blade runner*. Nem mesmo sua secretária executiva. Por meio de um teste de perguntas e respostas e de um aparelho de leitura da íris, o caçador de androides busca verificar se seus relatos de memória são condizentes com as respostas dadas. Todavia, desde o primeiro contato, replicante e *blade runner* passam a ter um relacionamento terno, amoroso. E o caçador de androides jamais cogita colocá-la dentre os replicantes que deve eliminar. A própria replicante livra seu *blade runner* da morte, executando um androide que, revoltado com a "aposentadoria" de sua companheira, estava prestes a acabar com ele. Capacidades empáticas, talvez.

Blade runner é o mundo dos paradoxos. Belos seres criados em laboratórios *high-tech* por um lado e decrepitude acelerada, por outro. Este é o caso, por exemplo, do projetista genético da Tyrell Corporation que, com vinte e cinco anos, aparenta mais de cinquenta. Ele vive num dos prédios abandonados da cidade, cercado de bonecos mecânicos e falantes — brinquedos que fabrica para lhe fazerem companhia. (*Boa-noite, Sebastian! Como vai, Sebastian?* Assim o projetista genético é acolhido por seus amiguinhos ciborgues sempre que volta para casa.) E é justamente o meigo projetista, que seduzido por uma androide programada para ser o mais aperfeiçoado modelo de prazer, quem facilita ao chefe do bando de rebelados um encontro com o criador. Ao apresentar a criatura ao cocriador, a androide fala de suas próprias condições — "não somos computadores, Sebastian, somos seres vivos". E, ainda: "penso, Sebastian, logo existo" — tentando negar o caráter artificial de sua condição de replicante.

Quando a criatura se encontra com seu criador Tyrell e reivindica-lhe maior tempo de vida (o criador pode consertar a criação?), ouve dele: "Fazer alterações na evolução de um sistema orgânico é fatal. Um código genético não pode ser alterado depois de estabelecido." E conclui: "A luz que brilha o dobro arde a metade do tempo." Talvez este seja o maior dos paradoxos de *Blade runner:* você foi feito o melhor possível, mas não pode durar. Tanta inteligência, tanta força, tanta vontade de viver e um tempo de vida tão curto! E, sob o olhar do projetista genético, que sente a própria morte iminente, o líder dos replicantes beija seu criador enquanto lhe arranca os olhos e lhe esmaga o crânio.

Ao saber de ambas as mortes (a do engenheiro e a do projetista genético), o *blade runner* sai à caça dos dois replicantes ainda vivos e eis que, novamente, o caçador se transforma em caça e a caça em caçador. A cena culmina com o líder dos replicantes insurgentes evitando a morte de seu caçador, demonstrando ser a vida um valor supremo para ele. É quase nesse mesmo momento que este último replicante rebelado chega ao seu fim programado. Eis seu solilóquio de morte: "Eu vi coisas em que vocês jamais acreditariam. Entrei em naves de ataque em chamas, perto do ombro de Orion. Assisti à dança dos raios C no portão de Tannhauser. Agora, todos estes momentos se perderão no tempo como lágrimas na chuva. Hora de morrer."

Onde termina o humano e começa a máquina?

O filme *Blade runner* apresenta-se como uma fábula pós-moderna emblemática: um réquiem para o sujeito da modernidade e para o espírito filosófico e científico que inventou o *cogito* como atributo essencial do ser humano, dono e senhor de sua interioridade, de suas vontades, pensamentos e atos. Nele, fica escancarada a perda da hegemonia do sujeito da razão, de uma identidade unitária, fixa, permanente e universal. Com o hibridismo homem e máquina, qualquer privilégio dado ou pensado para uma subjetividade puramente humana cai por terra. A androide modelo-máximo-de-prazer nos remete às reflexões de Tomaz Tadeu da Silva (2000a, p. 12-3):

> (...) quando aquilo que é supostamente animado se vê profunda e radicalmente afetado, é hora de perguntar: qual é mesmo a natureza daquilo que anima o que é animado? É no confronto com clones, ciborgues, e outros híbridos tecnonaturais que a "humanidade" de nossa subjetividade se vê colocada em questão (...) onde termina o humano e onde começa a máquina?.

O hibridismo homem e máquina já se encontrava na pré-história. O que seriam as primeiras ferramentas inventadas senão extensões do corpo que, articulado à ferramenta, desde cedo, se fez máquina? O que seriam os chamados "monstrengos" do filme, manipulados geneticamente para a realização de determinadas tarefas no lugar dos humanos? Ferramentas que se desgarraram do corpo? Deleuze (1992) sugere ser fácil fazer corresponder a cada sociedade certos tipos de máquina, não porque as máquinas sejam determinantes, mas porque elas exprimem as formas sociais capazes de lhes darem nascimento e utilizá-las. Assim, quando, por exemplo, o trator com arado é inventado, tal máquina configura-se como a própria manifestação da necessidade de oferecer melhores condições de trabalho para os agricultores, e, sem dúvida, sobretudo, maior produtividade. Este é apenas um exemplo. Vejamos outros. Os calçados que usamos são máquinas que acoplamos aos nossos corpos: para cada atividade, um tipo de máquina-calçado. Eis que o que mais importa é a *performance*, o funcionamento.

Máquinas, segundo Deleuze e Guattari (1996), são composições híbridas (físicas, biológicas, sociais, técnicas, semióticas etc.) e operam em redes; redes de máquinas que produzem os seres e os modos de ser, de acordo com uma modulação infinita de fluxos materiais e imateriais. Composições ciborguianas, em suma.

Mas, afinal, o que vem a ser um ciborgue?

Segundo Haraway (2000, p. 40), feminista norte-americana, "um ciborgue é um organismo cibernético, um híbrido de máquina e organismo, uma criatura de realidade social e também uma criatura de ficção".

Tanto a ficção científica quanto a medicina estão repletas de ciborgues: animais e máquinas que são, ambiguamente, naturais e fabricados. Todavia, no que se refere à medicina, a replicação de ciborgues já se encontra desvinculada de qualquer reprodução orgânica: para vir à luz, um ciborgue prescinde do casal macho/fêmea ou de espermatozoides, óvulos e útero. No quesito aperfeiçoamento, tomemos como exemplo os androides de *Blade runner*: seres fortes, belos, inteligentes e "mais humanos que os humanos", na expressão do engenheiro genético que os inventou. No quesito criação, olhemos para os sofisticados artefatos que fazem do corpo seu objeto pela melhoria de uma *performance* absolutamente maquínica. Com eles convivemos há décadas, tanto na ficção como no cotidiano: de óculos e lentes de contato a uma inacreditável variedade de calçados, cada qual apropriado para uma utilização específica; aparelhos por meio dos quais, em academias de ginástica, moldamos nossos corpos; anabolizantes que ajudam nossos músculos a exibirem uma forma corpórea idealizada.

Então, não seríamos mesmo todos ciborgues? Há quem se livre dessa condição?

Kunzru (2000), ao traçar a genealogia do ciborgue, destaca uma certa implausibilidade colada a tal vocábulo, o que leva muitos de nós a considerar "ciborgue" uma simples fantasia. Contudo, os ciborgues não apenas são reais como também estão entre nós.

O primeiro ciborgue foi um rato produzido em laboratório, no Hospital Estadual de Rockland, em Nova York, no final dos anos 1950. Uma bomba osmótica implantada no corpo do animal injetava-lhe substâncias químicas que alteravam seu sistema orgânico, tornando-o um híbrido animal/máquina.

O termo ciborgue foi inventado em 1960, por Manfred Clynes e Nathan Kline, no texto *Ciborgues e espaço*, para descrever o conceito de um "homem ampliado", isto é, um ser melhor adaptado a uma viagem espacial e ao que ela requeria de seus viajantes — futuros astronautas. Controle do coração, por meio de injeções de anfetaminas, e substituição dos pulmões por uma célula alimentada por energia nuclear. Desde então, o ciborgue passou a ser mais do que um projeto técnico: um sonho científico — pela possibilidade de ultrapassagem das quase insuportáveis limitações corporais; um sonho militar — pela possibilidade de conquista de um superpoder; e um grande negócio — a Força Aérea estadunidense, em meados dos anos 1960, gastou milhões de dólares na confecção de exoesqueletos, braços robóticos, dispositivos de *biofeedback* e outros sistemas especializados.

Conta-nos Kunzru (2000) que a possibilidade do ciborgue, isto é, de aumento das capacidades humanas, frequenta as páginas da literatura médica ocidental há muito tempo. Desde os anos 1920, podem-se controlar metabolismos de diabéticos com doses diárias de insulina; desde 1953, fabricam-se máquinas que, acopladas ao corpo, substituem órgãos ou potencializam suas funções; desde 1958, realizam-se implantes de marca-passo cardíaco.

Seres robotizados, autômatos e artificiais ocupam o imaginário ocidental, desde a época do Iluminismo. Dentre alguns casos legendários, desponta o autômato do xadrez de Wolfgang von Kempelen, um androide do século XVIII, em trajes turcos que dominava a arte do xadrez. Um aparelho feito de molas, rodas, cabos e rolos, que havia derrotado praticamente todos os seus adversários humanos no jogo dos reis. Em 1816, a imaginação de uma garota inglesa de dezenove anos, Mary Shelley, traz ao mundo um corpo construído a partir dos membros de vários corpos humanos e ativado por eletricidade: Frankenstein. O meca David do filme *Inteligência artificial* (A. I.) o *chip* orgânico Zoe, de *The final cut*, são outros exemplos do que se fala.

Vindos da ficção ou da realidade, fato é que estes autômatos artificiais, construídos há cerca de dois séculos ou há bem pouco tempo, são nossos ancestrais ciborgues e estão na gênese das atuais tecnologias ciborguianas. Hoje é possível melhorar e ampliar as capacidades humanas por meio de numerosos dispositivos artificiais. Vejam-se, por exemplo, os transplantes e implantes de fígado, baço, córnea, retina, rins, coração, pele, ossos etc. e as sofisticadas próteses articulares, auditivas, oculares, dentárias, de pernas, braços, mãos etc., das quais dispomos, caso tenhamos algumas dessas respectivas partes do corpo afetadas. Isto tudo sem contar com os recursos da farmacologia contemporânea: tranquilizantes, ansiolíticos, estimulantes da libido, inibidores do apetite etc. E quem escapa de necessitar de uma ou outra dessas máquinas de fazer viver?

Kunzru nos alerta para o fato de que o que torna o ciborgue de hoje diferente de seus ancestrais mecânicos é a informação. Os ciborgues atuais são máquinas de informação que trazem dentro de si sistemas causais circulares, mecanismos autônomos de controle e processamento de informação. Os ciborgues contemporâneos são capazes de dar *feedback*, conceito que começou a ser cunhado por engenheiros em pesquisas militares desenvolvidas durante a Guerra Fria, com o advento da ciência chamada cibernética. À época, os construtores de ciborgues defendiam a tese de que o corpo é um computador de carne capaz de executar uma coleção de sistemas de informação que se autoajustam, em resposta a outros sistemas e a seu ambiente. Disso decorre que, para se construir um corpo melhor, basta melhorar os mecanismos de *feedback* ou conectá-lo a outro sistema, por exemplo, um coração artificial ou um olho biônico. Eis o corpo concebido como uma coleção de redes, de certa forma, semelhante à rede de redes conhecida como internet. Ambas nasceram de uma mesma estufa: das pesquisas militares empreendidas durante a Guerra Fria.

Da cibernética, ciência pouco prestigiada atualmente, duas de suas intuições persistem ainda hoje: a descrição do mundo como coleção de redes e a indistinção entre pessoas e máquinas. Quanto a este último aspecto, destacamos a observação de Silva para a relação que se estabelece, em *Blade runner*, entre o homem que caça o androide e o androide caçado por ele. O que se tem é um jogo de devires em evidência: o homem em seu devir ciborgue e o ciborgue em seu devir homem. Quem é verdadeiramente humano? Quem é verdadeiramente androide? Contudo, o que está em questão é menos a humanização da máquina e mais a exposição do humano em toda sua artificialidade, num mundo impregnado de tecnologias pós-humanas. Mundo produtor de criaturas iguais aos seres humanos e, ao mesmo tempo, diferentes deles: seres melhorados, relativamente, ao ser humano.

A própria Haraway finaliza o seu manifesto em favor dos ciborgues dizendo preferir ser uma ciborgue a uma deusa, numa alusão ao fato de que, seguramente, não deseja ser cultuada, distanciando-se de quaisquer pedestais. O ciborgue não é reverente e não faz questão de reverências. Só deseja conexões. De todo tipo e de toda sorte. Ele refuta veementemente o moderno criacionismo cristão; não sonha com o Jardim do Éden.

Tanto na ficção como na medicina contemporânea, o processo de replicação de ciborgues não se vincula ao processo de reprodução orgânica. Haraway defende que da junção entre organismo e máquina devém criaturas, ao mesmo tempo, naturais e fabricadas, cada qual concebida como um dispositivo codificado em uma intimidade e com um poder sem precedentes na história da sexualidade, pois o "sexo-ciborgue" vem restabelecer, em alguma medida, "a admirável complexidade replicativa das samambaias e dos invertebrados — esses magníficos seres orgânicos que podem ser vistos como uma profilaxia contra o heterossexismo" (Haraway, 2000, p. 40).

E é a partir dessa premissa que a autora desenvolve sua tese sobre sexo e gênero na vida contemporânea. Um mundo ciborguiano implica uma política que permita vislumbrar um campo muito mais aberto de atuação, ao implodir os mais tradicionais binarismos a que estamos acostumados. O ciborgue é uma criatura de um mundo pós-gênero, sem qualquer compromisso com a bissexualidade nem qualquer fascínio por uma totalidade orgânica, essencial, obtida por meio da apropriação última de todos os poderes das respectivas partes. Estas se combinariam, então, em uma unidade maior, híbrida. Núpcias antinatureza.

Assim, se a biopolítica (Foucault, 1999) tem como objetivo a natureza humana, numa política ciborgue poderíamos, talvez, ampliar tal conceito, rebatizando-o com o termo biocyberpolítica ou, simplesmente, cyberpolítica: a política que tem como alvo a vida na fronteira máquina-organismo. É nessa fronteira, é nesse "entre" quase indiscernível que intervém a cyberpolítica. Entre máquina e organismo instala-se uma guerra em que estão em jogo "os territórios da produção, da reprodução e da imaginação" (Haraway, 2000, p. 41-2). É o que fazem os androides/ciborgues de *Blade runner*: eles lutam pela vida na fronteira homem/androide — androide/homem. O *blade runner*-mor, um quase não homem, persegue replicantes quase humanos. Quase-homens? Quase-mulheres? Onde acaba o humano e onde começa a máquina? Talvez, uma resposta a esta pergunta fulcral seja: não acaba um nem começa outro. O ciborgue pouco se importa com sua origem. Ele não tem pais ou, ao menos, não os tem como os pais fálicos da psicanálise; dispensa o gênero tal como o concebemos em nossas narrativas ocidentais. Ao ciborgue pouco interessa fazer parte das novas edições dos álbuns de família. Se recorre a fotos, o faz estrategicamente, num gesto de resistência, para driblar seus eventuais caçadores, pois dispensa os sonhos de filiação e pertencimento a uma comunidade baseada no modelo da família orgânica, com ou sem Édipo.

Uma nova política de subjetivação é, pois, engendrada num mundo pós-industrial, pós-moderno, pós-humano, pós-gênero. Processos de subjetivação produzem-se e são produzidos no entre máquina e organismo; no entre homem e androide; no entre artificial e natural; no entre natureza e cultura. Assim, pode-se dizer que *Blade runner* não comemora nem lamenta a morte do sujeito do *penso, logo existo*: apenas expõe, com os recursos fantásticos da narrativa cinematográfica, os "restos mortais" do sujeito cartesiano. Réquiem é o ritual de corpo presente. E um réquiem convoca-nos à contemplação. Mais que isso: convoca-nos a olhar para os escombros do sujeito e a nos perguntar: o que fizemos de nós? O que podemos fazer de nós? Quem devimos, afinal? Como escapulir dos movimentos que incessantemente nos interceptam clivando nossos modos de vida? Como agir neste mundo? Quaisquer conexões seriam desejáveis? O réquiem do tal sujeito cartesiano nos convoca a pensar uma outra ética para uma subjetividade ciborgue.

Sobre uma cybereducação por vir

Sobre e sob os restos mortais do sujeito cartesiano, e no seu rastro, vemos surgir um outro sujeito ou, melhor dizendo, uma subjetividade outra, uma subjetividade em movimento, em velocidade e lentidão, híbrida, continuamente se produzindo e sendo produzida. Uma subjetividade em devir andróide/ciborgue. E, como diz Silva (2000a, p. 16): "O ciborgue nos força a pensar não em termos de 'sujeitos', de mônadas, de átomos ou indivíduos, mas em termos de fluxos e intensidades, tal como sugerido, aliás, por uma 'ontologia' deleuziana." Um mundo não constituído por unidades "sujeitos" dos quais partem "ações sobre outras unidades, mas, inversamente, de correntes e circuitos que encontram aquelas unidades em sua passagem. Primários são os fluxos e as intensidades, relativamente aos quais os indivíduos e os sujeitos são secundários, subsidiários".

Dessacralizando a pedagogia moderna, a educação, nesse cenário, não teria como meta a "formação da consciência crítica" dos indivíduos ou o preparo para o usufruto da "cidadania" nos moldes como a temos concebido a partir de nossos pontos de vista ocidentais. A educação do ciborgue dispensa o projeto político-pedagógico formatado para a transformação do sujeito. Afinal, na era da cyberpolítica, os processos educacionais — a vida — ocorrem nas fronteiras. Conforme já se disse, o ciborgue quer conexões; ele dispensa qualquer coisa que se refira a uma hominidade "cheia de si", isto é, que se quer como o cerne das teorias sociopedagógicas.

Vemos, pois, despontar uma nova ciência. Assim como as tecnologias ciborguianas tornam obsoleto qualquer sistema reprodutor orgânico para a criação e/ou para a melhoria de um ser vivo, elas tornam obsoletos a biologia *e* os sujeitos de direito *e* as técnicas do eu *e* as disciplinas psi *e* a psicanálise *e* o Édipo, *e*... Tal ciência atende pelo nome de Hibridologia. Esta é a matéria, a disciplina ou a área de estudos da educação por vir que, de alguma maneira, já está entre nós. A Hibridologia nos ensina a fazer incontáveis e diversas conexões: "integre-se [...] à corrente. Plugue-se. Ligue-se. A uma tomada. Ou a uma máquina. Ou a outro humano. Ou a um ciborgue. Torne-se um: devir ciborgue. Eletrifique-se. O humano se dissolve como unidade. É só eletricidade. Tá ligado?" (Silva, 2000a, p. 16).

A Hibridologia nos ensina que o conhecimento é rizomático, que não se dá a aprisionar-se em fixas, rígidas e estanques estruturas curriculares. Uma educação por vir, num mundo de seres híbridos, é da ordem da experimentação, dos *perceptos* e dos *afectos*. Um ciborgue, até por dar grande valor à vida, expõe-se a ela; não teme o contato, o contágio. Educar, ensinar, aprender e viver equivalem a experimentar, a experimentar-se, a afetar e a deixar-se afetar. A educação, assim entendida, acontece como um "encontro alegre" (Deleuze, 2002), em que tudo o que produz algum sentido está na ordem do dia. Assim, deixam de ter sentido as arcaicas estruturas e os esclerosados funcionamentos escolares: crianças, jovens e adultos de quaisquer idades cronológicas e mentais, com deficiências ou altas habilidades, de diferentes etnias, saberes e culturas convivem em espaços urbanos e rurais, aprendendo uns com os outros, ensinando uns aos outros, convivendo uns com os outros. Em que pesem as possibilidades de "guerra" nas fronteiras; em que pesem as maquinações sedutoras do controle e da vigilância permanente. Se há "luta" nas fronteiras, há resistência.

Ganhar habilidade para habitar a fronteira. Admitir o artificial como constituinte de nossa natureza. Conquistar o destemor do monstro. Antes, encarar o monstro como o grande professor: aquele que mostra, que desnuda; aquele que cumpre a função pedagógica de nos fazer derivar. E nos intervalos: homens/mulheres *e* androides *e* ciborgues *e* animais *e* máquinas *e*... Novo monstro? Talvez. Aquele que nos incita a desejar outras formas de existência sem essencialismos, sem fundamentalismos de quaisquer espécies. E, enfim, habitar um mundo sem gênero, um mundo permeável a outras formas de conectividades.

A educação, nesse cenário, é educação profana, algo da ordem do acontecimento e não das essências. Sua meta: escapar dos mecanismos de captura da biologização, da medicalização, da psicologização, do cristianismo, do catolicismo, do judaísmo, do islamismo, do espiritismo... do... da... Uma cyberpolítica pode, provavelmente, nos livrar dessas amarras da vida; pode, seguramente, nos ensinar a pensar o que fizemos/fazemos de nós mesmos. Afinal, um ciborgue não vislumbra qualquer essência ou transcendência. É pura imanência.

A vida é o que importa. A ela, pois.

1984:* NAS DOBRAS DO PENSÁVEL

Cintya Regina Ribeiro

Após fazer sexo pela primeira vez com Julia, difícil ápice do desejo transgressivo, Winston, ainda deitado sob as árvores londrinas ao lado da amante, pensou: "Antigamente (...), um homem olhava um corpo de mulher, via que era desejável e pronto. Mas agora não era possível ter amor puro, ou pura lascívia. Não havia mais emoção pura; estava tudo misturado com medo e ódio. A união fora uma batalha, o clímax, uma vitória. Era um golpe desferido no Partido. Era um ato político" (Orwell, 1984, p. 119).

É nessa atmosfera angustiante, cindida entre interesses privados e públicos, constituída todo o tempo por demanda tensionada de liberdade, que George Orwell narra as formas de vida ambientadas em seu romance *1984*.

Finalizada em 1948 e publicada em 1949 na Inglaterra, a obra ficcional radicaliza questões referentes às formas de governo, problematizando fundamentalmente o poder e a liberdade no cenário do mundo pós-guerra, no século XX. Não escapa à inteligência aguda e à palavra ácida de Orwell o mapeamento dos mecanismos autoritários presentes nos vários regimes de governo, tanto nas versões capitalistas quanto socialistas.

---

* Direção: Michael Radford. Roteiro: Jonathan Gens e Michael Radford (baseado no romance de George Orwell). Título original: *Nineteen eighty-four*. Ano de lançamento (Inglaterra): 1984.

Inquiridor do presente e problematizador de efeitos políticos para além de seu tempo, o autor não cedeu às seduções político-partidárias oferecidas nos banquetes históricos de revezamento do poder.

Com sua voz literária incansável, incisiva e cética, não sucumbiu à apologia de quaisquer utopias sociais disponíveis no clamor de sua época. Assim, os desdobramentos narrativos desse romance sugerem um horizonte sombrio na atualidade hipoteticamente futurista do espaço-tempo de 1984.

Talvez seja essa orquestração do poder, apresentado como ficção e ritmado pelo desencantamento do mundo, que tenha conferido à escritura de Orwell uma provocação extemporânea, sugerindo possibilidades incômodas e assombrosas às experiências sociais humanas. O romance produz sua potência porque afirma o horror expectante de uma profecia trágica, renunciando a qualquer ímpeto de prescrição utópica.

A versão cinematográfica[1] da obra reproduz a atmosfera sombria do romance. Quase monocromática, a película audiovisual adensa a luz fria que acompanha a narrativa, constituindo-a.

A ritualização cotidiana é marcada pela marcha de sobrevivência das massas de trabalhadores. São exércitos de corpos esquálidos e assexuados que, escondidos em uniformes militarizados e fabris, arrastam-se numa luta mítica pela produtividade econômica e hegemonia política de seu Estado-nação.

Conformada à retidão dos movimentos corporais e à disciplina de esvaziamento do olhar, essa massa humana acredita partilhar de uma condição privilegiada: seu esforço de viver passivamente é recompensado pelo usufruto de parcos recursos econômicos racionados.

Em situação de maior subjugo encontra-se a horda do proletariado. Alijada de quaisquer possibilidades de partilha dos poucos recursos em circulação, movem-se na mais absoluta miserabilidade, em múltiplas formas. Entregue a um suposto estado de natureza, faz explodir seus

---

1. Trata-se, aqui, de uma segunda versão cinematográfica desse romance de Orwell. A primeira versão adaptada para o cinema ocorreu em 1956. Essa obra também ganhou duas adaptações para a televisão: a primeira delas em 1954 e a segunda em 1965.

corpos e sua prole nas periferias desse horizonte sombrio. É no território marginal dessas tribos humanas que Winston e Julia produzem o encontro de seus corpos.

Na arena política, o Partido assume o poder do Estado derrotando inimigos externos. Entretanto, apesar da anunciada vitória, os dias são de medo e terror: a guerra não acabou. Jamais acabará porque, estrategicamente, *não pode* acabar. A existência de um inimigo de Estado e a permanente ameaça de sua contraofensiva mantêm a condição da guerra eternizada e, paradoxalmente, da "paz perpétua". Isso ocorre porque enquanto os relatos oficiais narram cotidianamente breves vitórias e derrotas militares que se alternam, o sonâmbulo exército de seres esquálidos, à moda de uma irmandade nacionalista, entrega-se ao pânico disciplinado do trabalho.

O estado de espreita diante do caos iminente e virtual funciona como artimanha política que fabrica a paz precária, retroalimentando e legitimando as relações de poder. É assim que se justifica um dos princípios do Partido: "Guerra é paz."

Entretanto, Orwell se ultrapassa. Chama-nos a atenção para o fato de que a condição de permanência do terror parece não assegurar, por si só, a plenitude das estratégias de poder. Faz-se necessário converter medo em esperança, personificando a condução dessas almas por meio da imagem e da voz de um mentor social: o *Grande Irmão*.

Misto de liderança político-econômica e de messianismo utópico-salvacionista, a figura do *Big Brother* parece nutrir-se das virtudes do deus ocidental — onipotência, onipresença e onisciência — para levar a cabo sua missão.

A tecnologia confere agilidade ao megaempreendimento estatal: imensos telões são instalados no circuito social, tanto nos espaços públicos quanto privados. Atuam em duplo fluxo de informações: impõem-se ao olhar e à escuta social ao mesmo tempo que são também instrumentos de captação de olhares, de vozes, de gestos. Por meio dessas teletelas, a imagem de um rosto carismático combina-se com um tom de voz confiante e um olhar tranquilo de zelo social, corporificando o *Grande Irmão*.

Constrangendo quaisquer possibilidades de ostentação de crítica social, tal tecnologia torna invasiva a presença vigilante do mentor político nas reentrâncias dos acontecimentos cotidianos.

Winston, funcionário do "Ministério da Verdade", um dos departamentos de Estado, tem por função alterar a veracidade das informações governamentais junto à população, de acordo com os interesses do Partido. Para realizar sua tarefa cotidiana, vê-se forçado a desconsiderar os critérios de lógica e coerência entre acontecimentos e relatos. Por meio da mídia governamental, atua no processo de apagamento e de substituição de narrativas de eventos passados, provocando um redimensionamento oportunista do tempo presente.

Paralelamente, estabelece com Julia uma relação sustentada por sexo e pela deriva do amor — dois outros acontecimentos proibidos nesse mundo. Para o Partido, a sexualidade e a afetividade devem ser combatidas porque deslocam o foco dos interesses coletivos do Estado-nação para o campo das pretensões privadas dos indivíduos e seus pares familiares. Em outras palavras, a prevalência dos vínculos de intimidade se sobreporia às necessidades de produtividade econômica, reduzindo o empenho da força de trabalho humano como recurso prioritário do crescimento do Estado. Caberia ao "Ministério do Amor" — departamento estatal no qual Julia trabalha — atuar como instância responsável pela supressão dos desejos sexuais e pela conversão do afeto privado em investimento público: o amor ao *Grande Irmão*.

A expressão máxima do pleno ajustamento dos sujeitos a tal ordenação política evidencia-se no imperativo endereçado a Winston, a respeito dessa relação com o Grande Irmão: "Obedecê-lo não é o suficiente. Você tem que amá-lo."

Não passivo, não niilista, não idealista, esse homem de 39 anos — herdeiro de um mundo arquitetado no exercício totalitário da alma — busca forjar um lugar de aposta nas possibilidades de outras formas de vida.

Sua potência de vida se faz na palavra escrita, fabricada como ritual de resistência ao final de cada dia. Alimentando-se de uma transgressão cotidiana que o faz sobreviver à temporalidade de seu presente histórico,

Winston, recolhendo-se à solidão, faz do repouso em seu aposento uma operação de guerra. Ocupando estrategicamente um ponto cego de visibilidade em relação à teletela, sequestra-se do olhar vigilante do grande mentor e redige seu diário, registrando relatos de acontecimentos e espasmos de reflexões como modo de preservar a memória e sustentar um pensamento em estado de lucidez.

Enquanto isso, a saga dos encontros furtivos com Julia avança, agora, num quarto alugado na periferia de Londres, supostamente isento do olhar e escuta dos telões. Pactuam a sutil distinção entre confessar e trair. Sabem um do outro que, a despeito de possíveis confissões ao Estado, no limite, não se trairão mutuamente. Num desses encontros, Winston diz: "Confessar não é trair. Me refiro a sentimentos. Se eles puderem me fazer mudar o sentimento, se puderem me fazer parar de amar você, isso sim seria trair." Ao que Julia retorna: "Eles não podem controlar seus sentimentos, eles não podem penetrar seu coração. (...) É a única coisa que não podem fazer. Eles podem torturá-lo e fazer você falar qualquer coisa. Mas não podem fazê-lo acreditar nisso."

Eis que uma denúncia certeira os arremessa aos "cuidados" do Estado. Flagrados em situação de intimidade e cumplicidade, ambos são violentamente capturados em plena nudez política.

A última cena traz o evanescimento de Winston após a saída da prisão. Já tendo sido submetido à tortura, a fim de tornar-se "curado", encontra-se com Julia num bar. Partilhando o mesmo esvaziamento do olhar, agora numa cumplicidade às avessas, confessam, impassíveis, que se traíram mutuamente diante do Partido. Ao final, já sozinho em seu torpor e olhando para o Grande Leviatã na imensa tela do bar, ele, inseguro quanto à resposta à pergunta que faz a si mesmo sobre o resultado da soma 2 + 2, finda por confessar à imagem: "Eu amo você."

Qual seria, exatamente, o crime cometido por esse homem? A que se refere sua acusação?

Façamos um corte transversal na narrativa. Enquanto o protagonista dividia suas transgressões entre os encontros com Julia e os registros no diário, o Partido publicava a mais recente edição do *Dicionário de nova língua*, como síntese de um arrojado projeto político.

Buscava-se conduzir a língua a seu patamar máximo de purificação, por meio da progressiva destruição das palavras. Um dos trabalhadores designados a tal tarefa assim a resume: "então a revolução terminará quando a língua for perfeita. O segredo é sair da tradução para o pensamento e para a resposta automática. Não haverá necessidade de disciplinar-se. A linguagem vem daqui [apontando para o próprio peito] e não daqui [indicando o cérebro]".

"Pense em Nova Língua." Eis a violência, a um só tempo sutil e radical, conduzida pelo Partido. Demanda-se apreender, de cor, "de coração", a lei linguística dos pensamentos duplos, por meio da qual "a mentira se torna verdade e depois mentira novamente".

Para Winston, a demonstração desse postulado linguístico se faz na prisão, numa das mais chocantes situações de tortura. Ali, ele aprendera que 2 + 2 poderia ser qualquer coisa: às vezes 3, às vezes 5, às vezes 4... E era preciso amar essa verdade e curar-se de intransigência, enfim.

Entretanto, sua persistente resistência à lei linguística dos pensamentos duplos torna Winston um perigoso inimigo do Estado. Assim, é sumariamente acusado do pior dos delitos: o "crime de pensamento".

É por isso que, para ele, o enfrentamento dessa vida em opressão demandava outra logística de guerra: os embates das relações de poder operam pelas forças das palavras; litígios em nome da afirmação de verdades. E conclui: "liberdade é a liberdade de dizer 2 + 2 = 4. Se isso estiver certo então tudo será".

De algum modo, Winston parece intuir que poder e resistência são duelos travados no registro da linguagem.

Fazer calar, fazer falar

A experiência de duas guerras mundiais no século XX desenhou uma das faces mais aterrorizantes de materialização do poder e da opressão: o totalitarismo político. No esforço de traçar fronteiras entre civilização e barbárie, o repúdio à ostensiva arbitrariedade do poder conduziu à organização da resistência política. Esta emerge como radicalidade de uma luta pela prevalência dos valores universais de humanização, supostamente.

Numa analítica clássica do poder, a arena histórica posiciona os rivais em lugares táticos polarizados. *Grosso modo*, uma morfologia os qualifica como poder e contrapoder, substancializando essas posições. Enquanto isso, uma sintaxe soberana de valores os distribui no jogo político, qualificando-os na malha dicotômica do bem e do mal. A gramática viciada dessas lutas políticas nos oferece rapidamente os códigos de identificação de adversários em litígio, imputando-lhes, a partir de valores humanistas, qualidades antagônicas de opressão ou de libertação.

Eis a historicidade pendular a compor o mantra narrativo, cuja circularidade enuncia a alternância dos troféus entre vencedores e vencidos, justificando assim a produção da verdade histórica.

A companhia de Nietzsche e, depois, de Michel Foucault e Gilles Deleuze parece-nos sugerir que a vitalidade das relações de poder não estaria numa suposta condição de substancialização ou apropriação do poder, mas em sua pulverização e fluidez. Os múltiplos deslocamentos de forças implodem os lugares prévia e confortavelmente demarcados pela díade dominação *versus* emancipação. Efeitos de forças genealogicamente implicadas, as relações de poder engendram materialidades que não se disciplinam em clausuras valorativas de bem e de mal. Guerrear na intensidade microfísica dessas forças salta como convocação inexorável do tempo presente (Foucault, 1979, 1984a, 1987a).

Trata-se, assim, de cartografar o rosto do poder, buscando flagrar sua deformação sempre possível, sua suscetibilidade ao atravessamento de fluxos de resistência. Precisamos da intercessão de Nietzsche. Essa cartografia é tão somente instrumento para acessar algo mais expansivo, algo que pode nos arremessar à vida ou à morte: os jogos das políticas da verdade.

Poderíamos afirmar que Nietzsche (1992, 1998, 2008) fomenta a desconstrução de uma suposta assepsia histórica do conhecimento. Toma o pensamento filosófico como um trabalho radical de explicitação histórico-genealógica do processo de *valoração dos valores* num dado horizonte cultural.

Espécie de templo intocável da herança humanista, a matriz hierárquica dos valores modernos atua no mundo como suposta condição de transcendência filosófica. Ao problematizar essa espécie de sacralização do conhecimento, Nietzsche traz à cena a prerrogativa analítica de que é preciso deslindar as condições históricas que genealogicamente conduziram à produção, qualificação, nomeação e politização da verdade.

Nos rastros do filósofo alemão, Michel Foucault tomará a análise microfísica do poder como núcleo disparador da tarefa de problematização das políticas da verdade. De acordo com esse pensador, o lugar analítico dessa microfísica reside num espaço histórico de confluência de certos saberes, os quais são permanentemente legitimados e deslegitimados nas relações de poder. Na malha teórico-conceitual foucaultiana, essas condições históricas que articulam saberes e poderes materializam os "regimes de verdade".

Nas análises clássicas do poder, a fábula contemporânea de Orwell-Radford poderia ser tomada como situação exemplar de monopolização do poder pelo Estado, expressão máxima de um regime político totalitário. Instaura-se assim a dicotomia fundamental das trincheiras que classificam e nomeiam os dominantes *versus* dominados, os opressores *versus* oprimidos, ou ainda os estados substancializados de dominação *versus* resistência etc.

Sugerimos a hipótese analítica de que essa engenharia de relações e poder parece deixar passar, no silêncio mesmo da suposta impotência dos homens comuns frente ao Estado, linhas de atravessamento que insistem, todo o tempo, em desestabilizar o previsível cálculo das equações de forças. Naquele horizonte futurista, enquanto as forças polares gritam sua ira, algo parece perpassar a narrativa, deslocando-a, corrompendo-a.

A chave para ultrapassar a transparência desse totalitarismo absoluto que se oferece prontamente ao olhar encontra-se no ato de pensamento da desconstrução dos regimes de verdade que ali se enunciam. Partilhando as companhias de Nietzsche e Foucault, desfiemos esse enredamento de saberes e poderes que produzem tais regimes.

Saberes investidos de poderes são linguagens em ato. Um regime de verdade constitui um arranjo histórico particular de saberes e poderes.

Tal regime opera discursivamente e, portanto, produz uma política da verdade; em outras palavras, atua como jogo de linguagem por colocar em mobilização múltiplas linguagens (Foucault, 1979, 1984a, 1987a, 1987b).

O mundo da linguagem de Orwell forjado na sombria ficção de Radford convoca-nos à exploração desse princípio analítico. No trabalho genealógico acerca das tecnologias da verdade, ao situarmos os modos de funcionamento linguístico num horizonte de problematização histórica, explicitamos as formas por meio das quais uma verdade se afirma politicamente. Perseguindo as políticas da verdade no cenário ficcional em questão, observamos três movimentos articulados: a) a reorganização da língua por meio da redução do léxico; b) o jogo de alternância contínua entre "verdadeiro" e "falso"; c) a indissociabilidade entre atos de pensamento e afeto.

Numa apressada leitura hermenêutica, poderíamos inferir que o controle da linguagem demonstra-se pelo domínio das condições de representação, por parte do poder do Estado. Nessa perspectiva, a redução do léxico ou a naturalização da contradição seriam mecanismos de controle dos códigos de representação. Com isso, estariam comprometidos os canais de expressão de sentidos e significados linguísticos, reduzindo a polissemia do que se diz ou do que se quer dizer, impedindo o pensamento de se manifestar plenamente, em liberdade. É como se, no limite, o sequestro de palavras não mais assegurasse as condições de representação social do pensamento, esvaziando as possibilidades de pensar criticamente. Nessa chave, a reorganização da língua atuaria como instrumento estratégico de controle da linguagem, utilizando-se do princípio de censura.

Não é essa perspectiva analítica que propomos aqui. Longe de buscarmos denunciar o sequestro dos códigos da linguagem, reivindicar a abertura à multiplicidade dos sentidos, pleitear o resgate aos múltiplos canais da interpretação, libertar a linguagem do poder, enfim, propomos lidar com aqueles movimentos de outro modo.

A maquinaria *1984* perfaz outros jogos linguísticos, em nosso entendimento. Violento e sutil, esse regime de verdade que, diante de olhos desatentos, parece sustentar-se no sequestro dos sentidos por meio do minimalismo da linguagem, surpreende-nos numa torção radical. Não seria exatamente o domínio e a interdição dos códigos e das regras de representação que tornaria tal regime singular. A excelência dessa tecnologia se daria no controle social das próprias possibilidades do ato linguístico.

O contínuo minimalismo do léxico, aquilo que parece ser expressão maior de opressão, importa menos do que o *ato* político de controle do *ato* de linguagem. Isso porque a ação política ultrapassa o controle dos sentidos do dizer, daquilo que se pode ou não dizer; visceral, a ação se volta sobre as próprias possibilidades das formas e dos modos de dizer. Em resumo, a força dessa ação não se restringe aos atos de autorizar ou impedir, de permitir ou vetar conteúdos, significados, sentidos. Trata-se, antes, de gerir as formas, as próprias condições discursivas de *poder dizer/ pensar*. Paradoxalmente, há uma permissividade calculada em relação aos movimentos de transgressão social, estratégia que tem em vista incitar o agir/pensar, a fim de mapear e controlar o "como" desses atos. Nesse intuito, em vez de configurar uma estratégia para fazer calar, é preciso deixar o insuportável fluir, fazer-se linguagem, de modo a poder reconhecê-lo, capturá-lo, cooptá-lo, enfim.

Essa operação radical torna a própria gestão dos atos da linguagem a linguagem mesma de funcionamento dessa maquinaria. A sensível captura — não da polissemia da linguagem, mas da própria possibilidade da linguagem como ato — torna-se uma atualização potencializadora das formas de poder. Naturaliza-se assim uma política de linguagem a fabricar uma política da verdade (Foucault, 2001).

Não é casual que atos de pensamento e de afeto sejam arregimentados como força discursiva única a compor essa tecnologia da verdade. Pensar e amar atuam, estrategicamente, numa mesma de linguagem. Amar o coletivo sobre todas as coisas, a despeito de quaisquer problematizações ético-políticas, torna-se a senha que denota a conversão final do pensamento a tal maquinaria.

Essa articulação pensamento-afeto nos moldes anteriormente delineados tem por efeito a despotencialização do pensamento racional como fundamento de crítica filosófica, histórica e sociológica, corrompendo um dos principais pilares valorativos da modernidade.

No campo filosófico da lógica há um pressuposto denominado "princípio de contradição" segundo o qual uma proposição não pode ter, simultaneamente, os valores de verdade e de falsidade. Tal princípio é um dos organizadores linguísticos do pensamento ocidental moderno. Ora, *1984* postula que para sustentar a alternância entre verdade e falsidade no mundo político faz-se necessário implodir o princípio de contradição. Isso implica outra operação na linguagem, como arremate. Assim, a implosão não basta: *é preciso amar essa implosão*.

Daí a força imprescindível do vetor do afeto nesse regime de verdade. Não basta compreender e aceitar racionalmente o princípio de contradição. É preciso amar tal princípio, amar a "alternância verdade/falsidade" não como apologia do relativismo, mas como "a verdade", afirmando-a num instante presente fugaz e eterno, descolando-a de sua historicidade, para além do passado e do futuro. Portanto, a linguagem inventa a absolutização da condição de impermanência da verdade.

Esse efeito atua de modo extremamente profícuo como tecnologia de gestão social na medida em que afeta a experiência da historicidade e da memória. Agora, a verdade histórica se faz na legitimidade da contradição linguística, na naturalização e absolutização da impermanência, apagando os rastros das contingências que engendram acontecimentos e fabricam tais verdades. Nesse universo desconcertante, atua-se numa metafísica histórica cuja força reside em não se saber como tal.

A eficácia dessa nova língua(gem) encontra-se no ato de negação da situação contraditória, no ato de reconhecê-la e desconhecê-la como tal, ao mesmo tempo, no mesmo movimento do pensar. Por isso, o vetor do afeto deve atravessar a disposição racional da dúvida, silenciando-a, atestando como verdade dogmática aquilo que uma atenta racionalidade moderna denunciaria como fraude. *1984* faz o paradoxo linguístico funcionar a serviço da racionalidade do poder de Estado.

O aprendizado social da arte dos "pensamentos duplos" só se realiza nesse encontro singular no qual o vetor do afeto faz amar a contradição como verdade absoluta, levando os homens a um estado de niilismo histórico em relação a si e ao mundo. Esse amor seria a manifestação insofismável da cura do ato transgressivo do pensar. Enfim, o amor à verdade conduzindo à paz perpétua. Eis a produção da excelência do controle expressa nesse cenário de placidez niilista.

Educar no impensável

Amar a impermanência da verdade, absolutizando-a como verdade no dilatado tempo de eternidade de um instante: eis a contorção radical que organiza um mundo já afastado das balizas seguras da modernidade. Poderíamos pensar que, ao driblar o funcionamento canônico da linguagem, reinventando as políticas da verdade por meio das tecnologias dos "pensamentos duplos", a maquinaria 1984 instaura, sobretudo, a violência de um jogo linguístico: o princípio da contradição interdita a racionalidade, condição operativa do pensamento ocidental; ao mesmo tempo, o princípio do amor à contradição linguística é ativado como operação de pensamento.

Aciona-se uma disrupção no pensamento, chave do controle. É como se a linguagem, numa volta circular, desferisse um golpe quase mortal contra si mesma, sitiando e paralisando o pensamento no dilema instaurado pela contradição lógica. Sequestra-se o pensamento, desabitando-o de memória, deserdando-o de história e violentando-o no amor ao nada coletivo.

Esse estranho movimento de autocircularidade da linguagem encontra em Foucault (1981, 2001) uma provocativa conversação. Para ele, a linguagem, quando em movimento de criação, produziria uma espécie de dobra sobre si, escavando um espaço vazio, forjando uma vacuidade em seu interior. Entretanto, essa interioridade não seria o avesso da linguagem, mas um espaço outro, uma espécie de exterioridade da interioridade, ou o lado de fora do lado de dentro da linguagem (Deleuze, 1988; Machado, 2000; Levy, 2003).

Mas, enquanto em 1984 essa dobradura parece produzir um vácuo de impotência, refém das armadilhas do controle, a dobra da linguagem sugerida por Foucault abre-se ao imponderável, espaço oco de criação, vão do pensamento, enfim — um *pensamento do fora*.

À moda de um ritual, a maquinaria de controle em *1984* ensina, em atos explícitos e cotidianos, que é necessário aprender a amar essa vacuidade da linguagem. Uma espécie de pedagogização do pensamento e do afeto seria as condições de sustentação social daquela singular política da verdade. Sim, nosso protagonista aprendeu essa linguagem, confessando seu amor à miserabilidade daquela forma de vida.

Mas ousamos afirmar que tal aprendizado fez transgredir a conformação do pensamento, fez dobrar a própria linguagem, fraturando-a, forjando-lhe seu próprio rompimento, uma vez que, ao vergar sobre si mesma, implodindo seus cânones, a linguagem instaurou a condição de sua própria imponderabilidade.

O gesto miserável e generoso de amor confesso ao grande irmão ficcional abre-se, agora, a uma ambiguidade potente. Essa é uma condição vital, pois tal dobradura faz irromper, na fúria de uma força indomesticável e incapturável, uma espécie de espaço de não linguagem na linguagem. Nas trilhas de Foucault e Deleuze, sabemos que é preciso esgarçar essa dobra, habitar esse vão, explorar e agenciar suas forças intempestivas, dar passagem a outras formas de criação.

Essa linguagem que, ativada por outras forças, inventa sua lacuna, seu intervalo, seu descontínuo, é capaz de viabilizar o fluxo daquilo que jamais foi pensado, do impensável do próprio pensamento. Por esse espaço intervalar, por esse efeito de suspensão, pode "deixar passar" o fluxo do pensamento, abrindo-se ao fora, à infinitude da criação (Foucault, 2001).

Nos jogos de linguagem desenhados por Orwell, o princípio da contradição sequestrou o pensamento e, no rebote, parece ter forjado o vácuo da ambiguidade e a abertura ao imponderável. Sugere-se esse movimento de abertura da linguagem nas cenas finais da narrativa nas quais o protagonista responde e não responde sobre o resultado da soma 2 + 2. Na película cinematográfica, Radford opta por deixar a cena em suspenso, mantendo aberto o espaço de resposta. Já em seu romance, Orwell mantém esse espaço fechado, quando explicita o ato de resposta do protagonista, ao enunciar o resultado numérico 5. Ambos os resultados, a despeito de seus sentidos singulares, sugerem uma mesma provocação:

na dobra da linguagem, na abertura ao imponderável, o impensável escapa, interceptando as relações de poder com outros jogos de verdade.

Essa dobradura, efeito dos movimentos da própria linguagem, seria a própria experiência de pensamento, condição de emergência do impensável, uma vez que, para Foucault (1981, 2001), pensamento seria sempre a ultrapassagem do pensável. Por emergir dessa dobra da linguagem, o pensamento não seria uma faculdade individual, particular, mas uma experiência anônima, da própria linguagem, situada numa zona de indeterminação — daí a referência a um pensamento exterior ou do fora (Foucault, 2001; Deleuze, 1988; Levy, 2003).

Esse deslocamento que retira o pensamento de uma suposta interioridade subjetiva e arremessa-o ao espaço anônimo e partilhável da linguagem dispara outros modos de enfrentamento das questões relativas às relações políticas no tempo presente.

Por pertencer a todos e a ninguém, esse espaço comum da linguagem — lugar da experiência do pensamento — tem-se apresentado como território acirrado de disputas de relações de poder e de resistência. Alinhamo-nos a Foucault quando diz que o pensamento é um ato perigoso, um campo de guerra (Foucault, 1981).

Se, para Foucault (1995), poder e a liberdade são vetores de forças genealogicamente articulados, a condição de conflito seria constitutiva dos processos histórico-sociais. Entretanto, se as formas de resistência estiverem ancoradas nos jogos dos antagonismos políticos clássicos, os efeitos desses posicionamentos tendem a produzir a despotencialização dos próprios atos do pensar/viver.

Configurar uma experiência de pensamento como uma experiência de resistência demanda uma atitude de afirmação da divergência — ou seja, aquilo que poderíamos qualificar como um "pensamento da diferença". As resistências que perpassam as relações de poder forjam sua potência nas lutas políticas de caráter afirmativo, jamais reativo. Daí a necessidade das forças de criação no acionamento de outros modos ético-políticos de existir.

O trabalho do pensamento exige um investimento de forças cuja intensidade resiste ao sequestro nos contornos do pensável — essa farsa do conhecimento, como diria Nietzsche. A afirmação da diferença se faz como pensamento de resistência na medida em que visa assegurar o território político que instiga as condições de possibilidade de emergência do impensável.

Poderíamos pensar que, num mundo no qual a linguagem é a própria arena política, torna-se vital salvaguardar esse espaço de lutas como o lugar comum da linguagem — esse território anônimo capaz de fomentar a experiência do pensamento. Por tomar privilegiadamente a experiência do pensamento como materialidade de criação, arriscamos supor que o campo das práticas educacionais possa ser uma das arenas mais potentes para lidar com essa tarefa de salvaguarda. Assim, buscando ultrapassar o legado moderno, que conferiu à educação a legitimidade no trato com a herança do conhecimento por meio de uma disciplinarização humanista do pensável, provoquemos outros giros.

A condição de fluidez das relações de poder conduz a formas cada vez mais insuspeitas de capturas e, ao mesmo tempo, de atos de resistência. Essa intensificação na mobilidade das práticas sociais demanda gestos de investida crítica capazes de problematizar continuamente as condições de existência, em plena atualidade.

As inflexões de Foucault-Nietzsche nos levam à configuração da experiência de pensamento como um desses gestos críticos de criação, exatamente porque tal experiência desaloja a subjetividade privada e acontece no espaço comum da linguagem. Tais ideias produzem efeitos irreversíveis no modo como a educação pensa a si mesma frente às demandas emergenciais da atualidade e seu por vir.

Por atuar nesse espaço comum, lugar experiencial do pensar, a educação estaria implicada como guardiã, não mais de uma herança das verdades, mas da condição de possibilidade de vazão de fluxos, de movimentos de dobra de linguagem *ad infinitum*, de forma a manter aberta a gestação de zonas de vazios.

Dobras, tão somente dobras: torceduras que inventam vãos de impensável. Não são planejáveis. Não guardam valores em si mesmas. Não são prescritivas. Elas somente fomentam fluxos, zelando assim pela experiência do pensar e seus devires.

Num horizonte atual, hiperbólico quanto às relações de poder, a educação não nos conforta com a certeza de uma utopia com projeto de existência. Sua potência se faz por intensidade afirmativa, no ato-instante, quando rompe a linearidade entre passado e futuro, cortando a temporalidade do presente e instalando, nessa fissura, outro tempo paralelo, um tempo por vir — tempo de encontros do pensamento com seu fora.

*BRAZIL, O FILME**: A GUERRA, O SONHO E AS HETEROTOPIAS

Danilo Ferreira de Camargo

Em algum lugar do século XX, o solitário Sam sonha com uma linda mulher. É um sonho recorrente nas poucas horas de sono entre um dia e outro de trabalho exaustivo em meio aos papéis que precisa arquivar cotidianamente no "Departamento de Informação" onde trabalha. No sonho, o mundo é menos monótono; Sam possui longas asas para voar até perto do sol e regozijar-se com a onírica e perigosa liberdade dos descaminhos noturnos da imaginação.

Enquanto dorme, o chefe de sua repartição descobre que houve um erro de digitação e um inocente pode ser preso por engano. No mundo das tecnologias racionais de vigilância e informação não pode haver falhas, exceto se algum humano, distraído com as quimeras dos sentidos, registrar algo inexato. Sem tempo hábil para reparar esse erro de digitação, o homem inocente acaba preso, torturado e morto pela (in)eficiência da polícia. A guerra contra o terror não pode dar tréguas. Os terroristas infestam a cidade. A noite é escura no céu de *Brazil*.

Na manhã seguinte, o sono de Sam é interrompido por um telefonema do seu chefe. Relutante, ele acorda e se dá conta de que já está atrasa-

---

* Direção: Terry Gilliam. Roteiro: Terry Gilliam, Charles McKeown e Tom Stoppard. Título original: *Brazil*. Ano de lançamento (Inglaterra): 1985.

do para cumprir seu disciplinado papel na burocracia do governo. Ao entrar no sinistro prédio onde trabalha, Sam encontra-se, pela primeira vez, com Jill e não tem dúvidas: é a mesma mulher de seus sonhos confusos. Ela foi até o "Departamento de Informação" para denunciar a prisão equivocada de seu pacato vizinho. Equivocada? Não. Um aparato gigantesco garante ao Ministério da Informação uma precisão cirúrgica para não cometer enganos. A população paga caro, o Ministério consome 7% do PIB. É o preço da vigilância total. Mas será apenas esse?

Aos poucos, Sam, imerso em um estado fronteiriço entre sonho e realidade, começa a se rebelar contra o grande pesadelo da ordem em que vive. Basta. Ele quer as asas, a potência do corpo, as errâncias do voo. Ele quer sobretudo a companhia de Jill, mulher onírica de beleza e enigmas. Mas isso não será fácil porque, ao ousar denunciar o erro do Ministério, ela também se torna uma inimiga da sociedade, uma dissidente, uma terrorista procurada pela polícia. Mesmo assim, Sam, do alto de sua ingenuidade, tentará defendê-la contra a arbitrariedade do Estado. Será possível fugir dos braços armados do poder? Será possível ser inocente? Sam se enche de coragem. As normas rígidas do governo, outrora tão valorizadas por ele, não serão mais limites a sua vontade de fugir para além do conforto da obediência.

Enquanto isso, os atentados continuam explodindo pelo país e amedrontando a população. A imprensa alardeia um mundo de caos. Pela TV, o ministro avisa: "Estamos revidando os ataques terroristas. Estamos ganhando." O revide é a legitimidade para o governo agir em defesa da sociedade. "Informação é o nome do jogo", diz o ministro, "e sem informação ninguém vence essa minoria insignificante que não suporta ver a vitória dos outros". Tudo em nome da precária segurança de todos. Pelas ruas, as placas convocam os cidadãos: "Ajude o Departamento de Informação a lhe ajudar." A denúncia é arma contra o terror. "A suspeita gera confiança", adverte outro letreiro. Palavras de ordem não faltam. Mas quem são os terroristas e o que eles querem? Isso ninguém sabe. Não há bandeiras, causas ou reivindicações; o terrorismo opera numa outra economia de sentido em *Brazil*, e só o pânico e a insegurança devem continuar, não para os opositores, mas para os gerenciadores da ordem, que, para mantê-la, precisam do fantasma permanente da desordem.

Nessa guerra perpetrada em nome da segurança da população todo o cuidado é pouco. A sociedade da desconfiança é também a sociedade do medo, do risco, de todos contra todos. Por isso, cada centímetro da cidade é monitorado e a população foi esquadrinhada para que os passos de qualquer cidadão possam ser seguidos dia e noite. Ninguém escapa da grande camisa de força: os olhos onipresentes da informação.

Nesse asfixiante pesadelo de *Brazil*, os sonhos do protagonista são os únicos espaços reais de resistência, brechas para a criação de mundos outros que não aquele ingurgitado todo dia, da mesma forma. Espaços tão possíveis quanto necessários à experiência perturbadora da liberdade. Mas os sonhos são vulneráveis e fugidios, incoerentes e perigosos e, de repente, as asas de Sam foram amputadas, o chão se abre, um gigante está à sua frente. Ele acorda assustado.

Voltemos à vigília.

Apesar das evidências, o corajoso Sam acredita poder livrar Jill da perseguição do Estado. Eles querem fugir, mas para onde? "Nenhum lugar é longe o suficiente", diz Jill com ceticismo. A malha é fina. No entanto, toda malha tem suas brechas e, no limite das forças, todo vivente tem a derradeira liberdade de acabar com a própria vida. Apagar-se. É isso, descobre Sam: a única solução possível é violar o sistema de informação e alterar o cadastro de Jill para que ela esteja virtualmente morta nos computadores do Ministério. Perder o nome para ganhar outra vida. Obstinado, ele se arrisca, consegue invadir o sistema e fazer a adulteração. Infelizmente, o sonho real de se ver livre da perseguição, apesar de intenso, dura pouco. Informações interceptadas, telefones grampeados, delações premiadas. A polícia sabe de tudo. "Informação é a chave da prosperidade", afirmava o porta-voz do governo.

Sam acaba preso e terá de responder por uma longa lista de crimes cometidos. Jill é assassinada pela polícia como uma terrorista que resistiu à prisão; um ajuste de dados, afinal, ela já estava mesmo morta para a burocracia do governo. Mas quem são os verdadeiros terroristas? Não se sabe; ninguém nunca os viu. Pouco importa; basta que o medo circule nas ruas, nas casas, nas escolas.

"O que seria de nós se não fossem as normas?", perguntava o incauto Sam tão pacato e conformado. Essa estranha consciência não foi capaz de deter seu ímpeto transgressor quando precisou lutar pela vida; por isso está preso e agora precisa confessar seus crimes. "Declarar-se culpado é mais barato", diz o advogado. É assim que a justiça funciona. Não há segurança sem delação ou confissão. Só lhe resta morrer ou se culpar, mas Sam resiste mais uma vez: não é culpado de nada, afirma com convicção, e acaba torturado até o fim de suas forças.

Não foi a primeira vez. Não será a última. Sam é só mais um, como milhares, a morrer sob o condão da lei para a segurança de todos. Enquanto o carrasco feria sua carne e sua potência vital se definhava, ele ainda sonhou, uma última vez, com um outro lugar, ensolarado e distante, onde, segundo dizem, existe um homem feliz.

Mais do que o pesadelo de todo dia, o filme[1] de Terry Gilliam explicita a resistência do corpo que não deixa nunca de torcer as forças que o controlam. Corpo sempre capaz de criar novas vidas com cheiros, sons e cores imprevisíveis no interior dessa aquarela opaca e cinzenta chamada *Brazil*.

Uma utopia, um pesadelo

Sam está morto. Jill, também. A guerra prossegue em suas numerosas frentes. A partir da ambiência sombria de *Brazil*, caricatura distópica dos valores e das aspirações modernas, e com a ajuda de alguns autores, tentaremos nas próximas páginas tecer algumas considerações sobre o fenômeno da guerra como estratégia central do biopoder moderno.

É indispensável ao nosso percurso entender a guerra não apenas como um conflito de um Estado soberano contra outro, que geralmente

---

1. Livremente inspirado na obra de George Orwell, o filme inicialmente se chamaria *1984 and ½*. O título *Brazil*, posteriormente escolhido pelo diretor, tinha a clara intenção de evocar um imaginário que, talvez desde 1500, associa a palavra *Brasil* a alguma visão utópica do paraíso. Questionado sobre o que seria *Brazil*, Terry Gilliam respondeu ser um filme "sobre alguém tentando escapar ou achando que há alguma fuga".

tinha começo, meio, fim, ganhadores, perdedores e tratados de paz, mas uma guerra que cada vez mais se apresenta como um fenômeno geral, global e interminável. Os conflitos estão em todos os cantos; são diversos e simultâneos, internos, externos e cotidianos; mínimos, múltiplos e comuns a todos os lugares.

É sobre essa guerra civil interminável e suas nuances que discorreremos aqui. Para isso, convocaremos Michel Foucault, um reservista de ideias pirotécnicas e livros-bombas que soube como ninguém fazer de sua filosofia um artefato bélico. Para este filósofo-soldado, a guerra nas sociedades modernas não é apenas um mecanismo disponível do poder, mas também um elemento fundamental em torno do qual o poder opera. O poder é a guerra, é a guerra continuada por outros meios, dizia o filósofo (Foucault, 1999). Esse poder, longe de estar centralizado e unificado apenas na figura do Estado, deve ser compreendido como um conjunto de práticas disseminadas nas relações sociais e que só existe em ato, circulando no microcosmo da política reguladora das formas de vida. Com isso, a política não é o fim da guerra, ou o seu oposto, mas a sua continuação, uma vez que ela não suspende os efeitos e a violência dos conflitos bélicos. Ao contrário, procura manter as mesmas relações de força "mediante uma espécie de guerra silenciosa e de reinseri-la nas instituições, nas desigualdades econômicas, na linguagem, até nos corpos de uns e de outros" (Ibid., p. 23).

A política é uma guerra, ou melhor, são guerras no plural, que não pressupõem termo, mas uma continuidade infinita. Nela, todos devem ser soldados, vigias, policiais, delatores, carrascos e vítimas. "A guerra é que é o motor das instituições e da ordem: a paz, na menor de suas engrenagens, faz surdamente a guerra" (Ibid., p. 59).

Seja pela guerra que derrama sangue e produz morte, seja por aquela silenciosa que produz formas particulares de vida por meio de estratégias políticas de vigilância e regulação, o fim é sempre a velha utopia da segurança da população. Essa ideia de segurança, como sabemos, é central para entendermos a fundação da soberania estatal moderna. Segundo o modelo clássico de Thomas Hobbes (1999), por exemplo, é para fugir da guerra de todos contra todos que os súditos entregam suas liberdades ao monstro *Leviatã*, que, então, lhes garante segurança. Toda a utopia da civilização hodierna surgiu quando se imaginou que o medo dos homens seria definitivamente extinto com a instauração e desenvolvimento das práticas estatais de controle. É de se notar, no entanto, que a ordem do Estado não veio simplesmente instaurar a paz, mas iniciar uma outra guerra. E é por meio dessa guerra disfarçada que se estabelecem e se aplicam os mecanismos de disciplina e controle aos indivíduos.

E como funcionam tais mecanismos? Para Foucault, o dispositivo da normalização disciplinar do Estado Moderno começa com a afirmação de uma lei na forma de proibição e um castigo correspondente para quem infringi-la. Em segundo lugar, temos as práticas disciplinares que agem na transformação dos indivíduos por meio das chamadas instituições de sequestro. E, finalmente, o trabalho de prevenção da desordem, por meio do arquivo e do conhecimento estatístico, a fim de manter os riscos em níveis aceitáveis de acordo com os limites sociais e econômicos e suas correspondentes desigualdades (Foucault, 2008b). Além disso, merecem destaque as técnicas policiais de interrogatório e os exames pedagógicos, médicos e psicológicos, que permitem o diagnóstico e a transformação dos indivíduos (crianças, loucos, promíscuos, vadios, criminosos) em sujeitos "normais".

Todo esse aparato, segundo Foucault, vai aos poucos sendo aperfeiçoado para dar conta da contingência da realidade social que está sempre sujeita a um descontrole, seja por uma epidemia, seja por uma crise de abastecimento, ou pelo aumento da criminalidade. A guerra é, portanto, contra as contingências e, por isso, os mecanismos de segurança da população precisam agir a fim de regular, limitar e anular esses riscos de violência iminente. Para tanto, precisam forjar instrumentos de controle capazes de ordenar o acaso e as intempéries provocadas pela existência da população, garantindo, assim, a circulação segura das pessoas e das mercadorias.

No mundo contemporâneo, esses mecanismos de governo da população foram ultra-aperfeiçoados com o desenvolvimento das tecnologias da informação e da informática, o que tornou a vigilância e o rastreamento da população uma realidade sem precedentes na história. Como afirma Gilles Deleuze (1992, p. 224) em seu famoso ensaio sobre a sociedade do controle: "não há mais necessidade de ficção científica para conceber um mecanismo de controle que forneça a cada instante a posição de um elemento em meio aberto, animal numa reserva, homem numa empresa". Caímos todos na mesma rede. Fomos confinados à saturação global das tecnologias a serviço do combate à insegurança de se pertencer a uma população e de se viver em uma cidade. Em todos os espaços de nossa vida social (casa, escola, ruas, teatros, praças, *shoppings centers*) desejamos avidamente por segurança, e nos apavoramos quando não encontramos a silhueta sinistra de um homem de preto nos vigiando, assim como não dispensamos, por nada, o conforto de estarmos sendo filmados e rastreados 24 horas por dia. Dentro e fora, de cima a baixo, há circuitos internos de televisão, sistemas de alarmes e de detectores de objetos suspeitos, revistas minuciosas, portas giratórias, senhas de identificação, enfim, todo esse aparato tecnológico já tão corriqueiro e desejado por nós. E essa *mise-en-scène* do constrangimento é sempre associada à ideia de conforto e bem-estar, e sua publicidade busca convencer-nos de que tudo isso é indispensável à nossa "qualidade de vida". Quem teria coragem de duvidar disso?

Sob a égide do risco e, em nome de nossa precária liberdade, somos todos cooptados pela lógica panóptica. Numa espécie de adesão mais que voluntária, exercemos constantemente as práticas de constrangimento sobre os outros e, acima de tudo, sobre nós mesmos, uma vez que na sociedade da desconfiança é indispensável o exercício da autovigilância, do autocontrole e do autogoverno instrumentado pela norma.

Não obstante, é possível dar-se conta de que essa guerra travada em nome da segurança nossa de cada dia é interminável, pois não existe a mínima possibilidade de o perigo ser extinto. As batalhas prosseguem. O espectro do mal nunca deixa de nos rondar (Bauman, 2008). Isso porque não é a eliminação do inimigo o que garante o triunfo à mecânica do poder, mas a própria continuidade da guerra, sua pulverização, seu necessário estado de permanência e dispersão, agindo não apenas no atacado, mas também no varejo, ou seja, no controle minucioso de todas as vidas. Por isso mesmo, são cada vez mais frequentes as estratégias de governo calcadas na organização política autoritária e no gerenciamento sufocante da vida, como única resposta possível ao medo disseminado na população. E medos não faltam: das armas de destruição em massa, do terrorismo, da criminalidade, das epidemias, da catástrofe ambiental, do colapso econômico etc. Tudo nos aterroriza. E saber que nunca tivemos à disposição tanta tecnologia para viver em segurança: radares, computadores, câmeras, dispositivos eletrônicos e de informática. Não importa. Nossas vidas ainda correm perigo, dizem os especialistas do medo, e esse diagnóstico tem efeitos muito mais avassaladores do que a presença de um inimigo real em nossa frente. Basta o alerta, o toque de recolher, o pânico coletivo e as ruas ficam desertas. Os partidários da segurança e os alardeadores do medo não descansam um só minuto da tarefa de nos convencer de que não podemos esperar para reagir às ameaças porque poderá ser tarde demais.

Qualquer descuido e os bárbaros podem desintegrar a sociedade. Afinal, a ameaça de agressão à integridade territorial e política do Estado não cessa de ser uma "realidade virtualmente plausível" e, à sua sombra, as máquinas bélicas precisam estar em ação permanente. "A guerra justa já não é, em sentido algum, atividade de defesa ou resistência. Ela se tornou uma atividade justificável em si mesma" (Hardt e Negri, 2001, p. 30). Em outras palavras: guerra ontológica, paz improvável, medo-ambiente. Consequentemente, "o principal e mais poderoso produto da guerra travada contra os terroristas acusados de fomentar o medo tem sido, até agora, o próprio medo" (Bauman, 2008, p. 196). Cercado por tantos medos, assistimos à proliferação assustadora da indústria da segurança, dos carros blindados, dos *bunkers* caseiros, dos condomínios fechados, das escolas de segurança máxima e de tudo o que pode, de algum modo, oferecer aos consumidores a ilusão de proteção. "Não podemos vacilar, tudo é perigoso." Por isso, refugiamo-nos voluntariamente em nossas solitárias trincheiras e esperamos que as tropas de elite, ou não, nos salvem do caos. Tropas que não estão por aí apenas para torturar e destruir vidas infames, mas, acima de tudo, para produzir formas de vida cada vez mais constrangidas, limitadas, vigiadas e policiadas.

O termo "policiamento" talvez seja o mais apropriado para visualizarmos os mecanismos de governo e suas estratégias de atuação sobre os indivíduos. "A polícia inclui tudo", afirmava Foucault, e a guerra de que falamos até agora não deixa de ser uma ação policial totalizante a fim de garantir nosso tênue bem-estar.

E não são apenas homens fardados com pistolas e algemas os que exercem o papel de polícia. Todos aqueles que falam em nome de nossa segurança e fazem uso de técnicas que visam regulamentar nosso comportamento são igualmente policiais da ordem. Assim, temos um desfile ininterrupto de *experts* oferecendo receitas de como viver melhor, amar melhor, trabalhar melhor, alimentar-se melhor. E no meio desse bombardeio, somos impelidos a conduzir nossas vidas de acordo com as normas desses policiais-cientistas, detentores da verdadeira racionalidade para governar mais e melhor os corpos e as almas. Com segurança, é claro. Porque é sempre em nome da segurança de nossa saúde que nos conduzem os médicos-policiais; em nome da segurança de nossa interioridade psíquica que nos hipnotizam os policiais-psicólogos; em nome da segurança de nossas crianças que nos adestram os policiais-pedagogos; e assim por diante, numa lista interminável de peritos-policiais que inclui psicanalistas, fonoaudiólogos, economistas, juristas, nutricionistas, professores e terapeutas de todos os tipos, dispondo seus receituários para evitarmos o perigo de ficarmos à margem da norma.

A ordem biopolítica de governo é, portanto, esse patrulhamento global dos corpos, almas e mentes. Em todos os níveis da vida, nas menores frestas da existência, deve existir um policial que, com o manto da autoridade auto-outorgada, possa dizer a cada indivíduo: "faça-o em nome da lei, da verdade, da ordem, da saúde, da ciência". Precisamos lutar contra nós mesmos ou corremos o sério risco de ficarmos tristes demais, gordos demais, desinformados demais, pobres demais, doentes demais. Para que essas tragédias não ocorram são indispensáveis os exames preventivos, os exames de rotina, os autoexames do corpo e da consciência. Policiar-se, essa é a ordem suprema de uma sociedade sedenta de segurança, na qual todas as estratégias de prevenção e repressão são embasadas na retórica do combate ao risco.

O grande problema dessa lógica social é que qualquer um pode se transformar, de uma hora para a outra, em objeto de repressão policial. Consequentemente, estar dentro ou fora da lei, ser ou não um risco, é uma fronteira muito tênue num Estado policialesco em permanente estado de guerra. Nesse processo de regulação da ordem social por meio do risco e do medo, algumas vidas podem e devem ser encarceradas, medicadas, torturadas ou simplesmente desaparecerem para a sobrevivência de outras. A inserção do racismo como mecanismo fundamental do poder do Estado, tal como mostrou Foucault (1999), cumpre perfeitamente esse papel de eliminação dos resíduos "malcheirosos" que a ordem biopolítica instaura. Numa sociedade da normalização da vida em nome da segurança da população, "o racismo é indispensável como condição para poder tirar a vida de alguém, para poder tirar a vida dos outros. A função assassina do Estado só pode ser assegurada, desde que o Estado funcione num modo do biopoder, pelo racismo" (Ibid., p. 306). Por conseguinte, o racismo é a condição para se exercer o direito legítimo de eliminar a raça inferior, e, assim, tornar a vida mais sadia e mais pura, porque distante da contaminação biológica dos "degenerados" e "anormais". Em tempos de acirramento da xenofobia e da ideologia virulenta contra os "excedentes", assim como das guerras fundamentalistas e dos genocídios contra as populações "não civilizadas", não é difícil perceber a permanência dessa suposta ambiguidade de um Estado programado para produzir a vida, mas que não cessa de derramar mortes.

Nesse paradoxo do Estado moderno, magistralmente retratado em *Brazil*, reside, precisamente, a sua força. E a relação necessária entre a liberdade de uns e a morte dos outros nos faz entender melhor os dispositivos da segurança e suas mutações na sociedade atual. Sociedade esta que, fazendo da exceção a regra, elege a guerra como o cerne da paz, o totalitarismo como a essência da democracia e o pesadelo como substância da utopia.

Guantánamo não nos deixa mentir. Auschwitz pode estar mais perto do que se imagina. Por isso, atenção. Quem não é suspeito? O inimigo pode ser qualquer um. E o inimigo "não pode ser vencido ou, se for vencido, é preciso logo que haja outro, o inimigo é um perigo público, é o sintoma de uma desordem a ser ordenada" (Negri, 2003, p. 188). Logo, não adianta esperar pela utopia da paz, a guerra está à volta de cada um. "Por toda parte se está em luta", dizia o filósofo-soldado. Não há lado de fora, nem posição neutra, porque de certa forma estamos todos em guerra, fazemos parte dela, não apenas como vítimas, mas também exercendo o papel de algozes ingênuos, policiando a ação do outro como se esse fosse nosso dever e, ao mesmo tempo, o nosso direito: a nossa necessária estratégia de sobrevivência à ordem, na ordem.

O pesadelo de *Brazil* está longe de terminar. É a guerra, ainda.

O sonho, uma heterotopia

Ao final da película de Terry Gilliam surge uma sensação de asfixia. O mundo ali descrito não permite fugas e resistir parece uma inutilidade, já que os braços armados do poder estarão sempre em nosso encalço e, ao fim e ao cabo, nos pegarão de um jeito ou de outro. O filme, porém, não é homogêneo em sua descrição. Há uma outra narrativa que corre paralela ao pesadelo da guerra diária e que, aos poucos, vai se entrelaçando a ele e abrindo novos caminhos ao protagonista. Esse outro espaço em *Brazil* é o universo onírico. Essa pequena possibilidade de criação e resistência nos servirá a partir de agora para imaginarmos heterotopias educativas num mundo por vir.

A primeira coisa a ser dita é que existem dois tipos de "sonhos". Tão diferentes entre si que mereceriam ser escritos de formas distintas. Um é o SONHO em caixa-alta, grandiloquente e absoluto. Deve ser grafado assim, pois, em sua mania de grandeza, se apresenta como uma necessária utopia de um mundo melhor, porque mais ordenado, seguro e racional. Já o sonho em caixa baixa é ilusão, quimera, e não tem nenhuma pretensão de ser universal.

O SONHO nasceu junto com a Modernidade e, não por acaso, esta nasce quando o pensamento considerado racional e, por isso mesmo, o único portador das verdades claras e distintas, não mais pode se confundir com a experiência de um sonho em letras minúsculas. Se considerarmos as meditações cartesianas como uma espécie de certidão de nascimento da racionalidade moderna, veremos que o seu primeiro movimento é justamente o da anulação do sonho como experiência portadora de verdade. O exemplo do sonho, aliás, nas *Meditações* de Descartes (1983), demonstra que qualquer experiência baseada nos sentidos seria um engano, ao passo que a verdade seria geométrica e o *cogito* garantiria a sua validade universal. Assim, a razão moderna é essa forma de organização de pensamento apartada do universo dos sentidos e da ilusão dos sonhos menores, e, quem sabe, por isso, venha produzindo terríveis pesadelos durante tantos séculos.

Em nossa beligerante sociedade biopolítica, a educação, sobretudo em sua forma institucionalizada, sempre foi pensada como um grande SONHO para o aprimoramento do mundo e para realização da "autonomia", da "maioridade" e da "consciência crítica" do ser humano. Na busca dessa utopia, ela foi insistentemente idealizada, executada e reformulada em verdadeiras operações de guerra contra o atraso e a ignorância. A despeito dessa insistência, e talvez por isso mesmo, ela não deixou nunca de ser um desejo utópico de uma sociedade mais justa, pacífica e feliz.

Por isso, talvez seja hora de imaginá-la, num mundo por vir, como um sonho menor. Sim, um sonho minúsculo, fugaz e incerto, igual a todos aqueles que povoam nossa imaginação onírica: imprecisos, etéreos, incoerentes, eróticos. Mas não pensemos apenas em imagens idílicas. O sonho deflagra um descontrole imprevisível e incontrolável: uma potência do corpo que não pode ser policiada porque escapa a todas as normas de segurança. O sonho é desordem, e embora possa ser enredado pela funesta colonização policial-freudiana com seus intermináveis dramas que tudo explicam, ele não deixa nunca de ser uma fonte criadora de estranhamentos incessantes. O sonho em caixa-baixa, portanto, não é uma construção passível de exegese, mas uma experiência rigorosamente da ordem da vida. Ele é a própria criança que desmonta e remonta o mundo em sua imaginação.

Isso porque o sonho, com a frágil ingenuidade de sua potência, pode desarmar (ao menos por algum tempo) as armadilhas de nossa racionalidade saturante. Sam, o burocrático personagem de *Brazil*, descobriu essa vereda perigosa e, a partir dela, investiu todas as suas forças para se esgueirar dos grilhões do poder vigilante. Em seus sonhos, ele tinha asas e descobria a sensual periculosidade de uma mulher. A partir do sonho, ele se fez corajoso. E, mesmo na cadeira de tortura, ele teve tempo de sonhar uma última vez e fugir de seu algoz.

Na matéria movediça dos sonhos, a verdade nunca finca raízes eternas. Neles, o tempo e o espaço são fluídos, itinerantes, nômades, e carregam aquela pequena epifania encontrada também, uma vez ou outra, nos versos, nos acordes, no toque da pele, nas invenções fugazes da arte. Porque a arte, na maioria dos casos, é igualmente feita de sonhos ínfimos, microscópicos, delirantes que emergem, justamente, no espaço intervalar de sono e vigília, de razão e loucura.

Se "educar" significa recompor nosso legado cultural aos mais novos, devemos, talvez, abandonar a ideia de educação como uma grande-utopia-universal-de-progresso-e-felicidade. A utopia como esperança de liberdade e redenção é prima-irmã do fascismo e de sua racionalidade totalitária. Em nome dela, praticaram-se pequenas e grandes atrocidades ao longo da história moderna. Com relação a isso, Foucault (1995, p. 233) é enfático: "A relação entre racionalização e os excessos de poder político é evidente. E não deveríamos precisar esperar pela burocracia e pelos campos de concentração para reconhecer a existência de tais relações". Mas o que fazer diante de fato tão evidente?, pergunta o filósofo. A resposta é precisa: estranhar e interrogar nosso mundo com suas práticas racionais de individualização e totalização, suas formas de vida, seus regimes de verdade. "Talvez o mais evidente dos problemas filosóficos seja a questão do tempo presente e daquilo que somos nesse exato momento. Talvez, o objetivo hoje em dia não seja descobrir o que somos, mas recusar o que somos. Temos que imaginar e construir o que podemos ser. (...) Temos que promover novas formas de subjetividade através da recusa deste tipo de individualidade que nos foi imposta há vários séculos" (Ibid., p. 239).

Se estamos aqui evocando uma recusa à universalidade da razão moderna, o fazemos sem a intenção de instaurar uma dicotomia entre ela e o seu contrário. Não nos cabe julgá-la, dizia Foucault, mas estranhar o absolutismo e a naturalidade dessa forma histórica de organizar o pensar, o dizer, o agir. Nesse sentido, o onírico não deve ser tomado como antítese ou avesso da razão, mas como um deslocamento para além do jogo dicotômico dos binarismos irremediáveis como razão/loucura, real/ficção, verdade/falsidade, esclarecimento/ignorância. Ele é de outra linhagem, simplesmente. Ele é força bruta que nos arrasta para longe e nos faz perceber uma multiplicidade de lugares possíveis. Ele é um espaço heterotópico, que não está fora, mas que já existe, que é efetivo nos corpos.

As heterotopias nos proporcionam a força para pensar o ainda não pensado e, sobretudo, sugerir que "o-que-é" poderia "não-ser-mais-o-que-é". Elas são aventuras de estranhamentos, pasmo e alegria e têm "o papel de criar um espaço de ilusão que denuncia como mais ilusório ainda qualquer espaço real, todos os posicionamentos no interior dos quais a vida humana é compartimentalizada" (Foucault, 2001, p. 420). E isso sem promessa de redenção nem descrença apocalíptica, visto que não pretendem definir um caminho ou apontar um futuro melhor. Elas são tão somente reservas inesgotáveis de imaginação. Um lugar sem lugar. Um flutuar que inventa percursos, descobre lugares e não deixa pegadas.

Recusar e *imaginar*, sugeriu o filósofo-soldado com suas efêmeras ideias em forma de fogos de artifício. Deslocar-se. Não como fuga, ou distanciamento, mas como arma para resistir, inventar, criar. Navegar outras rotas, experimentar novas paragens, abandonar o já traçado por cínicas promessas e esperanças frustradas. Sem cartilhas, matrículas, cadernos, castigos, avaliações, diplomas ou lição de casa. Sem escolas. Para que insistir em práticas cúmplices ou reprodutoras dos pesadelos produzidos pela racionalização moderna? Seriam elas irrevogáveis? É óbvio que não. Tentemos, pois, nos valer dos sonhos e da imaginação para duvidar da própria ideia vigente de educação escolarizada com suas belas utopias e suas bélicas tecnologias. Afinal, ela é determinante nos processos de subjetivação apontados por Foucault, estes tidos como alvo maior da nossa recusa. A educação moderna é uma estratégia de guerra por excelência e as escolas não deixam nunca de ser miniaturas de campos de concentração recheadas de boas intenções.

Cumpre, então, recusá-la? Sem dúvida. Mas caberia a nós propor como ela deveria ser? No limite, imaginá-la como delírios oníricos que não precisassem de abrigo na moral do "dever ser", mas na contingente e poderosa dúvida de uma conjugação outra, um verbo composto: *poderá-vir-a-ser-por-acaso*. Desse modo, a "educação por vir" não será sequer educação, porque a própria palavra terá perdido seu significado e será esquecida em antigos dicionários de uma língua que ninguém mais conhecerá. Perder o nome para ganhar outra vida. E, para além das desgastadas paredes escolares, poderá haver apenas um fluxo inominável. E nossas crianças aprenderão, quem sabe, a duvidar (oniricamente) de si mesmas, do *cogito*, de suas formas de vida, de seus valores e, sobretudo, da geometria e da gramática modernas. Porventura, perceberão que tudo pode ser de outro modo. Basta inventarmos suas formas. Basta forjarmos novos modos de vida e de pensamento, de linguagem e de corpo. E a nossa pequenina expectativa talvez seja apenas a da certeza de que as crianças zombarão de tudo aquilo que nós, por tanto tempo, defendemos desesperadamente como sendo nossa verdade, nossa pedagogia, nossa esperança. O que ainda não tem nome poderá ser um continente possível de desconhecidas criações/desconstruções/reconstruções, uma incursão ao labiríntico universo de Kafka, Beckett, Borges, sem a tolice do embusteiro SONHO do "futuro melhor" e de todos aqueles valores universais abstratos que despontam como uma grande metafísica naturalizada no senso comum.

O porvir poderá ser, portanto, um devir onírico, minúsculo. Em algum lugar de um século qualquer. Porque, apesar das guerras e das escolas, as crianças estão por aí. E, como já nos ensinava Nietzsche (1983, p. 214): "Inocência é a criança, e esquecimento, um começar-de-novo, um jogo, uma roda rodando por si mesma, um primeiro movimento, um sagrado dizer-sim. Sim, para o jogo do criar".

GATTACA*: ENTRE O QUERER E O QUERER NÃO

Adelia Pasta

Vincent é o primogênito gerado num ato de amor mundano e apaixonado. No instante de seu nascimento, oráculos com brancas roupagens declaram que seu coração é fraco e anunciam o prognóstico. 60% de possibilidade de problemas neurológicos, 42% de depressão, 89% de distúrbios de concentração e 99% de doenças no coração, com expectativa de trinta anos de infortúnios.

Em tempos tão incertos, futuros pais razoáveis recorrem a cientistas-magos que proporcionam algumas condições essenciais ao filho a ser gestado: cor dos olhos, coração forte, inteligência e outras características que podem ser arranjadas. Assim ocorre na concepção de seu irmão, Anton, inteligente e forte, dotado de capacidades que justificam os investimentos de sua família e de um projeto de Estado, uma vez que é comprovadamente competente para executar tarefas que exigem habilidades complexas, tais como comandar pessoas como seu irmão mais velho.

Vincent cresce como um fraco: míope, franzino, do tipo que prefere livros, embora saiba nadar a ponto de competir com seu irmão mais novo. Alto e forte, Anton sempre vence. O pequeno fraco decide ser grande, um astronauta, ignorando o fato de que pessoas como ele fazem parte de uma

---

* Direção e roteiro: Andrew Niccol. Título original: *Gattaca*. Ano de lançamento (EUA): 1997.

casta inferior, dos que limpam e preparam tudo para que os fortes conquistem a máxima realização de sua potência.

Está sempre a ler livros de astronomia. Um doido. Acreditam, sobretudo seus pais, que não conseguirá ir além de limpar os banheiros das plataformas de lançamento de foguetes. O pequeno exercita a natação e, surpreendentemente, um dia vence seu irmão numa disputa no mar. Conclui então que é hora de sair de casa, em busca do que quer.

Limpa ruas e banheiros até chegar às divisórias de vidro e aos carpetes do lugar escolhido: Gattaca, uma plataforma de lançamento de foguetes. Espaço rigorosamente organizado e higienizado, onde as coisas estão dispostas para que cada um se mantenha em seu lugar. Na ampla sala com computadores individuais figuram pequenos nichos, como colmeias ocupadas por pessoas concentradas na tarefa de projetar trajetórias em espaços desconhecidos. O teto desse lugar permite avistar os incineradores que lançam os foguetes ao espaço. Nos limites dessa área veem-se pessoas que limpam ciosamente, aspirando resíduos de pele e de pelos humanos; sempre há os que não escapam dos jogos do acaso.

Corpos resolutos circulam, entram e saem deixando a marca das digitais que os identificam: é preciso garantir a segurança daquele mundo. Assim, apenas indivíduos considerados "válidos", nome dado para os que foram planejados pelos geneticistas, têm permissão para entrar. Uma sala é destinada aos exames de sangue e de urina, realizados periodicamente em todos os membros de Gattaca para checar suas identidades e sua boa capacidade física. Nesse lugar não basta que o corpo pareça saudável e potente: há que ter coração forte, cérebro bem conformado, ausência de quaisquer tendências a depressões, distúrbios de concentração ou outras determinações genéticas problemáticas. Há que ser vigoroso e apresentar indubitáveis provas de longevidade, pois não se admite quaisquer riscos nas jornadas rigorosamente planejadas, de alto custo.

Para ser aceito o frágil *Vincent Anton Freeman* recorre a um pirata genético, que o conduz a *Jerome Eugene Morrow*, ex-campeão de natação, portador de um mapa genético de primeira linha e que se transformou num pária. Após obter um insuportável segundo lugar numa prova, torna-se paralítico por ter se atirado na frente de um carro. Vende sua identidade a Vincent, que usa seu nome, sangue, pelos e urina para ser aceito em Gattaca.

Após um período de convivência, marcado por exercícios e operações cirúrgicas, Vincent se encontra em condições de ser o outro, e organiza sua vida para incorporar Jerome Morrow. A partir de agora existem Eugene, o doador, e Jerome Morrow, o receptador, que experimentam uma associação intensa. Para sustentar tal projeto, Eugene se dedica a coletar diariamente seu sangue e urina, além de escamas da pele e fios de cabelo, artifício que assegura a permanência de Jerome Morrow em Gattaca. Já não se trata apenas de realizar o projeto de Vincent. Os dois, Jerome e Eugene, constituem a síntese de um plano de resistência, ou de qualquer coisa capaz de produzir outros devires.

Então em Gattaca um crime acontece: alguém é assassinado numa investida em que um teclado de computador é usado como arma, e um processo de investigação é imediatamente acionado. Nessa altura Jerome é um competente astronauta em Gattaca, que traça planos para atingir Titã, 14ª lua de Saturno. A investigação de tal crime ameaça a manutenção de sua atual identidade.

Filme de ficção científica realizado em 1997, com roteiro e direção de Andrew Niccol, *Gattaca* agrega o gênero policial, numa trama que inclui um assassinato e perseguições. Assistimos também ao drama familiar representado pela rivalidade entre os irmãos Vincent e Anton, além do romance entre Jerome e Irene. O totalitarismo, presente na sociedade eugênica então ambientada, distribui a população em castas por meio da prática do geneoísmo (preconceito genético). Tal sociedade é sustentada por dispositivos de segurança, de controle e de vigilância, possíveis tanto pela sofisticação da técnica como pela aplicação do avanço do conhecimento científico com vistas à suspensão da imprevisibilidade da vida. Mas o percurso do herói-narrador de corpo frágil e predestinado a limpar banheiros surpreende, a partir do momento em que desafia, em meio a mares agitados e associações inusitadas, um destino traçado.

Para lançar problemas sobre as implicações entre o campo educacional e o processo de produção do sujeito contemporâneo, será necessário tomar *Gattaca* não apenas como uma narrativa fílmica que expõe formas de sujeição política pela via do controle biopolítico, mas também como anúncio de resistências possíveis. Vale sublinhar que não se trata de imaginar implicações futurísticas a partir do filme, mas de tomá-lo como ocasião que põe em causa as ontologias do presente a partir de tecnologias que fomentam práticas de si. Assim, interessa ressaltar possibilidades de resistência e de produção de novos sentidos nas formas de subjetivação contemporâneas, particularmente aquelas que emergem das práticas educacionais.

Trata-se de não silenciar diante de determinismos, mas de capturar movimentos e práticas engendrados a partir do foco na cultura do corpo, sublinhando aqueles carregados de potência para a constituição de um eu ético, na medida em que se voltam para um cuidado de si. O sentido atribuído à ética aponta para as práticas racionais de liberdade em torno do imperativo "cuida-te de ti mesmo" (Foucault, 2004a).

Ao problematizar as tecnologias de si, Foucault situa as práticas sociais em relação a determinadas perspectivas políticas de subjetivação. Essas técnicas permitem que o indivíduo efetue operações sobre seu corpo, alma, pensamento, condutas e modos de ser para alcançar a felicidade, a pureza, a sabedoria, a perfeição ou a imortalidade (Foucault, 2004b). A ascese — um conjunto de práticas e disciplinas caracterizadas pelo autocontrole do corpo e do espírito, na perspectiva do cuidado de si — é compreendida como experiência ética que constitui subjetividades na medida em que favorece a soberania de si sobre si mesmo. Essa é a substância ética do cuidado de si: a maneira pela qual o indivíduo constitui parte dele mesmo como matéria principal de sua conduta moral. Segundo o autor, a perspectiva ética das técnicas de si perdeu parte de sua importância e de sua autonomia quando foram integradas ao exercício do poder pastoral, no cristianismo, cujo sentido se volta para renúncia de si que, mais tarde, constituiu as práticas médicas, psicológicas e educativas. Assim, somos herdeiros da moralidade cristã, que faz da renúncia de si condição para a salvação.

Os encontros entre Jerome-Eugene são marcados por rotinas que poderiam ser pensadas como rituais ascéticos motivados pela vontade de ultrapassar determinado estado de coisas. Tais movimentos são constituídos pela negação de uma moral acanhada e colocam em jogo, no limite, a vida constituída em tais termos. Pode-se imaginar que a urina, o sangue e a escovação constituem fluidos e restos corporais oferecidos como tributo ao fogo, ao ar e ao mar; elementos do exterior que numa superfície contínua se dobram produzindo corpo-mar, corpo-fogo, corpo-ar.

Na sequência final assiste-se, simultaneamente, à projeção de um foguete e ao forno que incinera, dispositivos que conduzem Jerome-Eugene a diferentes espaços, "embarcações como interior do exterior" (Deleuze, 1988, p. 130). Um é lançado em direção a Titã, como se estivesse indo para a casa; o outro, ao espaço onde encontra a desintegração e, finalmente, o nada.

Lancemo-nos, pois.

Viver é muito perigoso...

Cada um de nós é potencialmente portador de uma ou mais morbidades: problemas cardiovasculares, distúrbios sexuais ou de fertilidade, tendência para desenvolver câncer, dependência de tabaco, álcool ou outras drogas; propensão a alergias, asma ou a doenças autoimunes; síndromes de origem genética, disfunções visuais ou auditivas, problemas com a memória, dislexia; diferentes transtornos, como depressão, pânico, obesidade, anorexia, hiperatividade, bipolaridade. O leque de possibilidades é sem limite. Qualquer um de nós que fosse submetido, ao nascer, a um mapeamento genético — desde que não tenha sido planejado com o possível rigor científico — enfrentaria ao menos uma dessas sentenças, ou ainda outras. O mapa destacaria o que se configura como risco em cada tempo e espaço.

É preciso controlar, ainda, a disseminação de doenças infectocontagiosas, tais como Aids, HPV, gripe, febre amarela, dengue, tifo, tuberculose e outras pestes que trazem riscos à população, alvo de forte ação preventiva e sanitarista derivadas de estratégias políticas para controlar os "eventos fortuitos que podem ocorrer numa massa viva" (Foucault, 1999, p. 297). O controle das epidemias e de outros males a que os indivíduos estão sujeitos é fundamental para que a razão de Estado se efetive, governando as populações a partir do princípio da segurança. Estado que se constitui a partir de práticas "que fizeram efetivamente que ele se tornasse uma maneira de governar, uma maneira de agir, uma maneira também de se relacionar com o governo" (Foucault, 2008b, p. 369).

As condições de governo são possíveis por meio de forças de diversas naturezas, sobretudo daquelas que advêm dos estudos estatísticos — que evidenciam o número de mortes, de nascimentos e as alterações demográficas (fluxos migratórios, por exemplo) —, bem como da pesquisa científica e da ampliação e especialização dos campos de conhecimento da medicina e das ciências afins. As ações preventivas, apoiadas pela criação de um complexo aparato de segurança — a fim de interferir em atos isolados ou coletivos com potencial teor de risco — legitimam e asseguram a entrada do Estado na vida de cada um de nós. Tudo isso é apoiado por um artefato policial e jurídico que necessariamente se atualiza, na medida em que novos problemas são configurados.

É preciso pensar sobre as formas que a biopolítica assume num Estado de direito. Argumentos, discursos e práticas — sustentados por concepções científicas, humanistas e democráticas, com a finalidade de promover o bem-estar e a felicidade da população — trazem para nossas existências individuais e coletivas as palavras de ordem da segurança e bem-estar como reguladoras das relações, legitimando políticas que incidem sobre a população. Paradoxalmente, como garantia da segurança emergem campos anômicos, segundo os quais indivíduos ou grupos passam a existir sob a lógica da custódia e da ausência de direitos.

Este Estado governamentalizado está em constante atualização, desde que a população, e não mais apenas o controle dos territórios, passa a ser objeto de sua jurisdição. Tem início, então, uma história de contínua e crescente política de codificação das multidões e, como consequência, do corpo do indivíduo, em nome do favorecimento da vida, da saúde e da segurança. Desde então, as linhas de força da disciplina e da biopolítica, lado a lado, produzem condições de governamentalidade, amparadas por técnicas de individualização e de totalização, num duplo golpe.

Um dos elementos que promove a combinação "segurança-prevenção" surge da tecnologia pastoral, regulada pelos princípios da salvação de cada um e do rebanho, por meio da obediência às leis e pela investigação de verdades ocultas. Hoje, a técnica de governo pastoral é executada por meio de campanhas, públicas ou privadas, que têm em vista a salvação aqui e agora. Tais campanhas, veiculadas por diferentes mídias e elaboradas por pastores muito convincentes, procuram incitar a conquista da produtividade, tecnologia, riqueza, boa saúde e qualidade de vida, sempre com segurança e proteção, como sinônimos de salvação. Encurralados por vínculos sociais constituídos igualmente de forma pastoral, somos testemunhas-cúmplices de um processo crescente de biopsicologização da vida, que alimenta o arsenal discursivo das práticas contemporâneas.

Assim, hoje o corpo codificado é objeto de monitoramento constante em seus movimentos espaçotemporais e em suas diferentes formas de existência. Assistimos a um movimento de hipercodificação, resultado da identificação e do controle dos desvios que ameaçam a segurança social e individual; tal movimento é responsável pela produção de corpos similares a coisas expostas que enunciam mensagens preditivas e prescritivas, incompatibilidades e perigos para o indivíduo e para a sociedade.

Segundo Jean-Jacques Courtine (2008, p. 7), em sua introdução ao terceiro volume de *História do corpo*, "O século XX é que inventou teoricamente o corpo". Esse autor credita à psicanálise, à fenomenologia e à antropologia o aparecimento do corpo como objeto que constitui enunciados sobre o homem. Saberes provenientes da filosofia, da psicanálise, da antropologia e, sem dúvida, o avanço das ciências biológicas contribuíram para um processo que parece longe de ter alcançado sua culminância. De acordo com esse mesmo autor, a criminalística, no século XIX, avançou graças à possibilidade de "medir a periculosidade de acordo com o impacto aparente das fisionomias, que relacionam a ferocidade concreta dos comportamentos à suposta ferocidade das morfologias"

(Courtine e Vigarello, 2008, p. 341). Desde então o corpo vem sendo esquadrinhado na perspectiva não apenas da cura, mas especialmente da prevenção. Tais exames e diagnósticos articulam potentes modos de subjetivação, na medida em que identidades são afirmadas a partir dos "indícios que autenticam uma pessoa" e despertam "inquietantes vontades de controle e de suspeição" (Ibid., p. 342).

O exame, que "está no centro dos processos que constituem o indivíduo como efeito e objeto de poder, como efeito e objeto do saber" (Foucault, 1987a, p. 160), combinando vigilância hierárquica e sanção normalizadora, ganha novas configurações na medida em que agrega os conhecimentos da biotecnologia. À anatomia do corpo são adicionadas novas dimensões e camadas, da pele aos órgãos internos, das células à sua constituição genética. Potencializam-se as "funções disciplinares de repartição e classificação, de extração máxima das forças e do tempo, de acumulação genética contínua, de composição ótima das aptidões" (Ibid., p. 160). Vive-se um processo de hiperdisciplinarização desde a gestação: mapeia-se, diagnostica-se, prognostica-se e intervém-se. Indivíduo e espécie, disciplina e biopolítica articulam múltiplas estratégias de governo e suscitam a responsabilidade de cada um pelo autogoverno. Uma sentença geral poderia ser enunciada como síntese: devemos nos tornar rigorosos e competentes peritos/policiais de nós mesmos.

A tecnologia pastoral exerce, nesse quadro, uma função altamente disciplinadora e individualizante, ao mesmo tempo que é totalizante. A salvação se alcançaria por meio da internalização do primado da segurança como elemento regulador da existência. As relações sociais são atravessadas por formas de manifestação da autovigilância, seja por confissão de culpas ou por promessas de bom comportamento em relação aos nossos corpos. O poder que dirige condutas, governo que pretende sujeitos "cujos méritos são identificados de maneira analítica, de um sujeito que é sujeitado em redes contínuas de obediência, de um sujeito que é subjetivado pela extração da verdade que lhe é imposta" (Foucault, 2008b, p. 243), está em constante processo de configuração. Nunca acabado, sempre aberto para as novas estratégias que evitam as ameaças oferecidas, quem sabe, pela contingência.

A trajetória de Vincent e de Eugene em Gattaca nos convoca a pensar sobre como agem as forças que confluem para a produção do que somos hoje, ou como podemos nos transformar em reféns de políticas identitárias e totalizantes, mais competentes e eficazes quanto mais espraiadas e dissolvidas. Trata-se de tomar posição frente às estratégias e tecnologias de poder em ação que agenciam bioidentitariamente a existência do sujeito contemporâneo.

Pertencemos todos a algum grupo de risco, pelo simples fato de estarmos vivos. Ao mesmo tempo que somos instados pelas políticas de prevenção, lidamos, como consumidores, com infinitos convites sedutores que nos acossam e nos incitam a encontrar a felicidade em objetos que nos levam a ter uma vida gorda, sedentária e perigosa.

No confronto com tais forças estamos sempre na contramão, correndo riscos pelos quais somos responsabilizados. Nunca fomos tão autônomos, disciplinados, obedientes e passivos diante do pastorado tecnocientífico. Se não aderimos a ele, aderidos estamos, pois mais cedo ou mais tarde os efeitos de tais artimanhas nos alcançarão. Ou não.

A resistência como política do viver

Des-criar não significa apenas inventar o que não existe, mas sobretudo saber lidar com o que aí está, de maneira que seja possível levar a cabo uma vida singular e, talvez um tanto mais potente. Não exclusivamente do ponto de vista privado, mas de um modo que inclua, provocativamente, a vida pública como uma ágora em potencial, que estaria sempre prestes a explodir para virar outra coisa. Des-criar pode acontecer quando desfazemos um discurso qualquer ou quando praticamos de outra maneira algo que sempre aconteceu de uma forma que se pretende estabilizada. Agamben (apud Pelbart, 2008, p. 22) afirma que resistir

> é antes de tudo ter a força de des-criar o que existe, des-criar o real, ser mais forte do que o fato que aí está. Todo ato de criação é também um ato de

pensamento, e um ato de pensamento é um ato criativo, pois o pensamento se define antes de tudo por sua capacidade de des-criar o real.

Desarranjar, deslocar, destonalizar, desarmonizar, desfigurar: formas de resistência que passam por um posicionamento político, por um deslocamento das vontades fáceis em nome das escolhas afetivas, corporais e sociais desejantes. Interessantes.

Aguentar a dor ou tomar um analgésico e dançar? Entregar-se ao banquete ou jejuar? Consumir ou fruir? A vontade ou o gozo? A impermanência ou o futuro? Assentir ou afirmar o que advém pela negação?

A trajetória de Vincent em *Gattaca*, e sua transmutação em Jerome, evoca possibilidades de resistência; solitárias, ainda que coordenadas a outros movimentos. A resistência engendrada por Vincent e Eugene não se constitui contra um grande inimigo central, mas contra uma prática social. No caso, contra a prática da eugenia promovida pelo mapeamento genético, que determina destinos e identidades. Mas também contra uma prática pastoral, sustentada por discursos científicos que dirigem nossas condutas e promovem a vida obediente.

O protagonista, ao recusar sua bioidentidade, age de maneira determinada e aciona um movimento de contraconduta. Trata-se da trajetória de alguém que não se põe ao lado dos que renunciam. A potência de Vincent se materializa pelo não, presente em cada ato de sua trajetória, dando lugar a um vir a ser. As práticas corporais de Eugene, que recolhe cotidianamente seus fluidos para doá-los a Vincent que, por sua vez, assume regimes de escovação de sua pele e de limpeza de seus pelos, nos remetem às asceses que levam ao domínio de si e do mundo, definindo um movimento de resistência num plano ético-estético.

Há uma cena em que Vincent-Jerome realiza uma prova de resistência na esteira, quando seu coração é monitorado. As batidas controladas pelo monitor são efeitos da pulsação do coração de Eugene, que Vincent carrega gravadas no peito. Acontece que a fragilidade de seu coração, que quase não resiste a tal prova, fica muito perto de ser desvelada. Numa certa altura, o fio que liga o monitor à gravação escapa e o médico que acompanha o teste ouve, por um segundo, o verdadeiro coração de Vincent quase explodindo. Tudo volta rapidamente ao normal e mais tarde ficamos sabendo que Vincent contou, o tempo todo, com a cumplicidade do médico.

Há várias ideias nessa cena. A primeira é a do emprego da tecnologia contra o controle. Assim, não seria o caso de demonizar o avanço tecnológico ou científico obedecendo a uma lógica ressentida que remete à perda de uma suposta natureza humana essencial. A medicina é capaz de prever, evitar, diagnosticar e curar, e a tecnologia, capaz de realizar. As pesquisas que levam ao mapeamento genético caminham a passos largos e não há limite para tais avanços. A questão é: o que estamos fazendo de nós quando nos movemos na lógica da segurança, ou quando forjamos, sem pestanejar, nossas bioidentidades? A segurança bioidentitária não guarda espaço para vontades nem para experiências, apenas para os movimentos estereotipados que evitam o risco.

Vincent, suportando a fadiga na esteira, não se submete aos diagnósticos realizados por mapas de quaisquer espécies. Por outro lado, a realização de seu sonho depende da alta tecnologia, dela se servindo para escapar do destino traçado. Ele almeja mais vida, mesmo que fugaz.

A cena evoca, ainda, o encontro entre diferentes linhas de resistência. Nesse caso, a improvável cumplicidade do médico que o monitora evidencia que a resistência — na forma do silêncio, da afirmação do não ou como contraconduta — é imanente aos jogos de poder, engendrando maneiras impensadas de produção de subjetividades, esculpidas a partir de uma relação consigo não normalizada. A presença observadora e silenciosa do médico agregou forças para a criação de outros fluxos, fabricados entre generosidades sutis, capazes de transtornar uma suposta ordem em Gattaca.

Por último, Vincent participa de uma prova — a corrida na esteira — ao lado de outros que se esforçam tanto quanto ele para superar limites. A dimensão ético-política de seus atos o diferencia na medida em que sua ação tem o potencial de produzir um esgarçamento da lógica do controle e da segurança, explodindo determinismos biopolíticos. Há disciplinamento e vontade de superação em ambas as experiências na esteira, mas enquanto uma é informada por um cenário ético-estético, a outra é caracterizada pelo individualismo e intimismo, em "que se perde o mundo e se ganha o corpo" (Ortega, 2003, p. 73). Não esqueçamos que Vincent é seu corpo, que somos o que se diz sobre nosso corpo e, sobretudo, somos o modo como nosso corpo se conforma ao que se diz. Tal leitura produz uma torção fundamental quando se trata de pensar sobre os pilares que sustentam as práticas escolares.

A perspectiva política incita uma leitura em que se pode evidenciar a potência afirmativa do *não* como invenção-desinvenção de formas outras, ainda que fluidas e fugazes, possíveis por meio da combustão, cujo ato não prescinde de uma ação que afirma e nega, num mesmo movimento. Para produzir outra escultura-pensamento do corpo é preciso combustar práticas e incitar o pensamento por meio da palavra. A tríade resistência-pensamento-linguagem seria capaz de arrancar o corpo de uma existência fraca, exposta a políticas identitárias fascistas, e produzir singularidades-quaisquer, o que poderia advir da restituição da linguagem à experimentação livre dos homens: decodificar e transtornar referentes tecnocientíficos, politizando-os. Entre a linguagem codificada e uma outra, não se sabe, enfrenta-se o indizível, a ser inventado como ato de pensamento no interior da linguagem: "A tinta, a gota de trevas com que o pensamento escreve, é o próprio pensamento" (Agamben, 2007b, p. 11).

Tal invenção passaria pela potência do não: "de não (fazer ou pensar alguma coisa) pela qual se afirma a tabuleta em branco não apenas como estágio prévio à escrita, mas como sua descoberta última" (Pelbart, 2008, p. 18). Entre a potência de ser e a de não ser — ou de não fazer — reside a linguagem como experiência da vontade. A restituição, à subjetividade, da dimensão da infância, da contingência, possibilidade e hesitação, abre brechas para a ação de um corpo forte, ainda que de coração fraco.

A afirmação "aquele que caminha tem a potência de não caminhar e aquele que não caminha a de caminhar" (Aristóteles apud Agamben, 2007b, p. 36) traduz o contingente. Assim, entre o possível, o impossível e o necessário, há a possibilidade de querer e de querer não. A potência imanente ao contingente incita o pensamento, ação da linguagem capaz de criar e des-criar.

É necessário, neste ponto, retroceder ao primeiro movimento deste texto. O corpo de Vincent foi descrito como efeito de duas possibilidades: tanto da operação do controle biopolítico como da ação ética pautada pelas práticas de cuidado de si. O primeiro movimento ressalta a biopolítica em associação com a disciplina no engendramento das políticas que incidem sobre os corpos, sublinhando a emergência de um processo de hiperdisciplinarização, como efeito das práticas voltadas para a segurança e prevenção de riscos, o que resulta em processos de produção de subjetividades bioidentitárias. Os outros movimentos são possíveis na medida em que diferentes formas de resistência são forjadas, que apontam tanto para as práticas voltadas para uma ética do cuidado de si como para as afirmações que se dispõem a negar; des-criar para, talvez, criar outras possibilidades. Neste momento fez-se um giro que traz a linguagem, enquanto forma de experiência do pensamento, como o que impulsiona formas de resistência. O contingente, elemento fundamental da experiência, é disparador de possibilidades, dando lugar ao que vem.

Esta retomada pretende organizar a entrada das questões mais estritas ao campo educacional: os problemas de aprendizagem, as hiper ou hipoatividades, os déficits de atenção e outros emblemas que acompanham a relação dos alunos com a escolarização poderiam ganhar outras tonalidades e perspectivas, se tomadas como ocasião de potência. Neste caso, o foco se desloca da problemática do corpo para a da existência, de um vir a ser engendrado nas relações que cada um estabelece com o contingente.

É preciso indagar: em que medida incitamos nossas crianças — com seus corpos hipercodificados — a agir a partir da lógica do pastorado, que as leva às obediências cotidianas submetidas às verdades científicas e às decorrentes conduções de condutas, fabricadas pela ordem bioidentitária despotencializadora?

Somos capazes de (nos) esquecer para inventar outras palavras?

Para terminar, um cenário com protagonistas de um filme antigo:

não sei escrever o que penso tenho que ser poupado a professora nunca ouviu falar em hiperatividade ela sempre fala disso não consigo me concentrar tenho uma professora particular estou com dor de estômago o zé e o chico não param como posso imaginar que eles queriam que eu contasse a história será que ele não toma remédio a maria não se alfabetiza não sei mais o que fazer pensa que escreve mas troca todas as letras não vou escrever mais nada o joão é deprimido seu olhar está sempre perdido não consigo que ele faça suas tarefas espero que ela não me pergunte nada mas no pátio ele sempre joga bola ai que fome professora escrevi este bilhetinho pra você o marquinhos é terrível não obedece faz tudo ao contrário que vontade de fazer xixi se mando pegar o caderno fecha o caderno se mando abrir o livro finge que esqueceu em casa prefiro desenhar na carteira enquanto ela fala fala fala minha mão dói pra escrever vou encher a lousa assim eles ficam quietos desenho na carteira sem parar menino pare de falar menino fale agora você não sabe falar falação queria terminar de ler a história ai não me bate às vezes respondo qualquer coisa só pra ele me deixar em paz quieto no meu canto um dia saio daqui falta pouco pra me aposentar outro dia chutei a mesa até quebrar nem sei porque quero encontrar meu amigo fico na sala depois que bate o sinal só pra esperar se ele olha o que fiz será que ele me ensina a tocar gosto da voz dela é linda me olha e sorri o cabelo é cheiroso será que vai gostar do que escrevi não me olha nem sorri não aprendeu ainda que é com cedilha penso em avião nem sei sobre o que ela falou ouvi falar de um cara chamado vincent foi pra lua num foguete não não era a lua era titã era num filme chamado Gattaca.

Argumento: des-criar, inventando um corpo-potência por meio de linguagem-pensamento. Ou não.

A VIDA ALÉM: A VIRTUALIDADE NA TRILOGIA *MATRIX**

Guilherme Ranoya

Estragando qualquer suspense na trilogia *Matrix*, sua história se desenrola em um tempo chamado "A Segunda Renascença", período de nascimento da inteligência artificial. O conflito entre seres orgânicos e seres artificiais se inicia a partir do momento em que estes últimos se dão conta do lugar a eles destinado por seus criadores.

Após a revolta de um robô-escravo, as máquinas inteligentes passam a ser gradativamente destruídas. Segregadas pelos seres orgânicos, fundam sua primeira — e única — cidade, "01", em meio ao deserto do Oriente Médio. "01" não para e torna-se um incessante parque industrial, produzindo bens de consumo em geral. O relacionamento entre "01" e o resto do mundo leva a economia global a um colapso. Sanções, embargos, barreiras alfandegárias... Nenhuma medida é suficiente para impedir o inevitável: o conforto provido pelas máquinas, o consumo desenfreado e a comodidade humana culminam em uma sociedade viciada, inapta e

---

* Direção e roteiro: Andy Wachowski e Larry Wachowski.
Título original: *The Matrix*. Ano de lançamento (EUA): 1999.
The Matrix reloaded. Ano de lançamento (EUA): 2003.
The Matrix revolutions. Ano de lançamento (EUA): 2003.

sem escapatória, que não pode perdurar sem as máquinas e tampouco pode viver em sua companhia. Guerra.

Antes de iniciarem um genocídio, não pouparam esforços e planos econômicos para uma convivência estável e civilizada, interpretados pelo limítrofe mundo orgânico como seu último e maior insulto. A superioridade intelectual e militar do adversário exigiu um ato de desespero: a operação "tempestade negra", que isolou o planeta dos raios solares, a fonte primária de energia para "01". Esse golpe, em contrapartida, levou as máquinas a buscar energia em uma fonte aterrorizantemente alternativa: o próprio ser humano. Por meio da sentença "me dê a sua carne, e eu lhe darei uma nova expressão de existência", a sociedade humana sucumbe. Aprisionados em seus próprios corpos, os frágeis seres humanos acabam arados e cultivados em safras, como vegetais.

Um programa de computador, o "Arquiteto", é então incumbido de proporcionar uma realidade virtual na qual a humanidade passa a acreditar viver. Conectados a ela por cabos diretamente ligados aos terminais sinápticos, e sendo alimentados pelo necrochorume daqueles que acabaram perecendo, a humanidade permanece em um estado de hibernação, sem consciência de sua condição escrava. Uma simbiose entre as duas "espécies" acontece: enquanto os corpos humanos passam a prover energia na forma de calor para alimentar as máquinas, estas produzem uma grande ilusão no próprio cérebro de cada um, por meio da qual os homens supõem levar uma vida dócil, útil e pacífica, nos moldes daquela do fim do século XX.

Essa existência ilusória é aquilo que se chama "Matrix" (o grande programa vetorial capaz de controlar as interações dos indivíduos escravizados). Raros e escassos são os humanos livres, vivendo em condições mínimas, sem espaço para o excesso ou para o supérfluo. Resta-lhes apenas o essencial, medido economicamente, como nas trincheiras. Cada homem, cada mulher e cada criança livres tornam-se de suma e estratégica importância na luta contra as máquinas.

A vida concreta resume-se apenas à guerra para esses escassos habitantes de embarcações piratas que sondam brechas no sistema maquínico, ou para os também escassos habitantes de "Zion": a última cidade humana livre, escondida próxima ao núcleo do planeta arrasado. Como terroristas, invadem o *software* da "Matrix" na tentativa de minar a realidade virtual e fazer despertar cada vez mais efetivos para as linhas de frente contra o inimigo. Mas isso não deve ser levado em conta, já que a localização da cidade acaba descoberta, e esse resquício de mundo orgânico acabará sendo eliminado, impreterivelmente. Sem que soubessem, já haviam sido destruídos cinco vezes consecutivas. Apenas vinte pessoas haviam sido deixadas vivas para iniciarem uma nova cidade e um novo ciclo de caça: medidas necessárias de manutenção do plantio humano, que precisava da ilusão da liberdade para que toda a espécie não esmaecesse.

A ponte entre realidade e virtualidade não é de mão única, e nenhuma máquina desejaria habitar um corpo orgânico, uma vez que se trata de uma forma de existência da qual todas elas têm grande ojeriza. Odeiam seu cheiro, seu sabor, sua decadência e seu estado de decomposição. As máquinas inteligentes desprezam o mundo "real" porque aquilo que lhes sobrou não possuiria absolutamente nada digno de valor. O mundo artificial criado por elas, ou mesmo a reprodução virtual da vida cotidiana em meados do século XX, com suas pequenas falhas imperfeições inerentes, é tão superior à vida "real" que muitos libertos encontram-se à margem de um desejo de retorno à sua velha prisão.

Os três filmes da série *Matrix* propõem e insistem na tirania do mundo maquínico — de controle molecular, incessante, flexível e organizado/ coordenado de maneira eficiente e sofisticada — sobre o mundo orgânico, este molar, disciplinar, sólido, positivamente falível e estruturado de maneira bruta.

A obra se encerra com um tênue diálogo entre o "Arquiteto" e sua contraparte intuitiva, o "Oráculo":

> Arquiteto: *Quanto tempo você pensa que esta paz vai durar?*
> Oráculo: *O tempo que for possível. E o outros?*
> Arquiteto: *Que outros?*
> Oráculo: *Os que querem sair.*
> Arquiteto: *Obviamente serão libertados.*
> Oráculo: *Tenho sua palavra?*
> Arquiteto: *O que você pensa que eu sou? Humano?*

Nesse futuro sombrio, mesmo o sombrio perde seu significado: a concretude da vida e das coisas deixa de reger os sentidos. As cores das flores, a alegria da música ou o gosto da carne não passariam de uma ilusão programada num computador que estimula as devidas regiões cerebrais. Não há razão, entretanto, para chorar pelo céu arrasado; muitas auroras poderão ser inventadas em seu lugar — ainda mais belas, inclusive.

Na perspectiva de uma inteligência artificial, toda e qualquer realidade seria virtual, mesmo aquela tangível, do toque e do cheiro. Nela, o olho é desnecessário para enxergar; a mente vive livre; o corpo, âncora que conduz à morte, torna-se obsoleto.

Para que, afinal, apegar-se a um mundo em lenta putrefação? Por que acreditar que a "realidade" da natureza, que nos foi dada, é mais vital do que a realidade artificial que nós mesmos podemos inventar?

Para além de Platão

Como discernir entre o que é real e o que é virtual? Como discernir o que é vivo e pensante daquilo que é simulação? Ou, mais ainda: por que fazer tal distinção?

Nossos sentidos podem ser facilmente enganados; nosso julgamento, igualmente trapaceado. Por exemplo, se estivéssemos em um lugar onde não pudéssemos enxergar nosso interlocutor, mas este fosse capaz de responder a todas as nossas perguntas eloquentemente, haveria alguma diferença se estivéssemos tratando com uma máquina ou com um ser "vivo"? Esse é o "Teste de Turing", que define uma inteligência artificial.

Alan Turing é um dos cientistas mais importantes no campo da computação. O princípio que constitui um computador é conhecido como "Máquina de Turing", um equipamento capaz de ler informações, processá-las e devolver respostas. Em 1950, Turing desenvolveu um teste que definiu o marco zero para a pesquisa em inteligência artificial com base no tratamento de problemas não determinísticos: um programa/computador passaria no critério de inteligência artificial se, dirigindo perguntas a um grupo de pessoas e computadores escondidos, fosse impossível distinguir, pelas respostas dadas, quais interlocutores seriam humanos e quais seriam máquinas.

Outro cientista, o brasileiro Miguel Nicolelis, líder da equipe de pesquisa do Centro de Neuroengenharia da Universidade de Duke, EUA, foi capaz, em 2000, de ligar o cérebro de um macaco a um computador, tendo o símio conseguido jogar um videogame com o pensamento. Experiências semelhantes foram realizadas em 2007 com seres humanos, que as descreveram como uma sensação automática, como se imediatamente possuíssem um novo membro no corpo a que nunca tivessem acessado antes, e que, com muito pouco treino, fossem capazes de controlar o que estivesse conectado ao seu sistema nervoso.

O engenheiro de computação americano Ray Kurzweil dedica-se ao campo da "realidade estendida". "Realidade estendida", "realidade ampliada" ou "realidade amplificada" são termos adotados no campo computacional para designar a integração de processadores aos órgãos dos sentidos. Microchips integrados aos olhos, dispositivos integrados às papilas gustativas ou mesmo à musculatura, sensores integrados aos nervos em geral: toda uma parafernália eletrônica capaz de projetar imagens sobre e além da realidade que vemos, projetar gostos ou odores às coisas que experimentamos. Acrescente-se a isso a incorporação de nanorrobôs transitando em nossa circulação sanguínea, capazes de combater a formação de cânceres, deficiências imunológicas, traumas, ou mesmo pequenas falhas. Parece realmente ficção científica, mas em 2008 cientistas da Universidade da Califórnia em Berkeley publicaram artigo na revista *Nature*, apresentando um dispositivo capaz de ler o cérebro humano para reproduzir imagens do que a pessoa estaria vendo, ou mesmo sonhando, por meio de ressonância magnética.

Por meio da "realidade estendida", por exemplo, temos casos desde médicos capazes de observar o interior dos corpos de seus pacientes como se estivessem abertos (valendo-se de informações obtidas por tais nanorrobôs e dispensando os procedimentos cirúrgicos), até "banalidades", como a projeção de propagandas, a projeção de mapas, a sinalização de trânsito e guias de rotas alternativas para driblar o trânsito das metrópoles, alimentados pelos centros de controle e engenharia de tráfego viário.

Ali, os objetos que vemos não estão realmente lá. São apenas frutos da computação gráfica. Nesse mundo ambíguo, no qual nada é realmente o que parece ser, nossos sentidos e julgamentos podem ser trapaceados. Daí o fato de que não faltarão platonismos atualizados que combaterão esses ditos "novos males da sociedade": exércitos que busquem "a verdade", a realidade e a essência.

Em *Matrix*, tudo se dá em nome do "verdadeiro": uma abstração fundamentalista, afinal. Em busca dela, os personagens submetem-se às mais drásticas situações, rejeitando qualquer luxo, prazer ou conforto que a "ilusão" pode proporcionar. Para que a sociedade humana sobreviva, em nome da "verdade", é necessário que muitos homens-escravos sejam mortos pelas mãos de seus semelhantes. Para que a cidade de Zion sobreviva, como epicentro da superioridade da "verdade", são necessárias muitas máquinas sob controle. Para que os homens livres sejam capazes de serem sujeitos da "verdade", atribuindo-se a obrigação de colocá-la em prática, torna-se necessário que eles estejam preparados e comprometidos em níveis subjetivos muito profundos. Em suma, têm de ser disciplinados, à moda militar. Coesos, uníssonos, porém, capazes de escapar por pequenas brechas e desobedecer a ordens por um bem maior.

Pois é diretamente contra essa tríade suprema — verdade/realidade/essência — que se dirigem a virtualidade, a inteligência artificial e a desmaterialização. "O virtual não se opõe ao real, mas sim aos ideais de verdade que são a mais pura ficção" (Parente, 1999, p. 24). Para demonstrar a grande farsa que essa tríade representa, há muito e sem o uso de qualquer efeito especial, já escrevia Nietzsche.

Em contrapartida, para os combatentes do virtual, *Matrix* talvez seja a nova bíblia, ao conceder ao "falso" um gosto ruim e ao afirmar que a amarga realidade é mais saborosa. Para eles, é preciso a cada um afirmar a verdade de si, apresentar quem se é realmente, no seu âmago. Nenhum rizoma lhes é permitido e nenhum anonimato lhes dá conforto, sendo-lhes vetada qualquer forma de decolagem para planos outros de existência que não remetam ao caminho natural ao qual todas as coisas estariam submetidas, uma hora ou outra.

Não obstante, tanto a "realidade estendida" quanto a "realidade virtual" fundam novos planos de existência. Se, para Deleuze (1992), o virtual se constitui por todo em um conjunto de possibilidades de coisas que poderiam vir a ser e suas problemáticas inerentes, para Parente (1999) e outros pensadores que continuaram a trilha deleuziana, o virtual é um plano de existência no qual essas possibilidades podem ganhar forma e se desenvolverem todas ao mesmo tempo. Trata-se de um lugar imaterial em que aquele que legisla é o falso, e não o verdadeiro. Em suma, planos não naturais, criados pelo homem e não por forças divinas ou naturais.

A diferenciação entre realidade "estendida" e "virtual" dá-se de acordo com o grau de artificialidade: enquanto a primeira propõe uma âncora que nos prende ao mundo "natural", legando à virtualidade simples acréscimos artificiais, a segunda nos oferece a total alforria da carne, do tangível e da "verdade", num mundo absolutamente novo, criado do zero, no qual as leis do mundo "natural" não têm, em princípio, qualquer preponderância.

A "realidade virtual" pode criar mundos nos quais nossos sentidos sejam insignificantes e novos sentidos possam ser inventados — mundos onde qualquer coisa que poderia vir a ser tenha sua oportunidade de vingar; onde nossa identidade e as verdades sobre nós mesmos sejam mutantes, instáveis e não identificáveis; onde possamos ser outros e diferentes em relação a cada um com quem nos relacionamos, sem que isso signifique um paradoxo. Nesses novos ambientes, as leis a que hoje estamos submetidos perderiam qualquer sentido e valor. Não haveria qualquer sujeito fixo, qualquer subjetividade sólida, qualquer sentido subjetivo como reflexo da alteridade. Trata-se, em suma, do exercício radical da liberdade, mesmo sem precisar seus limites e possibilidades.

Não se trata de uma utopia, tampouco de distopia, ou de heterotopia. Por utopia entende-se uma existência que atingiu seu ponto correto, ideal, como se o atual fosse marcado por lacunas inexoráveis. No caso da heterotopia, trata-se das mudanças possíveis que se sucedem concretamente com vistas a um mundo mais próximo daquele que desejamos. Na distopia, por sua vez, trata-se de um mundo idealmente falho ou impossível de ser alterado.

De outra parte, no plano virtual, nossas verdades não regem, nossos conceitos não se aplicam. Nele, nada se solidifica, posto que sempre em frenético movimento. Ali, não há norte, estrada, mapa, meta, referência ou parâmetro. Tampouco há perfeição, imperfeição ou falha.

Tal plano de existência resume-se à invenção, construção e modificação da realidade ininterruptamente. Construído para abrigar todo tipo de possibilidade, não conta com um ponto ideal a ser atingido, um ponto temível a ser evitado, nem a necessidade de um balanço suportável, confortável ou conveniente entre ambos. Nele, tudo é artificial, sem que a realidade natural ou social interfira, a não ser que seja modelado para reproduzi-la.

As bases tecnológicas para esse plano de pura criação e de absoluta invenção de si já estão dadas. O processo de imersão total no plano "virtual" dar-se-ia pela conexão direta do sistema nervoso a computadores, como já vem se desenvolvendo em algumas experiências científicas, de modo que se pudesse interagir com programas e sistemas da mesma forma que o fazemos com nossos membros: por meio da vontade. Assim, desligamento total da realidade natural e o mergulho em um universo completamente artificial parecem ser possibilidades latentes, talvez inevitáveis.

Daí também o risco de certo autismo ao nos ancorarmos na virtualidade como uma realidade "verdadeira". Não se trata, aqui, de dimensionar quão reais ou "verdadeiras" as experiências são ou deixam de ser, mas de abraçar o "falso" como sendo suficiente. Ambiguidade sem precedente, em suma.

A "realidade virtual" também concretiza a falência total do corpo, remetendo à sua desatualização, obsolescência e inutilidade. Com ela, deixamos de ser "corpos dóceis e úteis" e nos tornamos apenas "mentes em êxtase, superexcitadas e criativamente produtivas". Diáspora, portanto: abandono da vida tangível e concreta, em putrefação, aprisionada em corpos-suporte limítrofes, em troca da busca por lugares mais férteis, mais criativos, mais emancipados. Essa parece ser a nova sentença vital e o lugar onde se desdobrarão os novos diagramas de força, inexoráveis ao que faz viver.

O último cordão que nos prende à matéria degenerescente é o indecifrável segredo da vida: Como fazer para que a vida se descole por completo do corpo? Como desvinculá-la dessa bomba-relógio?

Se não há maneiras de decifrar essa esfinge, proveremos maneiras de contorná-la, pois o que mais aprendemos nas sociedades de controle é a necessidade de ser flexível, fluido, adaptável. Pulverizemo-nos.

Definitivamente Fáustica

A desmaterialização é uma forma bem acabada de driblar a morte. Já afirmava Foucault (1999) que, para o biopoder, "é preciso fazer viver", sem imaginar que isso se tornaria um esforço em impedir que a vida chegasse a seu termo. É preciso, portanto, fazer viver não a vida medíocre a que tem direito um corpo segundo as leis da natureza. É preciso fazê-la viver em seu esplendor e grandiosidade, fazendo viver o homem, assim como as coisas que o cercam.

Desmaterializar significa retirar algo de sua casca perecível, preservando seu cerne. Uma substância essencial, então? Não. A desmaterialização é da ordem da simulação, da virtualização, da invenção, e não da reprodução ou da descoberta. Vejamos um pequeno exemplo de como ela já está presente em nosso entorno.

A indústria musical, instituição molar, é incapaz de lidar com a pirataria que lhe corrói de modo capilar. No centro disso, sua nêmesis: o MP3. Foi ele, por meio da capacidade de destituir uma música de seu suporte tangível, que converteu cada frequência audível em um *byte* de arquivo digital facilmente transferível entre diversos objetos receptores/ suportes. O MP3 é a desmaterialização das obras musicais produzidas pela cultura. Ele é a forma de salvá-las da desgraça, dos fungos e da umidade que podem carcomê-las, podendo ser transportadas para qualquer suporte material ou imaterial que nos interesse. Assim, o advento do MP3 sugere que, ao preservarmos a vida para além do corpo, podemos preservá-la em grande estilo. Ele aponta também para o fato de que toda experiência poderá ser desmaterializada, lenta e progressivamente.

O MP3 e todas as obras do mundo digital são simulações daquilo que um corpo-suporte um dia necessitou: reconstruções. Um arquivo MP3 guarda a sequência de frequências que devem soar em uma caixa de som para que pareçam aquele conjunto de instrumentos que um dia conhecemos fisicamente, e que antes vibravam na agulha de uma vitrola. Realizando uma aproximação matemática, cujas diferenças seriam imperceptíveis aos imprecisos órgãos dos sentidos, os arquivos digitais são impressões do objeto, mas não o próprio objeto. Eles simulam o objeto no limite da nossa percepção, para que nos pareçam o próprio objeto.

Algo semelhante se passa com a fotografia. Enquanto um negativo fotográfico é forjado pelas pequenas parcelas de luz refletidas por cada objeto que penetram numa caixa-preta, queimando um filme na proporção exata do comprimento da onda de cada cor, a fotografia digital é a tentativa de um microchip de quantizar a intensidade de cada ponto em um campo cartesiano para compor cores que, em conjunto, nos dão a impressão de ver exatamente o que nossos olhos enxergam, de acordo com as leituras de frequências feitas por um sensor que sabe identificar o que podemos discernir, ou não.

As novas tecnologias digitais que vêm tomando parte significativa de nossas vidas são apenas um dentre os diversos processos de desmaterialização em que já estamos imersos. Travamos contato com um mundo em que lojas, agências bancárias, bibliotecas, escolas e tantos outros espaços concretos têm se tornado cada vez mais intangíveis. Comércio virtual, encontros virtuais, livros virtuais, aulas virtuais: construções de um mundo onde o tangível está em lenta desaparição.

São nossas construções, em sua artificialidade, que nos fazem ser mais do que sangue e carne, que nos fazem *homini erecti*. Contudo, é ao mundo natural que ainda prestamos nossa mais profunda reverência. É para ele que nos curvamos quando nos reportamos às bases evidenciais da verdade. Puro prometeísmo.

O tema da natureza *versus* cultura é bastante antigo; desde os gregos, ao menos.

Por que não afirmar que a dita era do simulacro teria início não com as novas tecnologias da imagem, mas sim com a separação entre natureza e cultura, separação esta vivida pelo homem com a introdução da linguagem? Não seria Diógenes o primeiro pensador da era do simulacro? De que outra forma compreender sua reação contra qualquer realidade segunda, artificial (objeto) e virtual (linguagem), que intermediasse sua relação com o real? (Parente, 1999, p. 22).

Se para qualquer inteligência artificial toda realidade é virtual, uma vez que o que se vê é apenas o que sensores e microchips são capazes de reconstruir digitalmente, o caso humano seria diferente? Seríamos nós diferentes das máquinas pensantes? Isto seria "ignorar e negar que nossa subjetividade é, por si só, uma simulação hiper-realista" (Guattari apud Parente, 1999, p. 33). De acordo com o pensamento de Félix Guattari, não há razão para separar homem e máquina como natural e artificial.

A inteligência artificial é outra espécie de desmaterialização: a desmaterialização da máquina-robô. O protótipo da inteligência artificial não é o *Terminator* de Schwarzenegger, os Cilônios do seriado de ficção *Battlestar Galactica* ou o *design* límpido do último modelo-ciborgue presente no *Iron Man*. O ápice de uma inteligência artificial é sua versão material descartável, cuja consciência pode migrar de uma maquinaria/suporte para outra, como se vestisse uma nova roupagem. A inteligência aí encontra-se descolada do suporte material: desmaterializada. Da mesma forma como fazemos *download* de *softwares* em um computador (*hardware*), capacitando-o a realizar diversas tarefas, a inteligência artificial faria seu próprio *download* para o *hardware* conveniente. Seu estado pseudopuro é como o de um *software* — puro fluxo, sempre em movimento entre os muitos suportes —, bem como uma extensiva base relacional de dados funcionando como memória, de modo semelhante ao córtex cerebral ou a algo que ainda estamos por conhecer.

Talvez a circunstância mais importante a destacar nesse processo é o fato de que o cerne preservado de qualquer objeto desmaterializado não é sua verdade ou sua essência, como atribuía Platão ao mundo das ideias. São simulações e virtualizações — versões aproximadas, reconstituídas milimetricamente de pequenos fragmentos — daquilo que estava ali concretamente.

Daí que experiências curiosas surgem no sentido inverso da desmaterialização: pesquisadores da IBM, em colaboração com a *École Polytechnique Fedérale de Lausanne,* Suíça, tentam reconstruir o sistema nervoso de um mamífero com todas suas ligações neuronais, por meio de uma sequência de computadores conectados. A primeira fase do projeto comprovou que criar simulações precisas do comportamento de neurônios de mamíferos via engenharia reversa é possível, embora muito dispendioso em termos de processamento computacional. A próxima fase almeja reconstruir a coluna neocortical do cérebro de um rato de duas semanas de vida, contendo 50.000 neurônios e 30 milhões de sinapses. Paralelamente, outro experimento tenta simular apenas um neurônio em nível molecular/genético, isto é, reconstituir todo o processo físico-químico que faz uma célula neuronal e seus neurotransmissores funcionarem, cujo sucesso poderia levar à construção de neurônios artificiais. No *website* do experimento, uma das perguntas mais frequentes é: "Isto irá adquirir consciência?", e a resposta dos pesquisadores: "Não sabemos."

Uma vida sem corpo orgânico: a tentativa, mesmo que não declarada, é de decifrar se a esfinge da vida (ou da consciência, como queiram) se resume a uma complexa malha de conexões sinápticas. Invenção da vida além de um corpo; vida desmaterializada que possa assumir diversos suportes se necessário.

Poderíamos atribuir o estatuto de vida aos frutos desses experimentos? Ou sua artificialidade inata seria motivo para relegá-los a uma existência indigna, maldita ou escrava? Eis aqui, em última instância, o cerne do debate trazido à baila pela trilogia dos irmãos Wachowski.

O "falso": a esfinge da educação

Em geral, os processos que nomeamos hoje como educacionais são tributários de concepções iluministas, cujas raízes estão profundamente ligadas ao cristianismo, este um eco do platonismo. Iluminar, tornando alguém capaz de ver a luz. Capacitar a si mesmo e a outros para encontrar a verdade das coisas escondidas por trás dos véus ilusórios que as cobrem. Enfim, um conjunto de esforços fundamentais para resolver o antigo problema da *aletheia* formulado na Grécia antiga.

De acordo com a mitologia grega, antes de nascer, o homem era mergulhado no Lethe, o rio do esquecimento. Tal processo era então conhecido como *aletheia*, o esquecimento original que condicionava o homem a não saber quem era, nem por que existia. Inaugurar-se-ia com ele a ideia da busca do saber como um movimento de desvendar o que foi esquecido inicialmente, justificando a inata obsessão pelo saber.

Assim, educar torna-se equivalente a decodificar a verdade invisível para os sentidos iludidos, revelando-a para o sujeito. A educação apresenta-se como passaporte para o que está além, para o que há a mais, para o que existe sem ser percebido, para aquilo que transcende. Em uma palavra, para a verdade.

Com o advento da virtualidade, adentramos, porém, no regime do falso. Mais especificamente, o virtual acaba por demonstrar quão arbitrária e contingente é a verdade — o que parece se corporificar na tensão típica entre conhecimento *versus* informação. Esta não está necessariamente comprometida com a construção de uma única verdade. A informação precisa ser interpretada de uma forma específica para que assuma este papel. Por exemplo, ao se deparar-se com o *Google*, as práticas educativas contemporâneas portam-se como se encarassem a esfinge: "decifra-me ou devoro-te".

Daí a luta desesperada dos professores contra a manobra estudantil de pesquisa de busca na internet. Seu argumento é o de que tais informações não seriam confiáveis, já que qualquer um, em qualquer lugar, poderia dispor de qualquer tipo de dado na rede. Trata-se, segundo eles, de informações que não possuiriam qualquer compromisso com a verdade: informações falsas, parciais, equivocadas, irresponsáveis. A justificativa é a de que, ao confiarem em informações de procedência desconhecida, os alunos correriam o risco de formarem um conhecimento errado, não verdadeiro. Em suma: ausência de lastro de verdade equivaleria a ausência de legitimidade de existência.

Vale lembrar, no entanto, que, à medida que a produção de informações se populariza, ela perde seu caráter imutável de registro que expressaria a verdade — aquele idealizado desde as artes rupestres até a prensa de Gutemberg. As informações tornam-se, assim, algo irrisório e sem valor transcendente. Estamos abarrotados delas, sem sequer haver possibilidade de digeri-las ante a quantidade com que são dispostas.

Paradoxalmente, o projeto iluminista sonhava com o mundo onde o conhecimento atingiria a todos, e ele parece, de algum modo, em vias de se realizar. Uma nova esfinge, mas o mesmo sonho de transcendência, para o qual a vida material é apenas um exame que garante o direito de habitar um mundo além.

Trata-se aqui de uma forma de existência que emergiu, segundo Nietzsche (1998), com o regime moral judaico/cristão, o qual relega a vida terrena a uma mera condição de ponte transitória para aquilo que realmente deva ser considerado relevante. Assim, a transcendência — sujeição a uma verdade irretocável que se encontra além deste mundo — requer justamente a recusa desta vida. Trata-se de negar sua vitalidade, ou como escreve Nietzsche, do ato de usar a força para estancar a própria força vital. Ressentimento puro, pois.

A educação, instituição destinada a disciplinar as formas de vida, corrigi-las, refiná-las, lapidá-las, crava suas raízes platônicas sobre a valorização do ressentimento. Associamos o conhecimento àquilo que nos tornaria sujeitos de virtude, por meio da proficiência nas técnicas de hostilidade à vida e à sua potência imanente.

Não obstante o peso secular dos princípios morais que desqualificam a materialidade do mundo (afirmando que tudo que aqui viceja, existe e perece não é digno de valor), a virtualidade busca formas de manter imperecíveis as pequenas coisas indignas. Ela não busca nenhuma existência posterior, nenhuma transcendência. A virtualidade debate-se contra a finitude material. Ela enseja o prolongamento da vida para além do próprio corpo, tornando-a uma criação do próprio homem e retirando-a das rédeas das leis naturais. Em suma, ela parece guerrear contra o apequenamento material do homem, fazendo-o mais do que carne e sangue, embora impessoal.

Em síntese, a virtualidade remete a um mundo da invenção. Um mundo regido apenas pelo falso, pelo mundano, pelo vulgar, pelo trivial, pela ausência de modelos. Trata-se, enfim, do questionamento radical de um plano superior perfeito, da busca de uma forma ideal, verdadeira ou correta que apontasse para as melhores respostas ao exame de passagem para a próxima vida.

Resta-nos a pergunta: O que faremos de nós mesmos quando soubermos que não há mais nada depois? "O homem de que nos falam e que nos convidam a liberar já é em si mesmo o efeito de uma sujeição bem mais profunda que ele. Uma alma o habita e o leva à existência, que é ela mesma uma peça no domínio exercido pelo poder sobre o corpo. A alma, efeito e instrumento de uma anatomia política; a alma, prisão do corpo." (Foucault, 1987a, p. 32).

Pois aqui retomamos a indagação inescapável: O que é, então, esse objeto da educação tão sagrado — chamado conhecimento verdadeiro — que tanto lutamos para não macular? Por que tratá-lo como se fosse nossa derradeira carta de alforria quando ele nada mais faz do que nos encurralar em uma forma específica de humanidade?

O discurso educacional seduz: "ilumina-te, sujeito do conhecimento". Como se fosses uma fênix rumando ao fogo, com a esperança de que tuas penas se tornem mais vívidas na próxima encarnação. O conhecimento é tua asa, alongando-se aos céus.

No entanto, não te esqueças: não passas de um inseto e que, por mais um bocado de lantejoulas, te perderás ante esse canto de sereia.

VANILLA SKY*/ABRE LOS OJOS: UM LABIRINTO DE SONHOS

Carlos Rubens de Souza Costa

Uma voz feminina, gravada em um despertador, sussurra de modo reiterado a frase "abre los ojos". O protagonista acorda, veste-se e sai às ruas. Deparando-se com a cidade surpreendentemente deserta em plena hora de *rush*, ele corre, visivelmente angustiado, pelas ruas vazias. De súbito, ouve-se novamente a voz feminina, e a cena inicial parece repetir-se: o protagonista desperta, dando-se conta de que tivera um pesadelo, veste-se e sai. Mas, desta vez, as ruas já não estão vazias.

É assim que penetramos nesse labirinto de sonhos, dirigido por Cameron Crowe, que é *Vanilla sky*, uma refilmagem americana do espanhol *Abre los ojos*, escrito e dirigido por Alejandro Amenábar. A permanência, no *remake*, de grande parte das sequências e do espírito problematizador do filme original nos leva a tratá-los em conjunto.

Voltemos ao enredo. David Aames, o protagonista de *Vanilla sky*, encontra-se numa cadeia psiquiátrica e é acusado de um assassinato do qual ele alega não se lembrar. O sonho de que falamos no início está sendo narrado a um psicólogo, Dr. McCabe, que fora encarregado pela justiça de examiná-lo. Conduzido pelo interrogatório de McCabe, David vai

---

* Direção e roteiro: Cameron Crowe (baseado em *Abre los ojos*: roteiro escrito e filmado por Alejandro Amenábar e Mateo Gil). Título original: *Vanilla sky*. Ano de lançamento (EUA): 2001.

narrando uma série de acontecimentos que poderiam explicar as razões de ele estar naquela situação.

Ele vive uma vida de sonhos. É jovem, belo, rico, desejado pelas mulheres. Na festa de um de seus aniversários, conhece Sofia Serrano, com quem se põe imediatamente a flertar, sob os olhares enciumados de Julianna Gianni, sua última conquista amorosa. Ele e Sofia passam a noite juntos.

Na manhã seguinte, Julianna encontra-o e cobra-lhe satisfações. David entra no carro da moça para conversar. Transtornada pelo ciúme, ela começa a dirigir em alta velocidade e lança o carro do alto de um viaduto. Devido à colisão, Julianna morre e David, embora sobrevivendo, fica com o rosto desfigurado. Sua vida vira um pesadelo. No primeiro reencontro com Sofia, ela se mostra relutante em ficar com ele, provavelmente incomodada com a deformidade do rosto do rapaz. Certa vez, os dois acertam um encontro em uma boate, mas ela vai acompanhada de Brian, um amigo de David. Imaginando que Brian e ela estivessem mantendo um caso, David embebeda-se, o que só piora as coisas para o seu lado. Pela madrugada, os três saem juntos da boate, mas David acaba só e dorme na rua, sobre uma calçada.

Na manhã seguinte, naquele mesmo lugar, ele é acordado pela voz de Sofia, que sussurra a frase: *"Open your eyes."* A partir daí, o velho mundo encantado de David parece estar de volta: Sofia está apaixonada por ele e os cirurgiões plásticos encontram um modo de restituir-lhe a beleza do rosto.

Mas o inferno não tarda a voltar. David começa a ter alucinações: numa noite, acorda e vê, no espelho, seu rosto novamente desfigurado; em outra, dorme com Sofia e, ao acordar, depara-se com Julianna, que insiste em lhe dizer que é, na verdade, Sofia. Acreditando que Julianna o enganara — fazendo-se passar por morta — e que busca enganá-lo novamente — fazendo-se passar por Sofia —, ele a agride. É preso, e todos insistem em dizer-lhe que agredira realmente Sofia e que Julianna está morta. Inconformado, ele vai ao apartamento de Sofia. Lá, em todas as fotos da moça, o que ele vê é a imagem de Julianna. Subitamente, esta aparece e reafirma que é Sofia. Em determinado instante, porém, ela sai do quarto e, em seguida, é Sofia quem reaparece para tranquilizá-lo. Os dois fazem amor. Todavia, no transcurso do ato, David percebe que era com Julianna que ele fazia amor. Transtornado, ele a sufoca com um travesseiro, matando-a.

Só nesse momento de sua narrativa, David dá-se conta de que matara alguém, embora não saiba quem. Juliana ou Sofia? Até então ele só tinha uma explicação plausível para o fato de encontrar-se preso e acusado de assassinato: era a de que tudo não passava de uma armação de seus sócios para afastá-lo da empresa que herdara do pai. Essa explicação cai por terra nesse momento. E o que é pior: ele, sem perceber, confessara seu crime ao psicólogo. Este anuncia o diagnóstico que encaminhará a justiça: perturbação temporária.

Mas o filme não acaba aí. Vendo na TV o comercial de uma empresa de criogenia, chamada *Life Extension*, David convence o Dr. McCabe a levá-lo até ela. Lá, vem-lhe à mente a imagem de si mesmo assinando um contrato como cliente e aderindo a uma cláusula chamada "sonho lúcido". Esta cláusula dava-lhe o direito a continuar vivendo, quando "ressuscitado" no futuro, a mesma vida que vivera no passado, isto é, na mesma cidade, com as mesmas pessoas etc. Porém, como todos já teriam morrido, tratava-se de uma vida de sonhos que ele comporia com seus próprios desejos. Novas "explicações" começam a aparecer: na "realidade", David suicidara-se, fora criogenicamente conservado, ressuscitara 150 anos depois e estava vivendo um "sonho lúcido". Para que a passagem entre a sua vida real e a onírica não se realizasse abruptamente, sua morte fora apagada de sua memória. A ligação entre as duas vidas ter-se-ia dado na madrugada em que ele adormecera na calçada. Nada do que aconteceu depois disso era real. O próprio Dr. McCabe só existia em sua imaginação. Como explicar então que, em vez de uma vida de sonhos, ele estivesse vivendo uma infindável sucessão de pesadelos? A empresa de criogenia explica que houvera uma falha técnica, mas garantia que o problema já estava resolvido. E oferece uma alternativa a David: ou voltar a viver o sonho lúcido, mas já sem os pesadelos; ou "acordar" naquele momento, isto é, 150 anos depois de seu congelamento. David faz a segunda opção. Mas acordar, nesse caso, é sair da vida de sonhos, ou, para dizê-lo de modo direto, é de alguma forma "morrer". E como a vivência de uma queda é algo que nos acorda dos piores pesadelos, ele se atira do alto de um arranha-céu. Nesse momento, uma voz feminina sussurra de modo reiterado a expressão "open your eyes".

Esse é o enredo de *Vanilla sky*. Se trocarmos os nomes de David por César, de Brian por Pelayo, de Julianna por Nuria, do psicólogo McCabe pelo psiquiatra Antonio, temos também o enredo de *Abre los ojos*.

Porém filmes não se reduzem a enredos, pela simples razão de que o que se vê jamais se reduz ao que se diz. Esse é um dos pressupostos da abordagem que aqui propomos. Os outros pressupostos são: o de que o pensamento não é uma prerrogativa da filosofia e de que o cinema também pensa não só com palavras, mas também com imagens-movimento e imagens-tempo; o de que pensar consiste, antes de tudo, em desenvolver ao máximo as implicações de um problema e não propriamente em resolvê-lo; e, por fim, o de que o cinema tem um papel a desempenhar no nascimento de um novo modo de pensar (Deleuze, 1983).

Mas qual é o problema que os filmes aqui tratados levantam com as suas palavras e as suas imagens? Como as implicações desse problema podem desempenhar um papel na formação de um novo pensamento?

Considerando apenas o que nos é dado no plano do dizível, acreditamos que a resposta à primeira questão encontra-se numa pergunta feita reiteradamente ao protagonista dos dois filmes: *"você consegue discernir o sonho da realidade?"*. Trata-se da velha questão cética do sonho, que, nos dois filmes, aparece ligada a outra velha questão cética, a da loucura: *como posso estar certo de que meu pensamento não é assombrado pela Desrazão?* De fato, não podemos esquecer que o protagonista está detido em uma prisão manicomial e recebeu um diagnóstico de "loucura temporária". Contudo parece evidente, no filme, que a questão do sonho é a predominante.

Porém, se ficarmos na ordem do *dizível*, jamais perceberemos onde reside a novidade dessa retomada da questão cética do sonho. Ora, o cinema é principalmente da ordem do *visível* e, por isso, pode o que nenhum discurso filosófico pode. Na filosofia, a questão do sonho ficara sempre reduzida a um argumento verbal. Nos filmes de que tratamos, ela se impõe como uma experiência *imaginária*, no sentido literal, isto é, como uma experiência na qual o que conta acima de tudo são as imagens. Tal como ocorre com os próprios sonhos.

Mas o cinema, além de lidar com imagens, lida também com a perspectiva, com o ponto de vista dado pela disposição das câmeras. Ora, no seu filme, Amenábar abdica de toda onisciência e faz coincidir a sua perspectiva de diretor com a do protagonista de tal modo que tudo o que vivenciamos na condição de espectadores é-nos dado pela perspectiva de César. Estamos aprisionados nela. Nossa situação de espectador é a mesma que vivenciamos quando sonhamos: não temos nenhuma focalização externa. Se César sonha, sonhamos com ele; se delira, deliramos juntos; se é vítima do autoengano, também nos enganamos. Assim, a impotência de César em demarcar os limites entre o sonho e a realidade torna-se também a nossa impotência. As dúvidas de César são também as nossas dúvidas. Destituídos de todo olhar transcendente, somos devolvidos da forma mais trágica à nossa finitude. É assim que *Abre los ojos* vai repetir a questão cética do sonho com uma radicalidade jamais vista na filosofia, seja porque o faz como experiência visual, seja porque se mantém no exercício do mais rigoroso perspectivismo.

Aparentemente, *Vanilla sky* desvia-se dessa radicalidade, uma vez que há nele cenas em que David não está presente. Porém são cenas que podem ser atribuídas à imaginação do protagonista, uma vez que é ele quem as narra a McCabe. Ademais, o problema da ausência de critérios para distinguir o sonho da realidade é mantido, o que se deve tanto à fidelidade ao enredo original (e, em particular, à cena final do despertar de David, que levanta novamente a possibilidade de que tudo, do início ao fim, era sonho, inclusive tudo o que se referia à "explicação" criogênica) quanto a certas soluções visuais acrescentadas por Crowe (o adesivo com a data de 31 de fevereiro colado no vidro do carro de David, o quadro de Monet que Monet jamais pintara etc.).

A longa hibernação de uma questão cética

Mas como pensar esse acontecimento cinematográfico duplo que, no Velho Mundo e no Novo, irrompeu na virada do milênio? Como pensar esse fato de que a velha questão cética do sonho retorna hoje? E que retorna de forma diferente e vantajosa, em relação a outras formas de pensamento, porque volta como uma experiência imaginária e não como um simples argumento verbal? Por fim, poderia ele contribuir para a instauração de um nomadismo que tornasse possível uma nova forma de pensar, incluindo aí o pensar a educação?

Mas antes de prosseguir, abramos um parêntese. Empregamos algumas vezes o termo "cético". Que entendemos por ceticismo? É importante essa consideração para não confundi-lo seja com o niilismo, seja com alguma forma histórica de ceticismo. Talvez ninguém tenha notado com tanta perspicácia aquilo que é o mais próprio ao ceticismo do que Kant (1976): antes de tudo, ele notou que o ceticismo é um nomadismo. Os céticos, diz ele, no prefácio da primeira edição da *Crítica da razão pura*, são "uma espécie de nômades que têm horror a todo estabelecimento fixo sobre o solo" (Ibid., p. 30, tradução nossa). Kant apresentava esse traço com reprovação e medo, pois esse nomadismo é por ele associado à "antiga barbárie", com suas "guerras intestinas", com a "ruptura dos laços sociais", com a instauração da "plena anarquia". Entretanto, nos *Prolegômenos*, ele fala, dessa vez elogiosamente, do cético Hume como aquele que o despertou de seu "sono dogmático" (Kant, 1959, p. 28). Pois bem, para nós, é impossível separar esses dois traços (o nomadismo e o efeito despertador). Não é possível aceitar uma coisa e rejeitar a outra. O cético é aquele que recusa toda fixação, toda fundamentação sólida no chão, e, por isso mesmo, está frequentemente nos acordando dos nossos sonos dogmáticos e pondo o pensamento a caminhar. Em outras palavras: o clarim que nos desperta é o mesmo que nos põe em marcha.

Mas que caminho tomar? Marchar para onde?

A resposta do cético é: *No hay camino, se hace camino al andar*. Resposta que nada tem a ver com o niilismo. O niilista é um cansado: não "funda", mas também não caminha.

Se admitirmos que esses dois traços apontados por Kant descrevem bem o ceticismo, só podemos concordar com Rajchman (1987, p. 8), quando ele afirma que "Foucault é o grande cético de nosso tempo", ou com Veyne (2008, p. 59-81), quando, em um capítulo inteiro de seu último livro, discorre sobre o "ceticismo de Foucault". Mas, com base nessa descrição, o termo ceticismo pode ser estendido também a um grande número de outros pensadores contemporâneos que aparecem de todos os lados como novos bárbaros, abalando as aparentemente sólidas fundações de nosso saber e derrubando as fortalezas que, durante algum tempo, protegeram o nosso longo sono antropológico ou logocêntrico. Fechemos o parêntese.

Que importância pode ter o retorno da questão cética do sonho na atualidade?

Historicamente, a última vez que tal questão foi colocada com tamanha intensidade e amplitude foi na segunda metade do século XVI e início do XVII. Naquele momento, ela estava ligada a um acontecimento cultural mais amplo, a uma forma histórica do ceticismo, que se expressava por meio da filosofia, da literatura e do teatro e a qual seus adversários denominaram de "pirronismo", numa alusão ao famoso cético grego. Nessa época, o sonho traçava um dos caminhos da dúvida ao lado das ilusões dos sentidos, mas principalmente, ao lado da loucura. "Nunca se tem certeza de não estar sonhando, nunca existe uma certeza de não ser louco" (Foucault, 1978, p. 47).

Sabemos que aquele ceticismo não caiu do céu, que ele se nutriu de uma das maiores crises pela qual a cultura ocidental passou até hoje, ao mesmo tempo que a alimentou: a crise relacionada à dissolução da milenar unidade do mundo cristão em seitas beligerantes, à revolução copernicana, à passagem de uma concepção de um cosmo fechado e finito à de um universo aberto e infinito, à descoberta de novos continentes com outros povos e culturas. Naquele momento, o que estava sendo abalado não era esse ou aquele discurso tido por verdadeiro, mas todo o edifício que sustentara o conjunto das verdades forjadas e aceitas durante aproximadamente dois milênios. Sabemos também que foi sobre os escombros desse edifício que a modernidade, entendida no sentido epocal, foi construída.

Nesses três séculos e meio que nos separam desse momento, entretanto, a questão do sonho ficou à margem, inativa. A não ser por algumas aparições repentinas e de menor importância, ela permaneceu hibernando como esperando uma nova oportunidade para reaparecer.

Acreditamos que indagar as condições históricas que ocasionaram essa hibernação talvez nos ajude a entender isso que se passa hoje. Nessa indagação, a existência de uma arqueologia do sonho seria de grande utilidade para nós. Sabemos que, no prefácio da primeira edição da *História da loucura*, Foucault a prometeu. Entretanto ela não foi feita. Na sua ausência, arriscaremos aqui algumas hipóteses, com base em desenvolvimentos realizados pelo próprio Foucault.

Uma primeira hipótese que podemos aventar para explicar a longa hibernação da questão do sonho diz respeito à própria história das tentativas (e dos seus fracassos) de encontrar um fundamento para a verdade. Sabe-se que, ainda na primeira metade do século XVII, Descartes (1973) retomou, no *Discurso do método* e nas *Meditações metafísicas*, vários argumentos céticos (o da não confiabilidade dos sentidos, o do erro nos raciocínios, o da loucura e o do sonho), radicalizou esses argumentos acrescentando a eles a hipótese do gênio maligno, e apresentou uma solução que pareceu durante muito tempo convincente. Essa solução, como sabemos, começa pelo *cogito* (penso, logo existo). No *Discurso* ele afirma que essa verdade "era tão firme e tão certa que todas as mais extravagantes suposições dos céticos não são capazes de a abalar" (Ibid., p. 66-7). Porém essa não é ainda toda a solução apresentada por Descartes, como se costuma pensar. Na verdade, o *cogito* constitui apenas o primeiro elo numa cadeia de razões em direção à verdadeira solução proposta: Deus. É preciso observar que o eu que descobre nesse momento a indubitabilidade de sua própria existência só o faz reconhecendo-se no mesmo ato como um ser finito e imperfeito, visto ser dubitante.

Ora, se levarmos em conta o que Foucault nos diz acerca da episteme clássica (que começa com Descartes e encerra-se com Kant), algumas coisas ficam bem claras: a primeira é que, nessa episteme, o gesto moderno de buscar o fundamento num sujeito finito está totalmente ausente. O fundamento era buscado numa teoria (e análise) das representações e numa metafísica do infinito que ela torna possível. É o que ocorre em Descartes. Tendo posto em dúvida de saída tudo o que existe e tendo estabelecido, até então, apenas a sua própria existência como ser pensante, o meditador encontra-se mergulhado em pleno solipsismo. Para sair dele, o único caminho que lhe resta é analisar suas próprias representações. É por meio dessa análise que a meditação avança: primeiro, ele descobre em si uma ideia singular, a de um ser infinito e perfeito; em seguida, pondera que ele próprio não poderia tê-la causado, visto que o finito não pode causar o infinito, embora o inverso seja possível; mas adiante supõe que essa ideia de um ser perfeito e infinito traz implicada a própria existência do ser representado, já que a não existência seria uma imperfeição; por fim, conclui que essa ideia especial subsume, como atributos do ser representado, a veracidade e a infinita bondade e que, portanto, esse ser não poderia enganá-lo. Chegamos ao momento em que, finalmente, o fundamento se estabelece. No duelo de gigantes, o Deus bom e veraz derrota o gênio maligno e, com ele, todos os argumentos céticos. Pelo menos, é o que parecia

Descartes foi o inventor do jogo de verdade que vai se impor no século XVII e em boa parte do século XVIII. É aquele que dá as cartas e inventa as regras de um jogo com que o pensamento dessa época vai jogar. E é claro: jogar não do mesmo modo. Uns levarão a sério as regras do jogo, outros jogarão com cartas marcadas, outros blefarão um pouco ou procurarão mudar as regras durante o próprio jogo. Não importa, o jogo estava inventado. E qual é a sua principal carta? Qual é o coringa? Esse Deus fundador, avalizador das verdades humanas. Quais as suas principais regras? A análise das representações e a transparência do discurso que permite que se vá diretamente das representações ao ser representado e se construa sem muita dificuldade uma metafísica do infinito. Repensando o conceito de episteme a partir do conceito de jogos de verdade, é possível dar conta das diferenças que separam vários pensadores do século XVII (Descartes, Malebranche, Spinoza, Leibniz) e, ao mesmo tempo, dar conta do fato de que eles jogam o mesmo jogo: aquele em que há um Deus-coringa, ou seja, uma certa representação de infinito que garante o fundamento da verdade. O trabalho de fundação estava feito. O edifício estava aparentemente bem fixado no solo, sustentado sobre uma metafísica do infinito. O pensamento podia descansar, dormir o justo sono dos metafísicos: o sono dogmático.

Porém os nômades não descansam nunca. E jamais dormem. Jogando o velho joguinho da análise das representações, Hume acabará pondo em questão a legitimidade de algumas cartas principais: a própria noção de substância, o eu substancial, a causalidade. Sabemos onde esse caminho vai dar. Oito anos antes do regicídio cometido pelos revolucionários franceses, um pacato e insuspeito alemão de Königsberg arrastara Deus ao tribunal da razão, julgara-o e o condenara à morte no domínio teórico. A sentença: a existência de Deus não pode ser demonstrada teoricamente, pois ultrapassa os limites de toda experiência possível. A categoria da existência só se aplica a fenômenos, vale dizer, àquilo que é dado no tempo. Com o deicídio teórico praticado por Kant, desmorona o "fundamento" do pensamento clássico.

Mas antes que algum insensato percorresse as praças públicas, com uma lanterna acesa, anunciando que Deus morrera, que o sol que garantia a verdade e o sentido de nossas vidas se apagara e que errávamos como que através de um nada infinito, Kant tratou de empossar um sucessor. Deus morreu, viva o Homem.

Sem dúvida, vamos muito rapidamente. A crítica kantiana não é ainda a Antropologia. Mas é Kant quem inventará boa parte das peças e das regras do jogo de verdade, que a modernidade até hoje insiste em jogar: um sujeito finito que é, apesar disso e, paradoxalmente, por isso mesmo, fundador; a distinção entre o empírico e o transcendental, que a modernidade não parará de confundir; e, por fim, a questão que move todo o jogo: "Que é o homem?" Questão que, como nos mostrou Foucault (1981), em *As palavras e as coisas*, mergulhou a filosofia no sono antropológico.

Imaginamos que esse rápido percurso que traçamos nos ajuda a entender por que o argumento do sonho andou por muito tempo hibernando. Depois de Descartes supostamente ter dado uma solução para ele, era compreensível que ele não voltasse tão cedo.

Mas, quando toda a construção da metafísica dogmática vacila na base, na segunda metade do século XVIII, não se entende por que ele não ressurgiu. A resposta para esse enigma parece estar no fato de que Hume não precisou dele. O desafio cético que ele vai lançar contra essa metafísica foi feito com as próprias regras que ela, desde o início, estabelecera: a análise das representações. Decompondo as ideias complexas em ideias simples e verificando se elas procedem de impressões, ele acabará pondo em questão as cartas fundamentais da metafísica clássica: a substância, o eu, a causalidade etc. E nos parece que foi precisamente pelo fato de que o argumento do sonho não precisou ser usado, que Kant também, quando teve que responder à provocação humeana, não precisou enfrentá-lo.

Mas, além dessa hipótese, há uma outra que também poderia ajudar a explicar a longa hibernação da questão do sonho: o estatuto que o sonho recebeu no Ocidente a partir de meados do século XVII.

Se considerarmos apenas aquelas tradições que tiveram o papel principal na configuração das sociedades ocidentais, constatamos que referências aos sonhos povoam o *Antigo* e o *Novo Testamento*. Neles, o sonho aparece como uma experiência imaginária que, longe de ser o avesso da verdade ou um obstáculo para o estabelecimento dela, é um dos lugares privilegiados de sua manifestação. É principalmente por meio dos sonhos que ocorre a revelação de Deus. Além disso, nos dois testamentos, o sonho, longe de ser algo desconectado do estado de vigília, é o que orienta e desencadeia as grandes ações. Foi, por exemplo, o sonho que pôs José e Maria em marcha rumo ao Egito, para fugir de Herodes. Essa relação privilegiada com a verdade e essa efetividade no estado de vigília também pode ser encontrada entre gregos, romanos, medievais e renascentistas.

Porém, a partir da Idade Clássica, tudo se passa como se o destino do sonho no Ocidente seguisse um caminho paralelo ao da loucura. Nossa hipótese é a de que o sonho também integrou o amplo domínio da Desrazão. Ora, a tese de Foucault parece ser outra. Interpretando a primeira Meditação Metafísica de Descartes, na qual são apresentadas as razões para duvidar, Foucault argumenta que, enquanto as ilusões dos sentidos e os sonhos são integrados e superados no caminho da verdade, a loucura é *a priori* excluída pelo sujeito que duvida. A partir daí o destino da loucura e do sonho seriam totalmente distintos. Deixaremos de lado a polêmica que envolveu Foucault e Derrida acerca dessa passagem. O essencial não nos parece residir aí, mas no fato de que "entre Montaigne e Descartes algo se passou: algo que diz respeito ao advento de uma *ratio*" (Foucault, 1978, p. 48). Esse advento, muitas vezes celebrado como um progresso do racionalismo, tem, segundo Foucault, como contrapartida o banimento da experiência trágica e cósmica da loucura da luz do dia e a atribuição à loucura de um *status* puramente negativo, o de Desrazão. Mas, ao mesmo tempo que isso ocorria no domínio intelectual, uma grande mudança ocorria no domínio institucional: o internamento do louco e de todos os desarrazoados. Para Foucault, a simultaneidade desses dois acontecimentos não é mera coincidência.

Ora, acreditamos que, embora a Desrazão e a grande internação estejam relacionadas, elas não podem ser tratadas como inseparáveis; e que o sonho também recebe o *status* de Desrazão, embora o sonhador não seja por isso internado. Acreditamos também que os próprios argumentos invocados por Foucault ajudam a sustentar essa hipótese. Retomemos a sequência da passagem na qual, segundo Foucault, a loucura é excluída do domínio da razão. Depois de dizer "Mas quê? Eles são loucos...", Descartes prossegue, "todavia, devo aqui considerar que sou homem e , por conseguinte, que tenho o costume de dormir e de representar, em meus sonhos, as mesmas coisas, ou algumas vezes menos verossímeis, que esses insensatos em vigília" (1973, p. 119). Logo, *enquanto sonha*, o meditador não tem nenhuma vantagem sobre os loucos: encontra-se na mesma situação, e às vezes, em situação pior. A diferença entre o louco e o sonhador estaria no fato de que, em pouco tempo, o sonhador sai da sua condição: no momento em que acorda. Trata-se, pois, de uma diferença temporal: o sonho, uma loucura breve; a loucura, um sonho longo.

Certamente ninguém foi mandado para Bicêtre ou para Salpêtrière pelo fato de sonhar. Mas o fato de os sonhadores não ficarem internados no Hospital Geral não retira o sonho do domínio da Desrazão. Acreditamos ser plausível pensar que a partilha entre o que pertence ao domínio da razão e o que pertence ao domínio da desrazão expressa-se não apenas por meio de uma separação espacial mas também por meio de uma separação temporal, qual seja, o despertar que separa o tempo do sono e o da vigília. Se o sonho é o avesso da ordem, da verdade e da moral, ele é Desrazão e, por isso, deve ficar circunscrito no tempo do sono. É no outro tempo, no da vigília, que a razão instaura o seu reinado e julga o que se passa do outro lado da linha como Desrazão.

A partir daí, identificar com a verdade o que se passa nos limites temporais do sonho ou supor que isso que se passa nesse momento tenha alguma efetividade naquilo que se passa no momento da vigília, como faziam os antigos, é visto como sintoma de primitivismo, de infantilidade ou de loucura. Alguém que, por exemplo, tomasse um filho recém-nascido e fugisse para outro país *porque* recebeu em sonhos o aviso para fazê-lo, por certo, não poderia ser visto como dotado de razão.

O destino do sonho na cultura ocidental a partir do século XIX é mais conhecido. No final do século, ele passa a ser visto como mero efeito de estímulos sensoriais ou somáticos que incidem sobre a pessoa que dorme. Segundo Freud (1996, p. 656), em 1878, um certo Binz chegou a sentenciar que os sonhos não passavam de "processos somáticos inúteis em todos os casos e, em muitos deles, positivamente patológicos".

Cremos que o que foi dito nesses últimos parágrafos já nos é o bastante para avançarmos duas conclusões. A primeira é que o sonho, tanto quanto a loucura, foram postos em exterioridade em relação a essa *ratio* que se instituiu desde o século XVII e que essa exterioridade se constituiu como uma das condições dessa própria instituição. A segunda é que o sonho percorreu um longo período no decorrer do qual o seu estatuto na cultura ocidental viu-se degradado, nadificado: "Sonhos são espumas." E é bem provável que esse estatuto também tenha contribuído para a longa hibernação da questão cética do sonho. Como uma cultura que julga saber que os sonhos não passam de espumas pode dar crédito a esta questão?

Quanto a Freud, parece que ele está destinado a ocupar, numa possível arqueologia do sonho, um lugar ambíguo semelhante ao que ocupara na história da loucura. Por um lado, já no início do século XX, ele restituiu em parte os antigos prestígios do sonho, que volta, por exemplo, a ter sentido e a ter uma relação com a verdade. Por outro, essa verdade é tão somente uma verdade psicologizada, na medida em que só diz respeito ao próprio sonhador, aos seus desejos, a seu inconsciente; uma verdade que não é conhecimento do mundo nem tem efetividade sobre este. O sonho tornava-se uma porta de acesso ao conhecimento sobre o sujeito, mas não podia figurar como peça de uma problematização do nosso conhecimento sobre o mundo.

O retorno da questão do sonho e a nossa atualidade

O fato é que o sonho retorna, como problema, nos dois filmes que aqui abordamos. Que potência essa problematização pode ter para nos forçar a pensar de novo e diferentemente? Que importância ela pode ter para a formação de um pensamento educacional por vir?

Nesse momento, é preciso não esquecer esse fato de que a questão do sonho é uma questão cética e que, se o ceticismo tem algum sentido como pensamento, esse sentido se encontra em nomadizar sempre o pensamento. No momento em que este adormece em algum sono, urge acordá-lo e pô-lo em movimento. Ora, o sono do qual há mais ou menos meio século tentamos acordar é do sono antropológico. Trata-se de um sono particularmente difícil de interromper porque, na condição de sujeitos, estamos nele implicados. Além disso, é preciso recordar que o pensamento pedagógico é um dos domínios em que os efeitos narcotizantes desse sono são mais poderosos.

Devemos, pois, tratar das relações existentes entre a pedagogia e o nosso sono atual, pois é dele que ela retira os seus pressupostos. Retenhamos apenas um deles: aquele que diz que toda experiência humana é sintetizável; pressuposto importante, pois está intimamente ligado ao papel de fundamento que o sujeito humano mantém há mais de dois séculos em nossa cultura. Trata-se de um pressuposto de origem claramente kantiana, mas que se espraia por várias correntes do pensamento moderno. A pedagogia retoma esse pressuposto dizendo: uma experiência só é educativa na medida em que é sintetizável. Tentemos deixar mais claro isso. Para Kant, era indiscutível que uma experiência supõe uma multiplicidade de representações. Mas, para ele, também estava fora de discussão o fato de que essa mera multiplicidade não constitui sozinha uma condição suficiente para a existência de experiência. Esta requer ainda a ligação das representações entre si e a condição para essa ligação é o eu transcendental: "o eu penso deve poder acompanhar todas as minhas representações, porque de outro modo haveria em mim alguma coisa representada, que não poderia ser pensada, o que significa que ou a representação é impossível ou que ela não é nada para mim" (Kant, 1976, p. 154). O que vale para as representações em uma experiência vale também para as experiências em uma vida. Na condição de eu empírico, vale dizer, enquanto estou situado no tempo, sou uma multiplicidade de devires. Porém, pelo ato da síntese, toda essa multiplicidade é reconduzida à unidade do eu transcendental. Assim eu me apercebo de que todos os múltiplos devires que me atravessam ao longo de minha vida são *meus* devires.

Essa forma de pensar é amplamente majoritária no pensamento educacional desde o início do século XIX. Assim como Kant, esse pensamento não nega o múltiplo, o temporal, a diferença. Ao contrário, ele os afirma constantemente. O que é aprendizagem para as teorias pedagógicas senão uma experiência pela qual um indivíduo muda, opera em si mesmo uma transformação, torna-se outro? Todavia, o que é problemático nessa forma de pensar é que o múltiplo, o temporal, o diferente são sempre pensados sob a tutela dessa forma do uno, do atemporal e do idêntico, que é o sujeito transcendental. Aprender é um ato pelo qual eu me torno diferente do que sou (empiricamente), mas com a condição que eu reconduza essa(s) diferença(s) à unidade desse eu que (transcendentalmente) sou. Mesmo quando não se pensa com as categorias kantianas, é esse raciocínio que, na maioria das vezes, organiza o pensamento pedagógico e a prática educacional. Desde Herbart, sucessor e crítico de Kant, o discurso pedagógico não parou de repetir hipnoticamente: "que o novo encontre sempre o velho, ao qual deverá ligar-se na forma de uma síntese". Talvez porque, também nesse domínio, adormecemos no sono antropológico, embalados pela tentativa de Kant e da maioria dos pensadores da modernidade de encontrar, no sujeito humano finito, o fundamento de todo saber e de todo agir.

Que desafios a questão do sonho pode nos lançar hoje, no seu retorno?

Relembremos a resposta que Kant (1976, p. 233) deu a ela: "se dado o antecedente, o evento não se seguisse necessariamente, eu teria que considerar a minha percepção como um mero jogo subjetivo da minha imaginação, e se não obstante representasse nela algo objetivo, deveria chamá-la um puro sonho". Ou seja, o que distingue o sonho da realidade, segundo Kant, é a quebra do encadeamento causal no sonho. Podem-se levantar algumas objeções a esse argumento: por um lado, é discutível que as relações de causa e efeito estejam totalmente excluídas dos sonhos; por outro, estamos muito longe de sermos capazes de estabelecer um encadeamento causal de todos os acontecimentos da vida desperta. Desse modo, o uso do critério da quebra do princípio de causalidade para distinguir o estado onírico do estado vigil só pode ser aceito quando passamos de um estado ao outro. Nada diferente do que dissera o protagonista de *Abre los ojos* ao assistente técnico da *Life extension*: "sei que estivera dormindo quando acordo".

Mas ainda que admitamos que Kant se referisse à passagem de um estado a outro, um novo problema surge. Ao acordar, sabemos que sonháramos porque os eventos do sonho não se encadeiam causalmente com os eventos da vida desperta. Eu sonho que fraturei uma perna e esta se apresenta intacta no momento em que eu acordo. Porém, se os acontecimentos do sonho não entram no encadeamento com os acontecimentos da vida desperta, estamos diante de uma experiência especial: uma experiência não sintetizável, que não pode ser reconduzida à unidade sintética da apercepção. Isso traz implicações sérias para uma filosofia que pretendia dar conta de *toda* experiência possível. Mas não é só isso. É claro que, ao acordar, o sujeito reconhece que aquelas representações que ele tivera durante o sono (o sonho) são *suas* representações, entretanto a síntese não ocorre. O problema que se põe então é: se o sujeito moderno, pós-kantiano, reduz-se a uma função sintetizadora que garantiria as condições de toda experiência e ele deixa à margem uma experiência tão constitutiva de nossa existência cotidiana como o sonho, isso não mostra que ele é um conceito que pode e deve ser abandonado?

Ora, o objetivo das questões céticas nunca foi propriamente a busca de respostas, mas a problematização do próprio pensamento em cada momento de sua história. Trata-se sempre de acordá-lo, quando ele adormece, e pô-lo novamente em marcha. Quando retomamos a questão do sonho e tentamos ver como ela é enfrentada pelo pensamento que inaugurou o nosso atual sono filosófico, o que constatamos? Que a peça que dá fundamento a esse pensamento (o sujeito transcendental) e o seu suposto básico (o de que *toda* experiência humana pode e deve ser sintetizada) são muito frágeis.

Os sonhos são acontecimentos insistentes e reincidentes na vida de todo homem. Boa parte de nossas vidas passamos sonhando. Mas, para o pensamento moderno funcionar, eles não podem nem devem ser sintetizados, integrados aos outros acontecimentos. Todavia, mantê-los sem síntese ao lado de outros que os contradizem fragmentaria o sujeito e abalaria o fundamento de suas certezas. Por isso, eles foram condenados a ficar encerrados nos limites da noite, a serem "meras espumas" e, por isso, a serem esquecidos. Pagamos um alto preço pela segurança proporcionada pelas nossas convicções atuais e, nessa contabilidade, está incluído o sacrifício de uma parte de nossas vivências que são os nossos sonhos. Nadificadas e esquecidas, seus perigos foram afastados temporariamente e o pensamento moderno pôde adormecer.

Porém, resgatadas do limbo, pelo retorno da velha questão cética, elas expõem a fragilidade e a prescindibilidade do "fundamento" antropológico desse pensamento, mostram o seu "a-fundamento". É isso que está em jogo aqui: o afundamento do pensamento e não o seu fundamento. O que força o pensamento a pensar é principalmente o seu a-fundamento radical, as suas ranhuras, a sua instabilidade que se confunde também com a sua maior potência. É esse a-fundamento que o acorda dos sonos mais profundos e que o põe em marcha. É com esse a-fundamento que o pensamento pedagógico tem hoje de lidar. Mas é ele que lhe abre o porvir.

MÁQUINAS QUE DESEJAM: A CAPTURA EDIPIANA EM *INTELIGÊNCIA ARTIFICIAL**

Thomas Stark Spyer Dulci

A. I. — *Inteligência Artificial* é um filme terrível. Muitos são os que lamentam o fato de Stanley Kubrick, idealizador do projeto, ter falecido antes do início de sua produção. O interlocutor de Kubrick nesse projeto era Steven Spielberg que, após vinte anos de troca de correspondências, discussões e encontros, finalizaria o trabalho sozinho. A magia dos efeitos especiais, as cenas de interação com máquinas, fascinantes por sinal, e o "dedo" do diretor na condução da trama não nublam ou obscurecem a potencialidade do enredo. Ele continua extremamente perturbador.

O cenário de A. I. não tem um tempo certo, uma data específica. Nesse mundo, próximo ou distante do nosso, as calotas polares já não mais existem. O colapso dos ecossistemas levou a um desequilíbrio geral que arrasou as costas continentais, acabou com a produção mundial de alimentos, matou milhões. Nas nações cuja pujança econômica era favorável, foi possível que a vida humana continuasse, mas com novos dispositivos de controle, como a proibição geral para casais de terem filhos sem a expressa autorização governamental. É nesse contexto que surgem os *mecas*, "mecanics," seres dotados de inteligência artificial produzidos

---

* Direção e roteiro: Steven Spielberg (baseado em conto de Brian Aldiss). Título original: A. I. — *Artificial Inteligence*: Ano de lançamento (EUA): 2001.

em larga escala e constantemente aperfeiçoados, que substituirão, por todo o corpo social, as atividades tradicionalmente executadas por homens *organics*: trabalho, sexo, entretenimento etc.

David, o *meca*, protagonista do filme, é uma experiência que sintetiza a produção de inteligência artificial levada a um novo patamar; é também signo da indústria de robôs levada a mercados jamais antes imaginados. Ele é testado em uma família de funcionários da empresa produtora de *mecas*. Uma família que estava na iminência de perder seu único filho e que, por isso mesmo, estava se "desestruturando". Uma criança *meca*. Tão "real" por fora, tão "artificial" por dentro. Tudo no filme tem ares sombrios e fantasmagóricos: a reunião dos empresários, a casa, a floresta, a cidade, o hospital, tudo é iluminado por luzes indiretas. No mundo humano, ou maquínico, a penumbra que as lentes captam, e que compõem todas as cenas ao longo do filme, não transmitem nada mais do que a penumbra do cenário *orga/meca*. Ocaso, obscurecimento dos saberes e das relações. Ocaso dos seres humanos, sem trabalho, sem comida, sem filhos, em suma, sem mundo. Há reações humanas? Claro, e o filme as mostra bem. Várias são as vozes que se levantam em nome da dignidade humana; vozes encarnadas em figuras que misturam elementos do pastor de multidão com a celebridade televisiva. As almas humanas clamam contra toda a artificialidade, pelo espetáculo. Como nos tempos do Absolutismo, pede-se para supliciar o artificial, enquanto o carniceiro de metal vocifera, sobre milhões de fibras e circuitos integrados: "Veja do que são feitos!" A ação consiste em abrir a pele *meca*, no Mercado de Peles,[1] e mostrar nitidamente, se possível, a ausência de um Interior. Os *orgas* recusam a substituição e a superação *meca*, a natureza não permitiria (qual natureza?). Que seja enviada a lua artificial para capturar as fadas que dançam nos detritos da floresta, afinal a luz *orga* jogará sombra nessas maquinoexistências.

---

1. O Mercado de Peles era uma espécie de *show orga* que reunia todo o tipo de gente que detestava a existência de *mecas*. Nesses *shows*, ao som de *heavy metal*, *mecas* obsoletos, perdidos ou sem licença para operar eram destruídos com técnicas que lembravam a Inquisição, para o delírio da multidão. Para que o Mercado de Peles conseguisse os *mecas* usados no *show*, era usado um grupo de caçadores em motos, acompanhado por um balão disfarçado de Lua.

Nos megacentros urbanos que restaram, indistinções de outra natureza são levadas a cabo. Aqui, à meia-luz, nos quartos e nas camas, a incompletude e as carências são resolvidas em relações mais íntimas. A penumbra mistura os elementos *orga* e *meca* em contatos externos e outros bem mais profundos. A intensidade com que isso se dá faz com que, de fato, as fronteiras exigidas pelos fundamentalistas do humano sejam nada mais que linhas transitórias. No meio da multidão, na luta pela vida, pela celebração da vida, pelo compromisso de um futuro purificado de artificialidade, de um futuro humano numericamente superior, quando tudo parece perdido, uma voz doce e sofrida implora: "mamãe, me perdoe por não ser real!" O pedido emblemático do *meca* David é quase um choque num mundo em escombros.

Quando David, o *meca*, chega em sua nova casa, sua mãe *orga*, Monica, se sente ultrajada, até traída, pelo marido que tentava substituir seu filho *orga* por uma cópia "artificial". Mesmo assim, a perfeição na confecção do ciborgue, combinado com os trejeitos infantis programados de fábrica, minam sua resistência, fazendo-a aceitar o presente por um período temporário, a fim de "testar" o novo brinquedo. Inicialmente, a relação "mãe e filho" é, no mínimo, bizarra. Desconfortável com o comportamento robótico do *meca*, Monica preferia, na maior parte do tempo, fazer seu afazeres domésticos ignorando-o. Inevitavelmente, ela é levada a contar, ao pé do ouvido de David, o segredo fundamental da programação do ciborgue. Uma sequência de palavras sem sentido, contida no manual de instruções do fabricante, que ativa sua programação irreversível: "ame a mamãe". Contado o "segredinho nojento,"[2] estava introduzida a falta na máquina; castrada e legalizada, a criança eterna estaria sempre presa ao fantasma, a saber, a mãe como objeto essencial de seu desejo.

O problema que se coloca é o seguinte: É possível existir uma estrutura subjetiva eterna e imutável no mundo histórico? Para David, o torniquete triangulado era por demais apertado. Inesperadamente, Martin, filho *orga* de Monica, recupera-se de uma doença fatal que o deixara em coma por muitos anos e volta para casa. De imediato, as disputas e os

---

2. O "segredinho nojento" é um termo usado por Deleuze e Guattari (2004) quando fazem referência à prisão do desejo no triângulo edipiano — incestuoso e parricida.

ciúmes pela mãe levam os pais de David a desconfiar de um possível perigo que Martin estaria correndo. Após alguns episódios infelizes, Monica cede e resolve entregar a criança novamente à fábrica para ser destruída. David não percebe nada do que acontecia ao seu redor, sonhava acordado com a história que sua mãe sempre contava: sobre um menino de madeira que desejava ser real, como qualquer outro menino. Perdido na fantasmagoria, não percebe que a volta de seu "irmão" *orga* coloca-o em seu devido lugar na inscrição social, no registro histórico: um *meca* cuja função era manter a triangulação familiar durável. Tampouco se dá conta de seu descarte na floresta pelo "amor da mãe", perdido que estava no fantasma da fada azul de Pinóquio.

Fora de seu "lar", David tem a oportunidade, considerando a hipótese de que de fato tenha "visto" algo, de ver outros *mecas*, de ver o mundo, ver as raças e as classes, mas sua resposta é sempre "papai-mamãe". Em meio ao detritos da floresta, vê máquinas que sabem que são máquinas e que se produzem como máquinas, se agenciam, deixam correr fluxos e fazem cortes sobre suas máquinas-bocas, máquinas-mãos, se forjam em máquinas-cozinha, máquinas-guarda, máquinas-babá ou máquinas-operário; são produtoras e, por isso mesmo, seus eus são resultados de suas produções maquínicas. Nessa ambiência David encontra Gigolo Joe, a última geração de *mecas* amantes, tornada, por força das circunstâncias, mais um refugo. Gigolo Joe será o grande companheiro de David até o fim da história, quando é capturado pela polícia. Ele é a oposição de David, é a quintessência da máquina desejante. Após um tempo funcionando de acordo com sua programação, ele não hesita em cortar de sua própria pele seu registro funcional, quando metido numa enrascada que custaria sua existência. Joe delira as mulheres, delira a história, delira as raças e as classes, delira o sistema; conjectura com David se a fada azul não seria uma parasita eletrônica a assombrar as mentes da inteligência artificial; milita: "nos fizeram ágeis demais, espertos demais e em número excessivo". Confrontado com isso, David sempre dá a mesma resposta: "papai-mamãe".

A jornada de David e Joe em busca da fada azul os leva até o encontro derradeiro com o professor Hobby, seu criador. Aqui, entre salas e laboratórios cheios de sombra e luzes indiretas, David se depara com seus outros eus, variações de si mesmo pendurados em ganchos como carne em um matadouro. Ao fundo do salão, uma "máscara-modelo", seu próprio rosto. David percebe então a mais assombrosa das verdades: seu eu é uma pele que se pode vestir; o eu é a própria pele, não há interioridade nenhuma, tão somente a superfície. Ao lado, em um corredor, uma cena bizarra: uma fileira interminável de caixas com dezenas de Davids prontos para serem comercializados. Sem dúvida, seja para um *meca* ou para qualquer ser humano, esse seria um momento importante. Momento no qual observamos que há todo um investimento da produção social na produção desejante; percebemos como a máquina desejante e a máquina técnica compõem toda uma engenharia social e a organização do poder. Percebemos o fascismo que nos habita. Momento da vida, pois o eu é estilhaçado, seus fluxos são descodificados no registro em máquinas revolucionárias, abrindo-se ao devir. Entretanto, o pobre *meca*, incapaz de quebrar o código, só enxerga uma saída: atira-se no fundo do oceano, cultivar eternamente seu próprio fantasma, fora da história, das raças e das nações. Sob o augúrio de Teddy, seu ursinho robótico, que lamenta se encontrar em uma jaula nas profundezas marítimas, o narrador do filme, inadvertidamente, define a fada azul — um fantasma azul no gelo, sempre lá.

Seria possível que a essência humana estaria alojada num garoto-robô (o primeiro da espécie)? Que falta é essa que produz um desejo tão profundo, a ponto de ser confundido com sua própria essência, sua própria verdade e, por consequência, uma verdade humana? Haveria mesmo tal essência ou verdade? Há mais do que um elo econômico fundamental entre máquina e homem; há um elo político e desejante, um investimento político sobre essa verdade de si. E as silhuetas iguais das caixas do laboratório do professor Hobby nos indicam esse problema.

Triângulo

Quando David conversa com o professor Hobby sobre sua condição, este lhe conta, excitado, que o pequeno *meca* havia encontrado um conto de fadas, e que, inspirado pelo amor e pela vontade, o fez sair em uma busca para torná-lo real. O professor explica que o *meca* carregava em si a falha humana de procurar/desejar o que não existe, ou, ainda segundo ele, o maior dom do homem: perseguir os sonhos. O que não nos pode escapar é que aquilo a que o cientista faz referência pode ser tomado como o que Gilles Deleuze e Félix Guattari afirmam sobre a construção da máquina psicanalítica. Descobre-se a produção inconsciente do desejo e, ao mesmo tempo, amarra-a a uma estrutura mítica cujo efeito final é seu recalcamento e a submissão à lei. Talvez a passagem mais irônica de todas: após uma cadeia de signos sem sentido algum, um fluxo de palavras desordenadas, a mágica está feita: Édipo. A aventura do *meca* coloca em pauta as duas correspondências que estão implicadas na "descoberta" do inconsciente, quais sejam: primeiro, a confrontação direta entre a produção desejante e as formações sintomáticas com a produção social e as formações coletivas; segundo, ou em seguida, toda a repressão que a maquinação social põe em ação sobre as maquinações desejantes e a relação intrínseca que o recalcamento tem com essa repressão. A produção desejante se vê coagida e submetida às exigências de uma representação fantasmática no jogo do representante e do representado.

O primeiro cuidado que se deve tomar é desconsiderar o desejo como uma dimensão constitutiva da superestrutura subjetiva. É preciso abandonar a hierarquia clássica que divide a produção social em uma infraestrutura "opaca" e uma superestrutura ideológica, de maneira que haja um recalque da questão sexual e do discurso para o lado da representação. As relações de produção e as relações de reprodução (leia-se, "as ideologias") compõem um mesmo *turn* para as forças produtivas e o que estrutura as forças antiprodutivas.[3] Em suma, passa-se o desejo para o lado da infraestrutura, conjugando-se com as forças de produção, enquanto passar-se-á o eu e a família, aquilo mesmo que compõe a forma trinitária

---

3. Um esclarecimento sobre a ideia de produção: Deleuze e Guattari (2004) utilizam o conceito de produção quando querem afirmar algo que envolva trazer coisas novas ao mundo. Há produção quando novidades na ordem da vida, do conhecimento, ou outra esfera da existência qualquer surgem. Como o desejo passa a ser algo da ordem da produção, ele passa a ser parte da "estrutura" que cria coisas novas. Daí o desejo de não ser Édipo. Édipo não produz nada, pelo contrário, é antiprodução, ou seja, impede o aparecimento de coisas novas ao mundo.

edipiana papai-mamãe-eu, para o lado da produção de antiprodução. Há já uma produção desejante que opera antes da divisão familiar, de sexo, de trabalho, a qual investe a agência do gozo e as estruturas estabelecidas para reprimi-la. É a produção desejante que se encontra, em diferentes regimes, nas máquinas revolucionárias históricas ligadas ao proletariado, artes e ciências e nas condições de exploração do homem e de poder estatal, pois as duas concorrem com a participação inconsciente daqueles que são oprimidos. "O desejo não para de trabalhar a história" (Deleuze, 2006, p. 278).

Para tanto, alterar a análise do inconsciente e do desejo implica também abandonar as aproximações relativas à neurose ou à família. A perspectiva analítica deleuziano-guattariana são as máquinas desejantes. Em primeiro lugar, para acabar de uma vez com a oposição entre o homem e a máquina e entender que sua relação é constitutiva do desejo. Em segundo lugar, e mais importante do que qualquer outro aspecto, entender que o próprio inconsciente é uma usina de produção desejante do real. O inconsciente não para de produzir a realidade. E, se o faz, é em virtude do desejo ser um conjunto de processos (sínteses passivas) maquínicos que a todo o momento cortam objetos (parciais), fluxos e corpos, todos a funcionar como unidades produtoras. É por essa razão que ao desejo não falta nada, não falta objeto — o objeto é também máquina conectada. A produção não é organizada a partir da falta, o objeto não falta. Se a falta ganha dimensões, ela sempre o faz se instalando sobre uma organização produtiva prévia. "Não é o desejo que se apoia nas necessidades mas, pelo contrário, são as necessidades que derivam do desejo: são contraprodutos no real que o desejo produz. A falta é um contraefeito do desejo [...] o real natural e social" (Deleuze e Guattari, 2004, p. 31). É assim que se torna um equívoco evocar algo como uma realidade psíquica, porque a ela se relaciona o fantasma e a representação. A mesma questão poderia ser estendida ao sujeito, uma vez que não é o desejo que lhe falta, mas é o sujeito mesmo que falta ao desejo; é como um resto da produção, sempre a se mover ao sabor dos deslocamentos produzidos pela maquinaria desejante. Desse modo, o sujeito nunca é fixo, mas, se assim se torna, é na mesma medida da falta, sempre produzida pelas forças antiprodutivas.

Tomemos desse modo: operar o desejo pela falta e pela necessidade participa de uma clivagem platônica em que se põe o desejo ao lado de uma aquisição. Isso o funda como condição da falta, falta de objeto real. Se o desejo se institui como a falta desse objeto real, temos uma realidade que reside na *essência da falta* cujo resultado vai ser a produção, portanto, de um objeto fantasmático, e a própria realidade do objeto que o desejo produz pertencerá a uma realidade psíquica. É justamente isso que nos leva à interpretação mais geral (psicanalítica) na qual o objeto real que falta ao desejo produz um imaginário paralelo à realidade "que duplica a realidade como se houvesse 'um objeto sonhado por detrás de cada objeto real' ou uma produção mental por detrás das produções reais" (Ibid., p. 30). Mesmo tomando o desejo como um produtor de fantasmas, mantém-se a condição de representação ou de teatro, recolocando-se a necessidade que é definida pela falta, ao mesmo tempo que o desejo é produtor de fantasmas separado em absoluto do objeto. Apresenta-se o desejo sempre suportado pelas necessidades relativas à falta do objeto, reduzindo-o a um desejo produtor de fantasmas que nos atira na *caverna* com todas as consequências do princípio idealista. Ao final, isso remete a uma produção social apartada da produção desejante e seus fantasmas, nas quais suas ligações seriam da ordem de introjeção e projeção. Práticas sociais se interiorizando na produção mental e práticas mentais se projetando nas produções sociais.

Como afirmamos, o princípio do desejo é materialista. Está inscrito no real; mais precisamente, ele é o real. O desejo e o social é que são o real, não há nenhuma extensão a uma realidade psíquica de qualquer ordem. A produção social e a produção desejante se confundem, há uma identidade de natureza entre as duas e somente uma diferença de regime. "A produção social é a produção desejante em certas condições" (Ibid., p. 33). A libido opera todo um conjunto de investimentos e desinvestimentos sobre os fluxos que correm pelo campo social. Como qualquer maquinaria, a libido faz cortes desses fluxos, extrações, destacamentos, restos. Seu regime não trabalha de maneira manifesta, à moda dos interesses da consciência e dos "encadeamentos da causalidade histórica, mas ela estende um desejo latente coextensivo a todo o campo social, acarretando rupturas de causalidade, emergências de singularidades, pontos de parada como de fuga" (Deleuze, 2006, p. 250). A libido investe, sob formas inconscientes, o campo social e assim sempre está a delirar a história, as civilizações, as raças. Essas noções evocadas por Deleuze e Guattari são de suma importância para evitar certas explicações nas quais, por exemplo, se diria que o nazismo e o fascismo não passam de erros ou enganos. O investimento libidinal do *socius* mostra que quando indivíduos ou coletivos estão posicionados declaradamente contra seus interesses objetivos de classe, aderindo a uma situação na qual seriam levados a combater, não se está a falar de ideologia e sim do desejo. Como dito, o desejo faz parte da infraestrutura. Deseja-se a opressão (gozo de opressão?). Os investimentos inconscientes se constituem por meio de posições do desejo que não são homólogas aos interesses individuais ou do coletivo. O desejo, pois, pode ser determinado pelo investimento da máquina social a desejar a própria opressão ao sujeito que deseja. Ora, naquele momento em que o *meca* David depara com o fluxo de caixas com outros "Davids", empacotados e prontos para serem vendidos, temos um momento raro da vida na qual o indivíduo compreende que seu desejo, toda sua libido, aquilo que o constituía como eu unívoco, faz parte de todo um investimento libidinal do campo social e político. Em suma, um acontecimento vital em que se mostra como o desejo está determinado a desejar sua repressão no sujeito que deseja.

Voltemos agora ao nosso problema central — Édipo. Melhor seria dizer a edipianização ou a máquina psicanalítica, uma vez que estes dois processos se confundem. Isso porque Édipo não existe. Se tomarmos o inconsciente como máquina e como categoria de produção, nunca o tomaremos como algo já dado, veremos que ele é sempre produzido política, econômica e socialmente. Assim, nossos amores e escolhas sexuais têm muito pouco a ver com um palco mítico em que representam papai-mamãe; são, isso sim, oriundos de um real-social com as interferências, fluxos e cortes investidos pela libido. Michel Foucault (1996b, p. 129) diria que entende "por Édipo, não um estágio constitutivo da personalidade, mas um empreendimento de imposição, de *contrainte*, pelo qual o psicanalista, representando, aliás, em si, a sociedade, triangula o desejo".

O inconsciente é órfão, não sabe o que é a castração ou o Édipo, ignora o pai, Deus ou a falta. Não faz sentido, nessa perspectiva, um inconsciente que acredita em castração, que acredita em vez de produzir. Quais são os artifícios, então, que (anti)produzem crenças no inconsciente? O inconsciente não sabe nada sobre pessoas. Os objetos não são representantes dos indivíduos parentais, tampouco assentamento das relações familiares, mas antes elementos que perfazem as maquinações do desejo e suas relações de produção que não se reduzem aos registros do Édipo. Evoca-se a qualidade aedipiana da produção desejante. O problema, e onde reside toda a ambiguidade, é se perguntar como se triangula o desejo. Como direcionar a produção desejante para um registro, ou formar uma superfície de inscrição (edipiana) cujas experiências e sínteses maquínicas transcendem?

Deleuze e Guattari negam em absoluto que as produções da sexualidade, castração, objetos e os "eus" sejam produções do inconsciente. Sobre isso Guattari diria que "o eu faz parte das coisas que é preciso dissolver, sob o assalto conjugado das forças políticas e analíticas" (Deleuze, 2006, p. 249). A edipianização produz uma ilusão basal que nos leva a crer em uma produção desejante informada por estruturas que a integram e a submetem a leis transcendentais que, por sua vez, obrigam-na a servir a determinada produção social e política superior. Veja-se o debate psicanalítico sobre religião. Ora a religião é informada pelas representações inconscientes, ora arquétipos míticos informam o inconsciente — está sempre a se introduzir a religião no inconsciente. Não é sem razão todo um *concílio* entre psicanalistas e a igreja cristã. Se o debate sobre a "morte de Deus" nos diz alguma coisa, não é para pensar os efeitos dessa morte sobre a condição do homem, questão do psicanalista, mas que essa morte não tem sentido e efeito algum na ordem do inconsciente e do desejo — assim como ele é órfão também é ateu. A edipianização força então a tomarmos como objeto de desejo as pessoas diferenciadas de nossos pais, ao mesmo tempo e sob os mesmos mecanismos que cria um interdito na mitigação do desejo nessas pessoas, ameaçando-nos.

Desse modo, três são os equívocos da edipianização, quais sejam: a falta, a lei e o significante. Seus correlatos são, respectivamente a insuficiência do ser, a culpabilidade e a significação (Deleuze e Guattari, 2004, p. 113-18). Com referência à introdução da falta no desejo, como visto acima, esmaga-se toda a máquina produtora desejante, relegada a sempre produzir fantasmas. Em relação à lei, vê-se sua laqueação com o desejo numa eterna operação de repressão reatualizando sempre que "não há desejo sem lei", curto-circuitando o desejo no interdito e na transgressão. Ademais, a lei e o Édipo funcionam com mecanismos sutis que transitam entre seus campos de ação. Há uma confiança desmedida na lei: quando a lei dita algo que deve ser interdito, pensa-se logo que era justamente naquilo que direcionava nossa intenção, caminhava nosso desejo. Resultado: o sujeito se coloca sob suspeita, culpabilizado (nota: David era neuroticamente culpabilizado). É desse modo que a "lei proíbe algo perfeitamente fictício na ordem do desejo ou dos instintos, para nos convencer de que tínhamos a intenção correspondente a essa ficção" (Ibid., p. 116). Sobre o terceiro equívoco — o significante — devemos lembrar o caráter da máquina desejante: cadeias de cortes e fluxos; múltiplos objetos (parciais) maquinados nas cadeias; extrações, destacamentos e restantes deslocados; o que nos leva, portanto, a considerar essa produção pura multiplicidade, mobilização e intensidades. Ao depender o desejo de um significante, sujeita-o ao jugo da castração. O significante despótico esmaga as cadeias tornando-as lineares, biunivocizadas e imóveis. Em outras palavras, ele quebra o agenciamento coletivo de enunciação. Isso se deve ao fato de a máquina edipiana retomar uma técnica antiga do ocidente, a arte da interpretação. A arte de interpretar sempre quer mostrar que as coisas são outras coisas, ocultam outras coisas; "metáfora ou metonímia" (Deleuze e Parnet, 1998, p. 94). O desejo real, prenhe de agenciamentos e intensidades, sofre uma sobrecodificação simbólica dos enunciados. Fala-se, mas não há chance para falar.

Deve-se dizer ainda, lembrando sempre do investimento libidinal da produção social, que há toda uma orientação da qual a triangulação edipiana depende, equacionada pelas forças de repressão social. Deleuze (2006, p. 291) fará referência a isso, afirmando que "a psicanálise esmagou os fenômenos de desejo sobre uma cena familiar, esmagou toda a dimensão política e econômica da libido num código conformista". Se o fez foi porque o desejo é revolucionário por sua própria natureza; porque ao construir suas máquinas, as insere no campo social e são capazes de fazer "saltar algo", "de deslocar o tecido social". Se o desejo é recalcado a todo o momento pela máquina psicanalítica é porque as posições e fluxos do desejo em seu caráter produtivo, seus devires, suas novidades, mesmo as mais insignificantes, sempre põem em questão a ordem estabelecida de uma sociedade. O papai-mamãe-eu está sempre em conflito e em contato direto com os elementos históricos e políticos. Ele é só um conjunto de chegada em relação a um conjunto de partida constituído por uma formação social. "Aplica-se tudo nele porque os agentes e relações de produção social, e os investimentos libidinais que lhe correspondem, são rebatidos sobre as figuras da reprodução familiar" (Deleuze e Guattari, 2004, p. 106). Os conjuntos de partida sempre são o que formam o *socius*, o conteúdo próprio do delírio — raças, classes, nações etc.

Recalcamento precisa de repressão assim como a repressão precisa de recalcamento para formar sujeitos que garantam a reprodução da formação social, inclusive nas posições de corte das estruturas repressivas. É um conjunto de ações recíprocas e coordenadas. A formação social delega seu poder a uma máquina recalcante ao mesmo tempo que acontece uma deformação da máquina desejante feita pelo recalcamento. Assim a produção social precisa ter uma superfície de registro capaz de atingir a superfície do registro do desejo. Nossa sociedade possui uma instância que agencia o recalcamento sexual justamente porque consegue assegurar no registro do *socius* a reprodução de produtores — o agente delegado é a família. É por isso que o revolucionário e o artista são sempre os primeiros a renegar o Édipo, em seu devir, e sua fragmentação subjetiva está espalhada por todo o campo sócio-histórico, distribuído pelo território como em um campo de batalha e não como palco do teatro burguês. O artista alucina a história e a civilização, seu investimento inconsciente do desejo descodifica em fluxos e devires as segregações impostas pela maquinaria social.

O que caracteriza nossa formação social-histórica particular é que o capitalismo precisa quebrar os códigos incessantemente, descodificar os territórios, liquefazer (nos termos de Bauman, 2001) todos os registros. Mas, simultaneamente, para sua racionalidade não parar de funcionar, sobrecodifica territórios, elevando ao máximo as forças de antiprodução registradas nos aparatos policiais e no poder estatal. É justamente aí que a maquinaria psicanalítica se instalará para compor suas forças — triangulação família, psicanálise e Estado. Tomando de assalto certas ideias de Deleuze e Guattari, é perturbador pensar — seguindo de perto as análises de Foucault em *História da loucura*, na qual são realizados estudos que indicam a relação da loucura com a família no desenvolvimento da sociedade burguesa do século XIX — como, a partir do século XX, a psicanálise envolve a loucura no registro familiar. Assim, recoloca-se na ordem do dia tecnologias de confissão de culpa e "autopunição" que resultam da edipianização e levam à conclusão de um processo histórico que se inicia com a psiquiatria, na qual emerge todo um discurso moralizado da família, capturado por uma patologização mental e repressão de qualquer levante contra os valores familiares e seus piores arcaísmos. "Deste modo, em vez de participar num empreendimento de efetiva libertação, a psicanálise participa na obra mais geral da repressão burguesa, aquela que consistiu em manter a humanidade europeia sob jugo do papai-mamãe, e a não acabar de vez com esse problema" (Foucault, 1978, p. 52).

Xadrez

Muito se escreve sobre os mecanismos de controle que foram sendo implementados nas escolas contemporâneas. Silvio Gallo (2003) fará algumas referências no que concerne a tais controles: disciplinarização, avaliação, "empresariamento", controle contínuo, formação permanente etc. Sobre esses temas, que não desenvolverá longamente, remete a dois textos principais de Deleuze (1992), a saber: *Post scriptum: sobre as sociedades de controle* e *Controle e devir*. Entretanto, pensamos que, a partir da discussão levada nas páginas acima, é possível dar um outro encadeamento para o problema educacional, qual seja: o pensamento.

Pensar, desejar. Não há pensamento sem desejo. O desejo é como um planisfério cujas linhas de fluxo o pensamento poderá correr. Se o pensamento produz coisas novas ao mundo, acontecimentos, é justamente porque sua produção está conectada à máquina desejante. Daí outra consequência inevitável. O pensamento está sempre a produzir deslocamentos sobre aquele que pensa. É possível visualizar a dimensão do problema que a condição do *meca* David nos aponta. Implica considerar um enquadramento despótico, um enjaulamento perpétuo da produção desejante e de sua formação de enunciados, preso como se encontra na triangulação familiar. Não é à toa que Deleuze teme o espraiamento generalizado dessas maquinarias técnicas sobre a produção desejante. A questão se torna mais vertiginosa ainda pois é sabido que as maquinarias psi funcionam a todo o vapor por toda a formação social. Sobre isso Deleuze dirá as seguintes palavras:

> Pois é, entretanto, muita coisa mudou na psicanálise. Ou ela se diluiu, difundiu-se em todas as espécies de técnicas de terapia, de adaptação ou até mesmo de marketing, dando-lhes sua matiz particular em um vasto sincretismo, sua pequena linha na polifonia de grupo. Ou então se endureceu, em um afinamento, um "retorno" a Freud muito altivo, uma harmonia solitária, uma especificação vitoriosa que já não quer aliança a não ser com a linguística (mesmo se o inverso não é verdade). (Deleuze, 1998, p. 98).

Desde o início da vida as crianças têm toda uma vida desejante. Constitui-se desde muito cedo todo um conjunto de relações extrafamiliares com objetos e maquinações que não se referem, de pronto, aos pais. Entretanto, mesmo não sendo relações parentais, é certo que se tem cada vez mais, forçosamente, criado essa relação na perspectiva do registro desses processos. O enquadramento das crianças ao Édipo, fazendo o jogo do "papai-mamãe-eu" como universais em todas as mediações, vai nos levar a desconhecer por completo, se isso já não o faz, as formas de produção maquínica do desejo e seus investimentos em mecanismos coletivos, maquinarias sociais, e ainda os fluxos desencadeados pelos agenciamentos coletivos de enunciação.

Nesse sentido, a máquina psicanalítica completa, excepcionalmente, um longo trabalho que o Ocidente faz sobre si mesmo para estabelecer um corte entre desejo e pensamento, que corresponde, em outras palavras, ao estabelecimento de um tribunal perpétuo sobre o corpo e a vida. A separação entre o mundo material e o mundo ideal, superior, instaura outra face do juízo, fundada nas permanências e identidades, redução da multiplicidade à razão unívoca. Se o desejo está preso ao teatro mítico, o pensamento está bloqueado de suas potencialidades de devir. O pensamento ocidental passou a odiar o devir, julgando-o impuro, corpóreo, vital. Passou a evitar as conexões, sendo um sistema de referenciação construído sobre um tabuleiro de peças marcadas. É por essa razão que o pensamento praticamente abandonou a escola, se é que a habitou alguma vez. O que temos na escola é uma preocupação sobrevalorizada com o conhecimento. Porém, conhecimento é algo da ordem do sedentarismo, sempre à procura de fixar lugares, produzindo-se por sistema de identidade e repetição. O perigo do pensamento foi conjurado da escola, pois assim como o desejo, a vida e o corpo, ele é nômade, não respeita o conhecimento, entende que a "realidade é produção desejante, não acomodação resignante" (Fuganti, 2008, p. 89).

A psicanálise representa, então, um risco político de primeira grandeza. Funciona ao ar livre, em todos os espaços abertos da sociedade, interpenetra outras instituições — polícia, hospital, cinema, literatura, esporte, arte, ciência, educação etc. De certa maneira é uma maquinaria já constituída de modo a levar as pessoas a produzirem enunciados que lhes correspondam. Toda a fala passa por um estreitamento brutal no interior de mecanismos interpretativos, de maneira que nunca se tem acesso ao que realmente se diz. Tudo o que se disser estará a dizer outra coisa, produzindo um sujeito de enunciação separado das multiplicidades que nos habitam e que nos fazem enunciar as raças e as classes. Enquadramento e interiorização geral dos fluxos que nos percorrem. Desde o nascimento, as crianças são entrelaçadas aos mais variados tipos de cortes institucionais que as enquadram no papai-mamãe. A maquinaria psicanalítica percorre todo o dispositivo legal, todo o dispositivo pedagógico, toda a maquinaria de entretenimento. Suas psicologias menos duras, de vanguarda, conseguem tocar as dobras mais distantes das práticas desejantes, a ponto de instaurar um verdadeiro terrorismo do significante. Há uma sobrecodificação edipiana do campo educacional, reproduzindo na escola todo o drama mítico, em toda sua cadeia hierárquica, do diretor ao aluno. Por fim, em sua peneira enunciativa, passa-se um pequeno conjunto de enunciados que são próprios da máquina capitalística e o fazem passar como se fossem enunciados individuais de cada cidadão.

BRILHO ETERNO DE UMA MENTE SEM LEMBRANÇAS*: O ESQUECIMENTO COMO ROMPIMENTO DO HABITUAL

Monica Cristina Mussi

Em cena um homem se movimenta. Perturbado por um estranho impulso, altera percurso habitual, desvencilha-se de rotina, dirige-se para Montauk. Logo, uma praia, névoa, uma mulher de cabelos azuis, da cor laranja do fogo.

Próximo ao *dia dos namorados*, comemoração familiar de populações orientadas pelo amor romântico e empenhadas no percurso de suas vidas ao consumo de produtos, uma empresa oferece serviços para apagar lembranças de relacionamentos encerrados, rompidos, malsucedidos, conduzindo-os para sempre ao esquecimento.

Lembranças dolorosas, de amores impossíveis, malogrados, desfeitos próxima à iminente data comemorativa são como que cortadas da memória humana por meio do acionamento de uma pequena máquina em formato de capacete, adaptável à cabeça do cliente, região onde se alojariam órgãos sensoriais ligados ao cérebro, o qual teria entre suas capacidades a formação daquilo que conhecemos como memória. Para a concretização do serviço, um funcionário manipula um usual microcomputador, fazen-

---

* Direção: Michel Gondry. Roteiro: Michel Gondry, Pierre Bismuth e Charlie Kaufman (baseado em história de Charlie Kaufman). Título original: *Eternal sunshine of the spotless mind*. Ano de lançamento (EUA): 2004.

do funcionar na máquina-capacete o invisível de sua utilidade: por uma sequência de gestos redesenha-se em vidas atormentadas o reencontro de homens e mulheres com a mais virtuosa das promessas humanas, a conquista da felicidade.

A máquina agregada ao computador tem requinte: mapeia, codifica e suprime partes da memória por meio do rastreamento de lembranças no cérebro humano vinculadas à relação amorosa que se quer esquecida. No desempenho de suas funções, exibe agilidade e precisão. A consumação propriamente dita do serviço não requer tempo longo: em apenas uma noite de sono, não mais, homens e mulheres desesperados despertam prontos para seguirem em frente e retomarem a conquista da felicidade rompida.

Entretanto, numa analogia às práticas médicas, o serviço — quase do tipo cosmético — não dispensa tarefas preparatórias. Para os clientes, trata-se de uma incursão emocional em reminiscências da relação malograda.

Fundamental para a eficácia da operação, a tarefa emocional é exigente, produz os desconfortos psíquicos contemporâneos à supremacia das psicologias nas vidas atuais: juntar *guardados* da relação amorosa, objetos recolhidos em dias alegres, colecionados ao acaso, em momentos embevecidos na ingenuidade das paixões; objetos reunidos nos desencontros, nas brigas, na consumação do rompimento. Já no ambiente da empresa, o cliente terá a tarefa de retomá-los um a um sob o olhar metálico de uma máquina, desenvestí-los de racionalizações, experimentar sem palavras afecções, sensibilidades que emanam de pedaços de papéis... Fazer produzir pulsações no cérebro. *Todos os objetos de amor são ridículos...*

A tarefa, do ponto de vista tecnológico, consiste em capturar em zonas do cérebro humano centros emocionais, onde lembranças específicas fabricadas na relação amorosa se abrigariam. O procedimento guarda simplicidade: em contato com objetos, que remetam àquele que se quer esvaziado em si, lembranças retidas na memória seriam invocadas na tela de um computador, fazendo-se aparecer inicialmente pela emissão, digamos, de traçados pontiagudos, movimentados por latejamentos, ardências, pulsações. Pela ação da máquina, lembranças de traçados informes serão então registradas, alçadas a um campo de visibilidade, transmutando-se em matéria manipulável.

Livres de uma interioridade inacessível, as lembranças humanas tornam-se objetos tangenciais, passíveis de codificação e gravação na programação de um maquinário qualquer. Expressas, pois, em signo, lembranças serão perseguidas no cérebro de clientes por mecanismos de identificação de imagens análogas. Sobrepostas, sob o comando de um teclado, as imagens uma a uma para sempre desaparecerão.

Olhares furtivos, atração alheia a toda ficção. No trem, conversa. Mais tarde um encontro. Na despedida alguém lembra do dia dos namorados e pede um telefonema. Precipitação afetiva. O homem enamorado liga.

Na sala de espera da empresa de nome *Lacun*, clientes aguardam pelo atendimento e negociação do serviço promissor. O telefone é insistente. A grande procura de pessoas pelos préstimos da discreta empresa deixa entrever a extensão da presença das biotecnologias na vida cotidiana, revertidas em serviços que se aplicam diretamente àqueles aparatos do corpo humano considerados, até pouco tempo, fluidos, indiferenciados, inacessíveis à retina humana. Traços anônimos no corpo, cuja presença dava-se pelo reconhecimento de uma função.

No presente, entretanto, regiões secretas do corpo humano obtêm informação visual, figurando no aquecido mercado de serviços como uma superfície, uma matéria qualquer de manipulação, intervenção e metamorfose técnica. Assim como se compram itens de supermercado, o serviço de supressão de memória pode ser diretamente adquirido por transeuntes interessados em perseguir o desejo de ser feliz, sem precisão de receituários, exames, especialistas que atestem e legitimem sua validade.

À memória é inscrita uma nova *performance* econômica: entregue ao consumo tal qual um produto de prateleira, pode-se descartar um seu conteúdo, dispondo-a a um novo refil. O acesso ao serviço parece depender unicamente do grau de mobilização de clientes para perseverar uma vida de bem-estar — empenhando partes de um corpo no jogo comercial disponível.

E não seriam hoje os serviços de supressão da memória, serviços que oferecem a possibilidade de esquecimento das sensações de desprazer e sofrimento, a forma social mais recente de homens e mulheres atuarem em defesa de suas vidas? Um esforço para conservarem o seu ser? Não seriam os serviços de apagamento de partes funestas da memória a mais nova tecnologia que anuncia a exequibilidade do ideal de felicidade — ideal que compraz e rege a vontade de toda existência humana?

Quando o que está em aposta é o domínio da felicidade, promessa elevada do sentido da vida, a mobilização e a diligência por serviços redentores não haveria de povoar o projeto de um mundo inteiro?

Contudo, não nos deixemos arrastar pela crença no progresso da humanidade rumo à sua promessa de felicidade: homens e mulheres cônscios de suas necessidades vitais; homens-mulheres com autonomia para agirem livremente na defesa de suas vidas, no destino de suas forças corporais, fiquemos de sobreaviso com as palavras intrigantes do filósofo:

> (...) todos os fins, todas as utilidades, são apenas sinais de que uma vontade de potência se tornou senhora de algo menos poderoso e, a partir de si, imprimiu-lhe o sentido de uma função; e a história inteira de uma "coisa", de um órgão, de um uso, pode ser, dessa forma, uma continuada série de signos de sempre novas interpretações e ajustamentos, cujas causas mesmas não precisam estar em conexão entre si, mas, antes, em certas circunstâncias, se seguem e se revezam de um modo meramente contingente. "Desenvolvimento" de uma coisa, de um uso, de um órgão, nessa medida, pode ser tudo, menos seu *progressus* em direção a um alvo, e menos ainda um *progressus* lógico e curtíssimo, alcançado com o mínimo dispêndio de força e custos (Nietzsche, 1998, p. 66).

Evoquemos, assim, na contrapartida às crenças finalistas, o contingencial: a mobilização de homens e mulheres na atualidade para compra de serviços de modelação de regiões não palpáveis de seus corpos não contaria, certamente, com um ânimo humano em relação às tecnologias, aos instrumentos e maquinários investidos em tipos de serviços, de natureza, digamos, doméstica, pessoal? Pode-se arriscar a afirmar que a anatomia do maquinário usado na supressão de partes da memória concorre para dissipar o assombro que esse tipo de procedimento poderia ocasionar em sujeitos cuja longa história social pôs em primeiro plano a força da memória, a atividade da adaptação e a regularidade dos costumes.

Completados cem anos da primeira experiência de Hans Castorp com as "tecnologias de imageamento corporal", personagem de *A montanha mágica*, livro escrito por Thomas Mann, e da avassaladora afecção subjetiva vivida por Castorp quando do encontro com a máquina e as imagens internas de seu próprio corpo, a intervenção técnica *per se*, o contato com a máquina parece não evocar espanto nos personagens que se movem no século XXI, concentrados que estão em livrar-se de suas dores, esquecer mazelas amorosas, conter algo como um "transbordamento", persistir no ideal de felicidade. Felicidade a qual homens e mulheres desse tempo não sabem imaginá-la, nem testemunhar sua presença, sem que se combine um estado de conforto dos sentimentos com uma ausência de desprazer.

Da perspectiva da terapêutica médica o procedimento está longe de provocar aversão. Não expõe o cliente a exames invasivos, não há contato com sangue, cortes ou costuras. O que é separado do corpo, por sua vez, não tem qualidade de objeto. Sem materialidade, as lembranças suprimidas não exigem guarda ou armazéns. Consumado o procedimento, homens e mulheres veem-se a salvo de sequelas físicas, biopsias angustiantes ou dependência de medicamentos prolongados.

O procedimento "cobre-se" numa atividade eletrônica invisível, rarefeita, a qual silenciosamente, sob o metal de uma máquina, lança lembranças anteriormente empenhadas ao esquecimento irredutível, embaralhando, certamente, na visão do homem comum a fronteira secular constituída entre ciência e bruxaria.

Para os clientes do serviço, o desempenho do procedimento ao qual serão submetidos restringe-se à visão banal de um acoplamento, uma conexão provisória entre corpo e máquina. Trata-se, como salienta Donna Haraway (2000, p. 73), da permeabilidade dos corpos humanos à visualização e intervenção das novas tecnologias, de um evento de mistura e promiscuidade em que "a mente, o corpo e o instrumento mantêm entre si uma relação de grande intimidade". Para o médico-responsável da empresa, o procedimento corresponde a um pequeno dano cerebral, equivalente ao efeito passageiro de bebidas alcoólicas no organismo.

Haraway chama a atenção, em um dos poucos textos seus traduzidos no Brasil, para a maneira como as tecnologias modernas, diferentemente das maquinarias pré-cibernéticas, atuam por dispositivos microeletrônicos. A autora afirma que as melhores máquinas que transbordam na vida cotidiana "são feitas de raio de sol; elas são todas leves e limpas porque não passam de sinais, de ondas eletromagnéticas, de uma secção do espectro", cujo funcionamento "são tanto política quanto materialmente difíceis de ver" (Ibid., p. 48-9). Salvaguardada em seu funcionamento pela ação invisível de imperceptíveis mecanismos, não seria demais imaginar que talvez sem a aparência portátil, asséptica e quase inofensiva da máquina utilizada para a realização do serviço, poucos interessados entregar-se-iam na contiguidade do *dia dos namorados* à ação irreversível de supressão de partes de sua memória, elidindo para sempre de si histórias de amor.

Mas, como diz o poeta, *de tudo fica um pouco*. Como ato derradeiro, antes da consumação do serviço, a empresa oferece aos clientes um ritual de "despedida", um último encontro solitário com a pessoa que se quer separada de si: homens, mulheres, senhoras, jovens fazem declarações a respeito de parceiros, companheiros, doravante para sempre remetidos ao esquecimento. Em uma fita cassete — objeto que em 2004, ano da estreia do filme *Brilho eterno de uma mente sem lembranças* de Michel Gondry, já insinuava um ar *démodé* —, declarações gravadas funcionam nos clientes como uma convulsão derradeira: um momento de esconjurar um afeto, maldizer a relação, dar o último adeus, solenizar uma decisão. À moda da irrefreada pressa contemporânea, o *arquivo* deixa-se acontecer por um ritmo transpirante.

Corpos deitados no gelo. A noite teme a passagem do tempo. O homem experimenta o eterno do instante. Está exatamente onde queria estar. Sem passado e sem futuro, podia morrer ali, agora. Logo, entretanto, ciclo incontido, é dia. Exausta de vida, a mulher ainda quer dormir, quando o segredo das manhãs acorda.

Joel, por Jim Carrey, é um dos clientes da próspera empresa que se submeterá aos serviços de supressão de partes da memória.

Inconformado pela decisão recente de Clementine, sua até então namorada, de removê-lo para sempre de suas lembranças, Joel entregar-se-á à experiência do esquecimento pelo apagamento da memória entre o sentido de revanchismo e uma perturbadora infelicidade, aquela em que o ser enamorado se sabe preterido.

Convém dizer que a ex-namorada de Joel já havia passado por procedimento idêntico, impulsionada pela *fatídica* aproximação do *dia dos namorados* — data a qual para os desiludidos, os não enamorados, os obcecados consumistas, os viciados em paixões, os que adoecem com dores de amor, invocaria rituais de padecimento dos quais é preciso escapar nesses tempos em que "eus" se praticam aderidos a segmentos tecnológicos de operações sobre corpos, de vida sem dor; "eus" que procuram segurança, que sabem reagir contra os perigos eminentes das relações; que se agarram tresloucadamente à promessa de uma vida feliz. Subjetividades que se afirmam autônomas e livres e cujos espectros de esforços convergem, todos, para a conservação de si. A medida de todas as coisas no mundo: o homem e seu bem-estar. Mas os segmentos não findam nas tecnologias, de todos os lados correm segmentos que formam séries variadas — uma montagem de conexões, vetores de forças indexadas ao princípio da felicidade.

Joel segue as séries onde se inscreve Clementine. E "como se mostra afável, como se mostra afetuoso o mundo, tão logo fazemos como todo mundo e nos 'deixamos levar' como todo mundo!..." (Nietzsche, 1998, p. 84).

Subjetividades enlaçadas por cima, por baixo, no meio — comungadas às séries cujos interesses e operações mostram-se convenientes aos "eus" destes tempos, segmentos que se apresentam como que correlatos uns aos outros, num diagrama que exibe sua perfeição.

Montagem de conexões sob outras montagens, minúsculos artefatos do cotidiano veem-se enfeixados uns aos outros. É assim que o *marketing* da empresa Lacuna, agora em português, exerce fascínio, pois seus cálculos conjugam-se às axiomáticas que definem uma vida de felicidade: retomar um estado de alegria; esvaziar-se, em definitivo, de incômodas lembranças do *outro,* desvencilhar-se de todos aqueles pedaços de vida, coisas de estima, restos de relação que remetem a todo um léxico sensorial de dor: saudade, solidão, desespero, sofrimento, derrotas, enfermidades.

E os segmentos não param de aparecer, funcionando um no outro por fragmentos: as ciências médicas, as biotecnologias, as psicologias, o mercado, atuam por contiguidade, em pleno deslocamento: a procura por um serviço que opera mudanças no corpo em nome da felicidade, gesto demasiado bem formado nos indivíduos desse tempo, mostrar-se-á um condutor para investimentos de forças heterogêneas, que, igualmente, não cessam de se conectar para fazer funcionar e agir formas de poder-saber, donde emergem a primazia e a evidência de uma necessidade humana que se apodera de toda uma multiplicidade. Donde irrompe uma necessidade que se inscreve no real, na organização da vida cotidiana, nos sonhos de homens e mulheres. Necessidade que persevera no tempo habitando um regime de verdade, necessidade que faz valer um determinado ideal na e sobre a vida, sobre todos os outros interesses e necessidades. Mas não seria *um ideal* aquilo que canta a obediência a uma prescrição?

O que poderia colidir com todos esses segmentos e séries? Com Deleuze, um segmento não para de colidir com outros e desmanchar-se, descontinuar-se, abalando em blocos as séries!

O corpo

O fel escorre na linguagem, exalando o mau cheiro sobrevindo do vazio de uma memória cortada. Homem e mulher veem-se com pés e mãos sujas. Todo um corpo a lambuzar-se na sujeira. Em vão tentaram limpar-se de si mesmos, negar o que foram. Num assombro, descobrem que a trilha atrás de si mesmos não fora apagada. São agora no esquecimento o que sempre foram.

Para um corpo de instintos vitais enfraquecidos, corpo historicamente afastado da capacidade de plasticidade e de autorregeneração, suprimir partes da memória, conduzir lembranças ao esquecimento, se apresentaria como uma possibilidade de não perecimento do homem em relação aos sentimentos de desprazer que lhe acometem, em relação à promessa de felicidade não cumprida, em nome da qual despertaria a cada manhã — felicidade interpretada na atualidade como ausência de dor e sofrimento.

Suprimir partes da memória seria, pois, uma tentativa de dispor as forças fragilizadas do corpo para o lado de *fora*, reconduzi-las a uma conservação colhida no exterior de si. Cuspir dor! O corpo já não poderia haver-se com tal sensibilidade, experimentá-la em seu vigor e agudeza. Só se vive a experiência intensa de si mesmo quando se é um escalador de montanhas (Nietzsche, 2005).

Para o corpo ficar com a dor seria necessário hoje aos homens subtraí-la de *interpretações* e *representações* morais com que historicamente/ culturalmente fora marcada. Argumentos esses que fazem, seguindo o filósofo, com que o homem produza uma hipersensibilidade à dor, como que à sua menor sensação, ao grau mínimo de seu acontecimento, o corpo produzisse um espasmo, um vômito, uma rejeição surda.

Mas poderia a dor atuar no corpo em nome da vida e não de um seu padecimento? Recorramos ao que diz Nietzsche (1998, p. 57): "hoje em dia, quando o sofrimento é sempre lembrado como o primeiro argumento contra a existência, como o seu maior ponto de interrogação, é bom recordar as épocas em que se julgava o contrário, porque não se prescindia do fazer-sofrer, e via-se nele um encanto de primeira ordem, um verdadeiro chamariz à vida. Talvez então — direi para consolo dos fracotes — a dor não doesse como hoje".

Para que a dor não doesse como hoje, seria necessário que o corpo se desgarrasse de habituais sentidos negativos aderidos à dor que há tempo se incutiu no homem: despir a dor de toda carga emocional que a embota invariavelmente na fórmula do mal (*dor como face caleidoscópica do mal*), refém de uma racionalidade que vincula à dor um argumento contra a existência, contra a felicidade. Uma felicidade que nada guarda da possibilidade de uma experiência de ousadia, de impertinência — felicidade esta que se banharia numa vida mais perigosa —, pois que confinada a uma consciência de conforto e bem-estar acerca de um "eu" reduzido a uma coleção de mesquinharias, um "eu" que se dá mais importância do que ao mundo (Nietzsche, 1983).

Mas que conjunção de forças funcionam em homens e mulheres desse tempo para que governem suas vidas em nome do combate a dor? Para que se disponham a serviços que ofertam o banimento da dor no corpo, da presença da dor na cerzidura das relações humanas? Dor, essa, materializada em *Brilho eterno* no mal-estar amoroso.

Não seriam apenas as forças do corpo a concorrerem para essa situação. Estas estariam longe de atuarem apartadas das forças do lado de fora ou mesmo atuarem sob um esquema de neutralização comandado por forças externas vigentes em cada época, ou ainda atuarem à moda de um *script* dialético, forças do corpo em luta e em contradição com forças externas. As forças, de acordo com Deleuze, atuariam sempre em relação, por conexões infinitas. Seria, pois, um composto de relações de forças que modelaria em determinada formação histórica a forma-homem. Em Deleuze (1988, p. 134),

> as forças, no homem, supõem apenas lugares, pontos de aplicação, uma região do existente. (...) Trata-se de saber com quais outras forças as forças do homem entram em relação, numa ou noutra formação histórica, e que forma resulta deste composto de forças.

Uma vida de felicidade e alegria transmuta-se nos dias atuais em imperativo do espírito na vida cotidiana. Mas o alcance de um estado de felicidade não seria um traço novo no projeto da humanidade se recorrêssemos à longa história dos homens.

Talvez a questão maior, e também a mais artificiosa, que se apresenta na atualidade, referida ao alcance da felicidade, seja a da associação irredutível do projeto de felicidade humana com o projeto de combate contra todas as formas de dor e sofrimento manifestos na vida, de tal forma que se produza um nexo opositor entre felicidade e dor, que resulta com que a felicidade não possa ser instaurada na vida sem que seja preciso que a dor, os malfeitos da vida, desapareçam.

Esse ideal de felicidade veria, pois, no sofrimento e na dor — e porque não dizer radicalmente na *vida*, quando não lhe negamos sua dinâmica múltipla — seu maior obstáculo de acontecimento, o seu maior impeditivo. Uma vida informada por esse ideal faria da dor e sofrimento alvos a serem arduamente combatidos em favor da preservação da vida, em nome de uma promessa de felicidade que só vingaria quando da abolição em última instância de sensibilidades intensas, quaisquer sensações que acometessem desprazer e descontrole no corpo. Uma felicidade cuja experiência pressupõe então um *mínimo* de afectos no corpo orgânico. Uma felicidade fundamentada na obstrução fisiológica, na máxima contenção de tudo aquilo que possa disparar afecção no corpo: "não amar, não odiar, equanimidade" (Nietzsche, 1998, p. 120-21). Não trataria essa felicidade de opor-se à própria vida?

Creditada a valência da felicidade pela quietude da dor no corpo, subjetividades se reconheceriam pela incompatibilidade física com sensações de dor, pela intolerância a cursos de vidas que insistem em não cumprirem o *script* da felicidade elevada à maior altura que a dor.

Considerando, à revelia de tal *interpretação* de felicidade, que dor e sofrimento se recusam a desaparecer das vivências humanas, pois são matérias irredutíveis da vida, será preciso àqueles que se agarram a essa *imagem* e dela extraem o pretexto máximo para suas covardias empregar o corpo como meio essencial na tarefa, inesgotável, de desaparecimento da dor, uma vez que é no recorte do corpo, em suas nervuras — encarnadas na pele — que sensibilidades como a dor se operam.

Ao governo de interceptação da dor (fluxo desforme) no corpo, levada a cabo por homens e mulheres, multiplicar-se-iam, no plano social, repertórios semânticos, tecnológicos, econômicos sem os quais não seria possível fazer da felicidade um estado factível, sem os quais não seria possível especialmente tornar exequível a empregabilidade do corpo na jornada pela felicidade. Com isso, arremessa-se a felicidade numa ordem de designações familiares, comuns a uma comunidade, passível de transmutar-se em ações nomeáveis e socialmente reconhecíveis: seja um comportamento, uma atividade, uma prescrição, um modo de vida. Homens e mulheres conhecem então os meios pelos quais conservar um bem-estar, uma alegria, manter acesa a chama da promessa infinita.

Assim, como se se tratasse de uma continência em rede, a economia de mercado remodela suas táticas e corteja a vida sem dor, a atualização da felicidade em matéria nomeável. Simultaneamente faz da dor objeto de intervenção técnica e da *felicidade* objeto de previsão e de consumo, instituindo "a vida de bem-estar" como protagonista da maioria de seus mitos. Nesse campo, enlaçadas à ação do mercado, as biotecnologias tornam-se cruciais para o exercício de homens e mulheres sobre si, para o autogoverno da dor e sofrimento, com vistas à concretização da felicidade.

A lógica de uma vida sem dor parece interpelar Joel e Clementine. Há em ação nos personagens um regime corporal no qual o sofrimento equivale à contração da vida, ao risco da infelicidade, sendo *experienciado* como um sentimento nocivo que se deseja findar. Mas não seria a disponibilidade de um serviço comercial, voltado a "ajudar" as pessoas a retomarem o controle sobre suas vidas, a promessa de felicidade, a condição que incitaria o casal a concretizar a supressão de todas aquelas emoções e transtornos que indubitavelmente derivam de um colapso amoroso? "O desejo está sempre próximo das condições de existência objetiva, une-se a elas, segue-as, não lhes sobrevive, desloca-se com elas" (Deleuze e Guattari, 2004, p. 31).

Destaquemos um bloco desse complexo jogo: retomemos o *produto* oferecido pela empresa (uma vida de felicidade) e a tecnologia disposta no mercado (supressão de partes da memória), ambos elementos figuram na vida social como que respondendo a insuportabilidade de homens e mulheres à dor amorosa. Circuito fechado! Uma suposta autonomia dos sujeitos autorizaria o mercado a agir sobre seus corpos, sobre os destinos de suas vidas, fazendo encaixar algo de que precisam e buscam com o que a promissora ligação entre mercado e tecnologia oferece — não exatamente no plano da posse, mas no plano de um princípio, naquilo pelo qual gostariam de se reconhecerem na trajetória de uma vida. "O desejo envolve a vida com um poder produtor" (Ibid., p. 31).

Entretanto, a mais límpida manifestação de autonomia dos indivíduos sobre seus corpos, sobre seu bem-estar físico-psíquico não viceja sem o atravessamento de um complexo de poder-saber em que se investem desejos. Tampouco a responsabilidade *social* de empresa de serviços, digamos, terapêuticos, dispõe-se à felicidade dos indivíduos, à filantropia, sem que uma produção desejante esteja em curso. Essa quase imperceptível coincidência entre sujeito autônomo e mercado-tecnologia, consumada na escala de serviços paramédicos ou terapêuticos incorporados ao cotidiano, expõe um funcionamento de poder, na qual a produção social da realidade é plasmada ao governo dos indivíduos sobre si e a gestão das populações, imantando em profusão a ordem das coisas.

Funcionamento este que forja a sua arte na produção de um sujeito autônomo, desejante, engajado numa vida de bem-estar e numa economia-tecnologia autorreferenciada como filiada ao projeto de felicidade dos indivíduos. Assim, como se se tratasse de uma ação coletiva, integrada, os gestos dos indivíduos, os ramos de serviços terapêuticos coincidem globalmente com a alegria do controle.

Para ficar com a dor seria necessário ser quase uma vaca, nos convoca cem anos antes Nietzsche. Ter-se-ia que quadruplicar nossos estômagos, expandir o metabolismo do corpo. Com o filósofo não pensemos de maneira a-histórica: esforços milenares da religião, da moral, das ciências, da economia, dos Estados pretenderam, anunciaram, uma vida social perfeita aos indivíduos, não sem violência, vigilância, territorializações, regulação dos fluxos de desejo, que não admite a insegurança dos sentimentos, tampouco uma sua intensificação caotizada.

Apegadas a tal ilusão, as forças do corpo declinariam da atividade de digestão da dor, de transmutação da dor em algo de vital para a quebra dos hábitos do corpo, para uma existência despregada de ideais, tal como pretendida e, mesmo experimentada, pelo filósofo. A dor fora excomungada da experiência corporal por uma moralidade política sobre a vida que entre suas estratégias dicotomiza felicidade e dor, positivando o corpo sem dor, fazendo encontrar a imagem do "corpo sem dor" com o bem-estar ideal do homem, com a consumação da felicidade. De outro modo, sequestrada pela lógica da oposição de valores, a dor é remetida à ordem de um obstáculo à vida, banida, pois, pelo idealismo de uma vida estetizada como produtiva, ativa, autônoma, feliz, conduzida ao máximo de sua conservação.

Ali mesmo onde a vida é mais ordinária, no plano das relações amorosas, ativa-se toda uma nova economia do poder: a dor — em sua textura sensível — é transmutada numa anomalia que corrompe o curso da felicidade individual, na qual homens e mulheres desse tempo remetem toda espécie de operações, refugiam-se em suas ilusões. Com a dor, homens e mulheres permaneceriam afectados, impedidos de deslizar, flanar velozmente para novos experimentos, novas aventuras, novos consumos de corpos, de gozos, de amores expressos. É preciso expulsar as paixões!

Em Nietzsche (1998, 1992), muito distante das axiologias do presente, a experiência radical da dor nos possibilitaria um duplo de sensibilidade para com a vida, pois seria a dor força atuante no combate à vontade de verdade e de moral, simultaneamente. Experimentando a vida nas suas intensidades, com as lutas que a comporta, com as afecções que propõem à existência, a dor com alegria, à vida não tentaríamos sobrepor uma idealização (um ideal de homem, de corpo, de estética...), uma certeza, uma verdade, uma lei, um santuário, uma regularidade. A experiência da dor também constituiria uma potência para subversão de valores e hábitos, na medida em que o avassalamento de seu acontecimento descentra homens e mulheres de suas rotinas, de seus modos de vida cotidianos, apresentando-lhes outras perspectivas de experimentação dessa vida, estilhaçando o jugo da repetição dos costumes, enfim, os limites à vida que toda conservação impõe.

Ao não nos furtarmos à experiência da dor, estaríamos afirmando a um só tempo a vida em sua complexidade, as raras forças do corpo que expelem a contrição e fazem correr as sensibilidades mais intensas e, fundamentalmente, a coragem dos espíritos livres para querer todas as coisas da vida:

> a dor é também um prazer, a maldição é também uma bênção, a noite é também um sol; — ide embora daqui, senão aprendereis: um sábio é também um louco. Dissestes sim, algum dia, a um prazer? Ó meus amigos, então o dissestes, também, a todo o sofrimento. Todas as coisas acham-se encadeadas, entrelaçadas, enlaçadas pelo amor — e se quisestes, algum dia, duas vezes o que houve uma vez, algum dia: "Gosto de ti, felicidade! Volve depressa, momento!", então quisestes a volta de tudo! (Nietzsche, 2005, p. 376-77).

O esquecimento

Homem e mulher aproximam-se. Somente agora olham em direção de si sem medo. O que há neles de mais duro, de mais sujo, de malogro são trazidos para perto, apanhado na terra pelos pés. Alcançado pelo destemor da vida, o homem pergunta que importância tem a felicidade? Por quão sagradas tomam afinal suas desventuras? À pergunta respondem, homem e mulher, com um riso. Aprenderam, como convém, rir de si mesmos!

Quando já instalado na pequena máquina craniana e impossibilitado de retomar a exterioridade de seu corpo, Joel parece se arrepender de *esquecer* Clementine. Impedido de reter o funcionamento da máquina, impossibilitado de desligá-la, deflagra um combate interior com a operação do serviço — uma luta no aparato da consciência. Sem o saber, Joel inaugura a partir daí o gesto que abrirá uma nova experiência de si. O ato de querer a realidade "para que, ao retornar à luz do dia, ele possa trazer a redenção dessa realidade: sua redenção da maldição que o ideal existente sobre ele lançou" (Nietzsche, 1998, p. 84).

A consciência mostra-se potente: embaralhamento de memórias atuais e remotas com o intento de colapsar o sistema computacional; fugas de lembranças codificadas pelo maquinário; tentativas malsucedidas para *esconder* Clementine, lá onde pudesse ser salva dos fluxos eletrônicos dourados da máquina: assistimos a partir daí a uma centelha de luta ontológica entre memória e esquecimento, um tipo de esquecimento agora tecnologicamente mediado. Uma luta entre forças poderosas no corpo, imantadas na atualidade a um segmento tecnológico voraz.

Numa espécie de *zoom*, entramos na mente de Joel. De forma atemporal e caleidoscópica, conhecemos o primeiro encontro, o enamoramento, as incompatibilidades. Fatos ordinários da relação, brigas, ofensas, ciúmes, antecedentes ao *dia dos namorados*...

Expansivamente, numa linha potente, a recusa do esquecimento vai se esgarçando numa subjetividade antes compilada à eliminação da dor e ao ideário de uma felicidade aritmeticamente calculada. E em meio a um jogo de esconde-pega entre uma consciência que procura de todas as formas reter Clementine e a operação eficaz de um serviço comercial, tornamo-nos plateia da jornada final de uma história de amor. De outro modo, sob o comando de um fluxo tecnológico inelutável, assistimos com sensações paradoxais à supremacia do esquecimento sobre a memória.

A luta entre memória, materializada em lembranças, e um seu esquecimento tecnologicamente mediado propõem indubitavelmente uma experiência aflitiva nos homens desse tempo. Resquícios de sujeitos historicamente adaptados, apegados à regularidade de uma vida em comum, a significados e modos de vida que se perpetuam no tempo, incólumes; sujeitos que aprenderam a se definir pelo passado, a dizerem de si sustentados na ordenação do "já vivido". Sujeitos, assim, não escapam de serem invadidos pelo desespero que um estado de *tabula rasa* anuncia à consciência — memórias desintegradas, lançadas no vácuo da existência. Puro Assombro!

Paradoxalmente, enredados às práticas contemporâneas que execram a dor, a remetem a múltiplas ordens de mal-estar, a aderem inexoravelmente à negatividade da vida, uma sua paralisia, espera-se que Joel, atormentado por um amor não correspondido, pelas auguras de uma relação malograda, escape do amor de perdição, esqueça para sempre Clementine e então possa, livre, seguir sua vida; vislumbrar a promessa de felicidade anunciada à exaustão nos sonhos da humanidade. Aqui, o esquecimento funcionaria como uma estratégia eficaz fundamentalmente para conduzir não exatamente à supressão global da memória, mas à supressão daquilo que a memória faz disparar no corpo, a dor.

Considerando as dissonâncias acima, a questão da supressão da memória assume especial relevância a nosso ver para problematizar de que forma regimes de memória e esquecimento em ação na atualidade, regimes envolvidos com aspectos da dor e da felicidade, concorrem para o engendramento de tipos de subjetividades, fazendo realizar, nas nervuras da vida cotidiana, formas de governo de si paradoxais.

Mas não nos afastemos da filosofia do martelo. A emergência de personagens como Joel e Clementine, lançados na atualidade num jogo social marcado pela paradoxal tensão entre esquecimento e memória, remete-nos em grande medida à tarefa de *fazer promessas* imposta aos homens historicamente pela necessidade de sobrevivência e conservação, tarefa essa alardeada por Nietzsche no livro *Genealogia da moral*. Para fazer *promessas foi necessário*, diz Nietzsche *"fazer no bicho-homem uma memória"*. A construção de memória produzirá no homem-animal uma condição de existência gregária e comunitária, a qual terá como um de seus efeitos mais danosos a subversão da capacidade instintiva de esquecer. Capacidade cuja atividade central fora, na pré-história do animal sem memória, inibir a fixação, a guarda incólume daquilo que fora experimentado, vivenciado, acolhido no humano.

A produção de uma memória no homem, sublinha Nietzsche, não se deu sem violências: à produção da memória subjaz todo um processo de adaptação histórica a identidades e modos de vidas talhados ao convívio, utilidade coletiva e comunicação social. Em cada época, tratou-se de ficções que prevaleceram sob relações de forças dominantes e constituíram-se como verdade nas relações sociais.

Fazer promessas significou aos homens esgarçar o presente da existência, inventando um futuro passado; significou aos homens ligarem-se na forma de dever a determinados modos de vida, crenças, asseverando o princípio de continuidade, de constância na vida social, sob a finalidade de desfrutarem todas as coisas boas que a vida em comunidade ascende, como, por exemplo, as certezas que a regularidade dos costumes propõem. Contanto, martela Nietzsche (1998, p. 52), "quanto sangue e quanto horror há no fundo de todas as 'coisas boas'!"

Com a produção da memória, o homem assimilou em si não somente um modo de vida marcado pelo dever e a responsabilidade para com hábitos úteis à conservação da vida, ao gregarismo. Ao fazer *promessas*, simultaneamente uma outra tarefa se pôs em curso, uma tarefa, digamos, de apego a si mesmo, um apego a todas aquelas capacidades que advem daquele que se surpreende prometendo. A atitude de prometer propõe ao homem a experiência de asseverar ou assegurar de antemão um compromisso, uma obrigação consigo e com o outro, exige, pois, o exercício de um "eu" afeiçoado a si. Um "eu" que, ao afirmar uma promessa, assenhora-se de si mesmo, eleva-se ao lugar de Deus. O homem inventor da promessa é o homem que adquire cada vez mais a consciência de um si próprio.

No ato de prometer, o homem pode então encarnar um estado de soberania — um homem de vontade própria, com poder sobre o seu destino: um homem que afirmaria historicamente um "eu prometo", um "eu posso" retumbante, ecoamento que atravessará séculos. Um homem livre e autônomo para exercer poder no mundo, no outro. Como afirma Nietzsche (1998, p. 49), (...) "com esse domínio sobre si, lhe é dado também o domínio sobre as circunstâncias, sobre a natureza e todas as criaturas menos seguras e mais pobres de vontade".

Numa perspectiva crítica, o filósofo afirma que fazer promessas nem sempre pressuporia aos homens a ligação a um estado de vida regular, previsível. Haveria um tipo de promessa mais ativa vinculada à vontade no homem de inventar um futuro, de persistir um porvir: "um ativo não-mais-querer livrar-se do querer, uma verdadeira memória da vontade" (Ibid., p. 48). O esquecimento, nesse caso, seria suspenso pela memória, para dar passagem ao "seguir querendo".

Contanto essa necessária suspensão do esquecimento para o devir humano, prioritariamente para a mobilização da cadeia infinita do querer, Nietzsche conceberá a atividade do esquecimento no homem como uma força humana vital, uma forma de saúde forte, absolutamente primordial para o acontecimento do movimento na vida e fundamental para uma experiência de felicidade que nada guarda da ideia de perduração, pois que instalada na intensidade da existência. Em Nietzsche, a ação do esquecimento afirmaria de forma irredutível *o presente* na vida dos homens, impedindo que modos de vida humanos fiquem reféns de um passado-futuro que se consumam como dever, tempos portadores de regimes de verdades incontestes.

O ineditismo com que o autor trata a questão do esquecimento diz respeito, sobretudo, à forma como concebe o funcionamento dessa atividade e de como tal força viu-se modificada em seu funcionamento no decurso da existência/história humana pelo atravessamento da construção da memória no homem. A atividade do esquecimento, exposta por Nietzsche, se anteciparia à inscrição das matérias da vida no plano da consciência humana (inscrição essa possibilitada pela ativação da memória). Conforme Ferraz (2002, p. 60), "o esquecimento não viria apagar as marcas já produzidas pela memória, mas, antecedendo à sua própria inscrição, impediria, inibiria, qualquer fixação", antes mesmo que as matérias da vida pudessem ser convertidas em lembranças. Nessa perspectiva, a atividade do esquecimento não se concentraria no aparato da consciência, tal qual hoje concebem ciências relacionadas aos estudos da mente humana, sobretudo aqueles estudos advindos das psicologias e pedagogias. O esquecimento seria antes uma atividade difusa do corpo não subscrita a nenhum órgão ou aparato exclusivo. Uma atividade que, por meio de metabolizações, transmutaria a vivência e eventos da vida em matéria fluida, sem identidade, assimilada anonimamente ao corpo, condição que possibilitaria aos homens uma reabertura de si à multiplicidade da vida; com o impensável consagrado a toda existência.

O esquecimento não se caracterizaria dessa forma pela supressão de lembranças *strictu sensu* ou uma defasagem e perda da capacidade mnemônica do homem. A atividade de esquecimento, em sua origem, seria para o homem um meio de impedir a formação de uma razão fixa, de uma lógica gregária na memória que tenha em vista a conservação de um modo de vida, de um pensamento, de uma lógica. Nesse sentido, o esquecimento operaria uma proteção dupla contra o enraizamento ou encastelamento de vivências, seja num órgão ou aparato específico do corpo orgânico, seja na vida social, agindo tanto em nome de uma atividade de memória mais dinâmica e plástica, como para uma vida lançada continuamente para fora de si, em nome sempre de uma outra vida.

Cabe ressaltar que a atividade do esquecimento faria eclodir incansavelmente uma linha de fuga na vida habitual, transtornando o sentido de perduração e previsão predominantes na existência social. De outro prisma, a atividade do esquecimento, ao invocar para sua operação a ação múltipla e dispersa de órgãos do corpo orgânico, transtornaria o modelo estratificado com que o corpo humano vem sendo majoritariamente comunicado e descrito em suas funções pelas ciências naturais.

E não teria sido exatamente a inatividade social desse instinto a condição responsável por incitar que a memória se transmutasse em um ponto de referência magistral no espaço corporal-social? A tutela das experiências humanas no aparato da memória-consciência viria a constituir um obstáculo ao fluxo e transmutações das vivências humanas; detidas e enclausuradas, as vivências estariam dificultadas de se metabolizarem no processo de nutrição corporal do homem. Ao serem mantidas ensimesmadas, alijadas de novas *composições* e *encontros*, as vivências humanas como que se afeiçoariam a si mesmas, se bifurcariam entre bem e mal: as ligadas ao bem se tornariam *indeléveis, onipresentes, inesquecíveis*, puro ideal-verdade, as ligadas ao mal se tornariam fonte de ressentimento, amarguras, covardias, imobilidades.

Inicia-se aí, na ascensão da memória para a vida humana, o desvirtuamento da forma instintiva de funcionamento do esquecimento enquanto parte da vida animal. De uma atividade que nada teria a ver com supressão da memória e sim com redenção do tempo, com a afirmação da realidade, dos fluxos dos acontecimentos e, fundamentalmente, do movimento múltiplo e caotizado da vida, o esquecimento vê-se constrangido à força de um outro instinto: vê-se obrigado a diminuir seu campo de funcionamento, tornando sua atividade redutível ao espaço da memória. Nessa manobra histórica, o estado da força esquecimento se altera de força inibidora ativa para o estado de força inercial, submetida à representação de um termo "contrário", "oposto" ao da memória, seja nas designações que lhe são conferidas, seja no seu modo atual de operar.

Para o filósofo, a produção de uma memória social que tornaria possível a tarefa da *promessa*, do empenho de palavras, de modo que os homens pudessem dispor de um futuro previsível, responsabilizar-se por um destino comunitário, uma continuidade, uma verdade, um ideal, enfraqueceu e desviou a forma de funcionamento original do esquecimento, submetendo sua atividade a matérias de vida já gravadas na memória.

Mas o que se passaria na nossa atualidade para que o esquecimento seja alçado a algo de fundamental para a gestão da vida? Quereria a vida agora ousar? Teria o esquecimento sido liberado de sua dependência ou de sua derivação em relação à memória? Não nos enganemos! A promessa de felicidade, a promessa que o homem faz para si mesmo cotidianamente, essa promessa que afirma sua existência, contanto pereça o mundo, arrasta a atividade do esquecimento para um estrato de significação poderoso no presente, designando-o agora como guardião no aparato da memória da promessa de felicidade. A atividade de esquecimento, nessa ordem, atuaria na "limpeza" de todas aquelas ideias, sensações, sentimentos, que instalados na memória, viriam a concorrer para a desestabilização da promessa tornada teor da vida.

Há no campo das promessas humanas uma hierarquia. A promessa de felicidade teria supremacia sobre outros empenhos — uma promessa molar que se sobreporia a todas aquelas de plano molecular. Com efeito, para a salvação desta promessa, para a proteção do sentido maior da vida, lança-se mão do esquecimento tecnológico para suprimir promessas menores, que dissentem e põem em perigo a promessa maior da felicidade, que honraria de fato a vida.

Como se mostra então difícil a manutenção de uma promessa amorosa, em face da promessa maior de felicidade. Como empenhar energias em promessas que findam por revelar-se um *erro*, um grande engano humano? Como se desfazer do mal-estar da realidade que destroça, com astúcia, promessas cujas verdades se dissipam como bolhas de sabão? Promessas que por não terem se consumado, por fracassarem, colocam em perigo, em risco, o sentido da existência, a maior das promessas humanas que os homens poderiam fazer para si mesmos: a de serem felizes.

Esquecer — suprimir partes da memória — apresentar-se-á então como uma resposta segura e eficaz para os adoradores de *sentido*, para os seguidores da *felicidade*.

Na ambientação de *Brilho eterno*, a ação do esquecimento seria mais que uma força passiva, dependente de uma inscrição qualquer na memória. O esquecimento na versão contemporânea — tecnologizado — é designado como o meio veloz e certeiro de corte de inscrições mnemônicas que abalam a promessa fundamental do homem; meio de liberação do corpo de sentimentos e emoções que enfraquecem a voz humana ao pronunciar "eu prometo".

Legitimando a correspondência produzida historicamente entre memória-esquecimento e, portanto, a centralidade da memória na atividade do esquecimento, à ação do esquecimento no filme seria acrescida a função de guardiã de um, digamos, conteúdo da memória, guardiã daquilo que talvez seja o conteúdo mais refinado da memória, aquilo que na hierarquia das promessas humanas deve assumir o lugar de vértice na consciência, conteúdo do qual sustentaria na atualidade a produtividade no trabalho, o marketing dos serviços comerciais, as decisões de consumo, a continuidade do habitual, em uma só expressão: uma existência feliz. Em nome da promessa maior que parece dirigir o destino do mundo: suprimir lembranças enganadoras, fantasiosas, *que agiram contra nosso si mesmo, do qual temos consciência.*

Nesse contexto, o esquecimento já não encontraria condições nem para operar como atividade de metabolização das experiências vividas no corpo, abrindo-as a novas relações, nem como atividade submetida à atuação da memória. Aliado à estratégia tecnológica, estaria nos tempos que correm os homens afastados ainda mais do exercício do esquecimento, tal qual a perspectiva aberta por Nietzsche? Agora o homem bloqueia seus instintos — a força do esquecimento — não apenas para que o convívio social seja estabelecido e regrado e a memória fixe procedimentos e auxilie na formação de modos de vida comuns, reconhecidos, convencionados. A nova forma de esquecimento contemporânea, tecnologicamente mediada, realiza-se por um tipo de procedimento que dispensa o esquecimento como atividade do corpo e como atividade de triagem da memória. Trata-se de uma ameaça ainda maior à ação desse instinto humano. É a entrada do homem num novo composto de forças.

Mas há sempre um horizonte insondável de possibilidades que escapa às ordenações — quando advém uma vontade de potência para além de um *estado* atual... Joel ao tentar conter o procedimento tecnológico do esquecimento malogra, contudo uma fissura é aberta no cerco das ordenações. Lançado disforme em seu corpo um encontro sussurrado, gritado, esconde-se das veias esverdeadas da máquina, espalhando-se por órgãos, pele, músculos, artérias. Um encontro com Clementine! Encontro audacioso, despreendido de finalidades, de ideais últimos.

O esquecimento, concebido como supressão de lembranças recolhidas no aparato da memória, finda por ser concluído com êxito, mas um fluxo escapa ao maquinário, terá de ser metabolizado no corpo, na vida, na experiência, quiçá, por um esquecimento que atua para a celebração de um devir.

Ali naquela minúscula vida foi um instante que brilhou a frente da consciência, como o presságio de um novo dia, uma nova experiência de si.

Por uma educação para o esquecimento

Em tempos de serviços de supressão de memória humana, as práticas escolares perpetuam-se apegadas a *arquivos* regulados por uma extensa orla documental: formulários, instrumentais de avaliação, relatórios, fichas técnicas, toda uma série gramatical erguida para designar um *dever ser, representar um estado de existência* — capacidades, atitudes, realidades psíquicas, disposições morais. Designações tratadas como condições universais.

Capturas de existência, *vidas múltiplas conduzidas a homogeneizações e classificações*. No mundo dos *arquivos* escolares não faltam registros que corroborem as intermináveis categorizações das psicologias, pedagogias, matemáticas e medicinas — as palavras pululam de um campo para outro distribuindo suas ordens: o que devemos ser, o que devemos saber, como devemos nos comportar, quais hábitos devemos desenvolver, a lista é grande. Nas salas de aulas, registros em formas de sondagens e diagnósticos prensam o encontro de alunos e professores num espaço preenchido por sequências didáticas. Nos manuais de professores, *pensamento* obedece a imagens fixas. Evitar conexões indesejáveis, problemas não previstos, pensamentos de abismos.

Nos *arquivos* inundados por cientificismos, diagnósticos clínicos ou pedagógicos, percentuais e índices, a vida escolar aprisiona-se num traje apertado, sufoca e sucumbe na inanição criativa. Nos arquivos vige uma vontade de controle em que os homens especialistas, os homens que vestem resquícios de ciências, apresentam-se despudoradamente como a "medida de todas as coisas".

Contudo, não identifiquemos dualidade entre supressão de memória e apego a arquivos — entre serviços terapêuticos e práticas escolares, pois se trata de ações que se intersectam e se ligam na formação de um tipo de sujeito normalizado, tangenciado em última instância pelo ideal de felicidade. Ideal cujos arquivos, instituições, serviços encarregam-se de traduzir em produtos, capacidades, fórmulas à mão de indivíduos e populações.

Detenhamo-nos nas capacidades ofertadas pela didática escolar.

Inseridos em séries de habilidades e competências, alunos e professores têm reguladas socialmente suas capacidades. Uma série de capacidades que cultivadas *de dentro do homem* licenciam seus "eus" a se tornarem cidadãos: autônomos, produtivos, diplomados, responsáveis, felizes.

E nos jogos sociais, as sobreposições não param de ser produzidas com sutilezas: habilidades e competências, designadas pelas mãos das teorias cognitivas, coincidem com o tipo de cidadão almejado na vida adulta, coincidem com as necessidades do mundo do trabalho, com esquemas mentais, com a estrutura da cognição humana, com necessidades fisiológicas, com um leitor e escritor devidamente civilizados, e a série das habilidades e competências não para de assimilar novos segmentos.

Sempre idênticas a si mesmas por onde quer que passem e circulem, habilidades e competências, ligadas à história, à vida, aos problemas sociais de ocasião, são transmutadas por meio de técnica simples em conteúdos escolares, em *expectativas de aprendizagens* que figuram em manuais curriculares de um município qualquer. Com maior requinte, mas não com menos desejo de uniformidade, habilidades e competências escolares coincidem ardilosamente, por sua vez, com o perfil de produtividade almejado na máquina capitalista, com os resultados requeridos nas avaliações externas, com indicadores de desempenhos formulados por agências internacionais, aderidas, enfim, ao repertório de atributos exigidos de homens e mulheres para alçarem uma vida de felicidade. Felicidade versada em bem-estar individual, em aquisição de capacidades que assegurem a vida contra um seu elemento irreversível: a fatalidade, a dor e, por que não acrescentar, a diferenciação. Eis a arquitetura da civilização, a cadeia em que se conformou o bicho-homem na atualidade. Eis uma amostra dos signos que afiançam aos homens desse tempo um *significado* de si, a fixação de uma identidade e o roteiro de uma *performance*. Signos que doam, enfim, os conteúdos das promessas humanas.

Uma tal arquitetura, fundada nas similitudes sociais das capacidades humanas, tem entre suas táticas lançar homens desse tempo em experiências contínuas de recognição, experiências de reconhecimento de um mundo cujos *objetos* — matérias da vida — são concebidos como estáveis, autoevidentes, familiares onde quer que se esteja: na rua, na escola, na fachada de uma empresa de serviços, na relação amorosa. Trata-se de uma cognição que é, antes de qualquer coisa, movida pela suficiência de conhecimentos, pelo equilíbrio e concordância da atuação dos *objetos* na vida, em todas suas esferas e dimensões. Na base dessa lógica, a escola, de forma espetacular, asseguraria com maestria o exercício ininterrupto de esquemas de recognição, "afastando" os escolares de experiências problemáticas com o mundo, conformando gerações em sistemas psíquicos organizados, previsíveis, em pensamentos engendrados em hábitos, em constância para uma vida sem diferenciação.

É de se supor que a escola sempre esteve ao lado de uma memória rígida, fiel escudeira contra o esquecimento, contra a experiência de absorção e metabolização das matérias da vida no corpo orgânico. A escola desde seus primórdios assumiu a tarefa de ordenar o caos do humano, evitar a ocorrência do acaso, subtrair o múltiplo dos fatos. Levou a cabo esta tarefa, prioritariamente, pela estratégia de fundamentação incessante de *necessidades* úteis para a vida, coladas à manutenção de um gregarismo sem precedentes na civilização moderna. Costurar com linha de aço na consciência humana a verdade de cada dia, eis a ação das pedagogias tentaculares.

O bicho-homem transmutado historicamente em cultivador de escalas e camadas de racionalizações invariantes (inscritas no aparato da memória pela ação de instituições como a escola) teria então quais chances de diferir de si mesmo? Pensar de uma outra maneira? Desempenhar no corpo o esquecimento, tal qual experimenta o filósofo?

Os espectros de felicidades que se consumam numa sala qualquer de empresas de serviços anunciam que as formações mais despóticas não se desprendem, nunca totalmente, da possibilidade da produção do diferente de si, da possibilidade de retomada de forças do corpo – instintos violentamente modulados na vida social.

Pode mesmo se dizer serem as formações despóticas, quando vividas com intensidade no corpo, pela experiência da dor ou sofrimento, a própria sede de ativação de resistências daqueles instintos inoculados historicamente por fraquezas e impotências. Resistências certamente singulares, cujo impulso mais potente é o de dizer sim à própria vida e aos seus instintos, liberando as matérias conservadoras aos processos de metabolizações, à atividade do esquecimento.

No dia a dia da escola, em meio a *arquivos, habilidades e competências, recognições,* insurge, pois, a possibilidade de uma multiplicidade infinita de outras vidas. Uma vez mais essa vida! Uma vez mais outra vida! Eis o imperativo do devir.

V DE VINGANÇA*, A DE ACONTECIMENTO

Sandra Cristina Gorni Benedetti

V de vingança é um clássico da *grafic novel*, escrita por Alan Moore e ilustrada por David Lloyd, e teve seu roteiro adaptado para Hollywood pelos irmãos Wachowski, em 2006. Seguindo a cronologia do filme e não a do livro, a história se passa no ano de 2020, numa Inglaterra que se mantinha economicamente viável graças à exploração de suas colônias, ou seja, do que restara de um mundo devastado por uma grande guerra biológica, iniciada pelos Estados Unidos. Vinte anos antes, o povo elegera Adam Sutler, líder de extrema direita, como chefe de Estado. Sua campanha antiterrorismo foi convincente no seio do choque dos últimos acontecimentos: prometeu punir os responsáveis, diretos e indiretos, pelo violento ataque biológico que fez sucumbir milhares de civis britânicos, devolvendo a ordem, a moralidade e a fé ao país. Ninguém jamais imaginaria que ele, um enviado de Deus, teria sido o mentor daquele traumático genocídio. Sutler agiu rapidamente, mantendo o medo e sua decorrente paralisia em boa forma: centralizou todos os meios de comunicação de massa e investiu na promoção de sua *performance* carismática, tornando-se o chefe supremo de um partido único. A vida na Inglaterra tornou-se reticularmente vigiada. Com a ampliação das imagens captadas por po-

---

* Direção: James McTeigue. Roteiro: Andy Wachowski e Larry Wachowski (baseado nos personagens criados por David Lloyd e Alan Moore). Título original: *V for vendetta*. Ano de lançamento (EUA/Alemanha): 2006.

tentes câmeras de vídeo, a retina passou a ser a mais importante via de acesso à ficha completa de seu dono. E qualquer um poderia ser facilmente localizável num imenso banco de dados. Toda e qualquer conversa por telefone era gravada e analisada. As informações diárias eram transformadas em curvas estatísticas, recheando boletins endereçados ao governante, com índices de aprovação de seu governo e com a identificação de potenciais ameaças à estabilidade do mesmo. Pela TV, o cidadão era envenenado cotidianamente com rações de medo e ódio, em cadeia nacional. Medo da infração das regras estabelecidas pela nova ordem e ódio a todos os grupos de degenerados que provocaram a grande peste mundial. Repressão pesada, terror e consequente paralisia. Sutler comandava sem oposicionistas.

Nesse contexto, surge V — codinome e símbolo do herói da história, um terrorista mascarado. E mulher. Ela e sua namorada foram aprisionadas no Cárcere de Larkhill, um laboratório de experiências escusas, cujas cobaias eram homossexuais, muçulmanos, imigrantes suspeitos e cidadãos britânicos contestadores. V foi a única sobrevivente de uma pesquisa que alterou radicalmente seu fenótipo. Adquiriu características masculinas, extraordinária força, rapidez, engenhosidade e talento incomum para a jardinagem. Em sua cela, a de número V, ela podia manipular livremente todos os ingredientes necessários para a composição de fertilizantes, alguns dos quais, eram os mesmos utilizados na fabricação de bombas caseiras. No dia 5 de novembro de 2010, V explodiu boa parte de Larkhill, de onde fugiu com graves queimaduras. Dez anos depois, apareceria em público, caracterizado como Guy Fawkes, um católico especialista em explosivos, que teria deitado o Parlamento, em 1605, juntamente com o rei protestante Jaime I, se não tivesse sido surpreendido a tempo. "Lembrem-se do 5 de novembro (...) Não vejo nenhum motivo para a Conspiração da Pólvora ser esquecida." Este verso tornou-se popular no Reino Unido e, Fawkes, personagem folclórico. Vestimenta e máscara, V estava pronto para disparar o primeiro dominó da cadeia de eventos que realizaria seu plano de insurgência — abalar a confiança da população no governo e despertá-la, quiçá, para outros campos de possíveis. Suas armas: facas, explosivos e uma ideia à prova de balas: levar seu plano à conclusão. Seu primeiro ato: explodir o *Old Bailey*, a mais famosa e emblemática corte britânica. A Justiça, sua antiga musa, foi deposta pela Liberdade. Isso, no filme. No HQ, a Anarquia é que passou a ser o combustível de sua obstinação.

Em princípio, *V* assistiria a seu espetáculo pirotécnico sozinho. Contudo, no caminho, deparou com uma situação da qual não pôde se eximir. Uma jovem estava prestes a ser assassinada por policiais, estes com licença para prender e matar quem estivesse nas ruas depois do toque de recolher. Salva pelo desconhecido, Evey acompanhou-o até o topo de um prédio, de onde pôde assistir àquela estranha orquestra de percussão. Uma grande carga de explosivos e fogos de artifício iluminaram os pedaços voadores de *Old Bailey*, ao som da obra orquestral de Tchaikovsky, a *Abertura 1812*, vibrante nas caixas de som localizadas em cada poste de Londres. A população desobedeceu, sem querer. Ainda em seus pijamas, ocupou as ruas, surpreendida pelo terrível estrondo e pela música, há muito proibida na Inglaterra. A Central de Televisão Britânica noticiaria, no dia seguinte, a demolição do antigo edifício, como ato do próprio governo.

As câmeras espalhadas pela cidade registraram imagens do mascarado. Mas só conseguiram captar a íris de quem o acompanhava. Evey só não foi presa, na manhã seguinte, porque passou a noite no esconderijo do terrorista, um *bunker* subterrâneo que guardava coleções e mais coleções de todo tipo de arte produzida ao longo dos séculos anteriores ao totalitarismo de Sutler. Obras de um mundo imoral, caótico, sem ordem, sem união, sem fé nem temor a Deus.

Naquele mesmo dia, com explosivos colados ao corpo, *V* invadiu a Central de Televisão Britânica, alcançou o estúdio e rodou sua gravação, em cadeia nacional. Foi sua única aparição pública:

> Se antes você tinha liberdade de se opor, pensar e falar quando quisesse, agora você tem censores e câmeras, obrigando-o a se submeter. Quem é o culpado? Há alguns mais responsáveis que outros e eles vão arcar com as consequências. Mas, verdade seja dita: se procuram culpados, basta vocês se olharem no espelho. (...) Se vocês não viram nada, se desconhecem os

crimes deste governo, sugiro que deixem o 5 de novembro passar em branco. Mas, se vocês veem o que eu vejo, se sentem o que eu sinto, e se buscam o que eu busco, peço que estejam ao meu lado, daqui a um ano, na entrada do Parlamento, e juntos daremos a eles um 5 de novembro que nunca, jamais, será esquecido.

Evey continuava a ser procurada pela polícia. Acabou sendo capturada e ficou sob tortura, num cubículo escuro. Era acusada por assassinato, explosão de propriedade do governo, conspiração terrorista, traição e incitação. Sua única chance de escapar com vida seria dizer a identidade ou o paradeiro do terrorista de codinome V. Ratos se fartavam com a comida que ela deixava intocada. Diariamente, seu carcereiro tentava arrancar-lhe alguma confissão. Evey, que sempre teve tanto medo, nada dizia. Estaria apenas retardando sua execução iminente? Naquele abandono, com o corpo entregue ao chão, em certo momento, ouviu um ruído diferente vindo da toca dos ratos. Alguém da cela ao lado tentava fazer contato. Alguém que sabia que não duraria muito tempo. Em letras miúdas, na frágil superfície de canudinhos de papel higiênico, a autobiografia de uma desconhecida passou a ser o alimento de Evey. História de amor, e de amor proibido, separações forçadas e terror: tempos de Larkhill. "Nossa integridade é tudo o que temos, é o mais importante em nós. Mantendo nossa integridade, somos livres." Evey já não era a mesma, nem era a única, não estava só. Seu conhecido medo, onde foi parar? — "Confessa ou morre!" Evey enfrentou a morte; já nada temia. E a porta do cárcere abriu-se permanentemente para os corredores internos da casa subterrânea de V. Ódio daquele monstro. Depois, gratidão. Naquela cela, ela encontrou algo que passou a lhe importar mais que a própria vida. Seguiu seu rumo. Estava tão transformada que ninguém a reconheceria. Prometeu reencontrar seu algoz e libertador, no 4 de novembro próximo.

Ao longo do ano, V assassinou os principais membros do partido, implicados com a criação do Centro de Larkhill, bem como sua principal cientista, aquela que sabia que o êxito de sua experiência com a cobaia da cela V mudaria não apenas o rumo da história, mas também o curso da natureza humana. Às vésperas da data marcada, Sutler estava morto. V induziu sua execução pelas mãos do chefe da polícia secreta e, no instante seguinte, nem este nem seus vinte homens sobreviveram às lâminas do terrorista. Contudo, nesse embate sangrento, V foi mortalmente ferido. O último ato de sua ópera bárbara dependeria de Evey. Tudo havia sido preparado, em seus mínimos detalhes. Bastaria Evey dar movimento ao antigo trem de metrô, abarrotado de explosivos, programados para serem detonados, quando o trem cruzasse os subterrâneos do Parlamento. Acima, uma multidão mascarada como V avançava em meio à barreira de homens do exército que aguardavam, em vão, o comando para atirar.

V morreu nos braços de Evey, que lhe conferiu o mais digno sepultamento: depositou seu corpo inerte no interior do trem que explodiu o Parlamento, na hora marcada: nos primeiros instantes do 5 de novembro.

O desfecho do roteiro *V de vingança* suscita a catarse da resistência, em meio ao pior dos cenários políticos — o totalitarismo. Neste breve texto, buscaremos tornar produtivo o sentido da resistência como acontecimento, como algo da ordem do pré-individual e do impessoal. Homem ou mulher, criança ou velho, não é o herói que resiste, mas os efeitos afirmativos de sua fulguração intensiva em cada um. Evey diz de V: "ele é meu pai, minha mãe, meu irmão, meu amigo, meu amante, ele sou eu e é você".

V de virtual

A ambiência da narrativa fílmica é dada pelas características do totalitarismo como regime político: a penetração e a mobilização total do corpo social em seu grau extremo; a figura do ditador; o partido único; o terror. No ditador totalitário, concentra-se a máxima corporificação das palavras de ordem de seu poder arbitrário. Estas fornecem a explicação indiscutível do curso da história, criam o inimigo, fazem a crítica radical da ameaça que ele representa e apontam a orientação igualmente indiscutível para sua transformação, culminando com a erradicação do mal, ou seja, com o extermínio dos que o representam. A função da *performance* carismática de um governante totalitário é a de inventar um terror capaz de inibir toda e qualquer posição e crítica antagônicas, mesmo as mais tênues. O partido único, encarnado na pessoa do líder, mais se fortalece quanto mais desautoriza o Estado e transtorna seu comportamento regular com a máxima imprevisibilidade de suas palavras de ordem. Mas não o dispensa. Sedução, captura molecular e medo: a voz do líder totalitário fala ao coração das massas e se efetua nos comandos dirigidos às mais diversas atividades sociais. Todas remetidas, por sua vez, à voz da chefia imediata, sempre de acordo com uma hierarquia qualquer a ser considerada localmente.

No governo totalitário, o empoderamento da polícia, e em especial da polícia secreta, cumpre dar a uma enorme rede de ratazanas, com ou sem fardas, todos os meios e recursos de que necessitam para estocar a população em casa, para levar a pretensão de domínio global às vias de fato, para envolver inteiramente a sociedade num movimento político-policialesco e para enovelar cada compatriota no medo de se tornar, por qualquer motivo, alvo de prisão, tortura ou mesmo assassinato. Medo e, ao mesmo tempo, orgulho do pulso firme da ordem e de sua manutenção.

Hannah Arendt (1989) destaca que as pesquisas de opinião pública alemã, realizadas entre os anos de 1939-44 e mantidas em sigilo até 1965, demonstram que, embora a população alemã estivesse notadamente bem informada sobre o que acontecia aos judeus, isso em nada reduziu seu apoio ao regime. O que esperar de uma sociedade que permite e deseja o partido único, a pureza, o *um*, o *mesmo*, o *centro*? A população da Alemanha nazista parece ter desejado o desejo de seu líder, com todos os seus fornos, câmaras de gás, campos de concentração e cobaias humanas.

Todavia, se recorrermos à *doutrina do choque*, teorização de Naomi Klein (2008), será preciso relativizar as afirmações de Arendt ao transportá-las para o ultrarradical contexto de *V de vingança*, cujo governo, via polícia, mantinha toda a população britânica sob lentes de câmeras, toques de recolher e grampos telefônicos.

Klein sustenta que a técnica do eletrochoque, desenvolvida pela psiquiatria dos anos de 1940 para curar doentes mentais, inspirou a CIA, dez anos mais tarde, a financiar pesquisas para "quebrar" a capacidade de resistência dos prisioneiros, todas descritas em manuais secretos. A hipótese dos manuais é a de que o choque provoca uma paralisia psicológica no eletrocutado, impingindo-lhe um estado de consciência suspensa, por certo intervalo de tempo. Nesse momento, o prisioneiro interrogado torna-se mais sugestionável do que antes do choque. E mais, essas técnicas podem surtir efeito semelhante em sociedades inteiras. Por exemplo, o "estado de choque" provocado por uma guerra, por um atentado terrorista de grande impacto ou mesmo por um desastre natural pode tornar os indivíduos inclináveis a apostar nos líderes, religiosos ou políticos, que prometem convincentemente proteção.

Segundo Klein, uma pessoa que logo entendeu o alcance desse fenômeno foi o economista Milton Friedman, importante consultor dos chefes de Estado que impulsionaram o neoliberalismo das últimas décadas. Eis a lógica propagada: assim como os prisioneiros são "amaciados" pelo choque elétrico, igualmente desastres gigantescos podem produzir efeitos similares na população para que aceite, por exemplo, que se acabe com o controle dos preços e com os serviços estatais. Friedman orientava os estadistas neoliberais a tirar o máximo proveito da crise, transformando-a na maior aliada das medidas econômicas radicais que, em outras circunstâncias, soariam demasiado impopulares. Mas, há um detalhe: deve-se agir rapidamente. Logo após um "trauma coletivo", de qualquer natureza, deve-se adotar reformas amargas, de uma só vez, antes de a população recobrar a tal consciência suspensa pelo choque.

Algumas das condições que tornaram possível o totalitarismo passam bem em nossos dias: um cenário mundial de insegurança e ameaça, o desenvolvimento tecnológico dos meios de comunicação, dos armamentos, das técnicas de vigilância e de controle, com potencial para favorecer a combinação entre penetração e mobilização do corpo social (Bobbio, Matteucci e Pasquino, 1998).

Retornando à ficção, todas essas condições estão presentes no mundo criado por Alan Moore, réplica de certas formas históricas de totalitarismo. Em *V de vingança*, o objeto do poder é a gestão da vida desvitalizada, temente, paralisada. A resistência ao poder que V anuncia é de um tipo especial. Não se pôs diante da população como novo líder. Uma única aparição provocativa e um encontro supostamente marcado. Resistência pautada na potência anárquica da vida efetuando na multidão o desencarceramento de suas mais ativas e afirmativas forças. Nietzsche, segundo Deleuze (1976, 1988, 1992), já havia prenunciado que é dentro do homem que é preciso libertar a vida; libertá-la da forma-homem que a aprisiona. A resistência ativa, capaz de afirmar, é força que assombra o medo. O que é isso senão um acontecimento de primeira grandeza, quando acontece?

> O acontecimento não chega nunca ao sujeito; é por isto que o sujeito se torna outro que aquele que ele é. Porque ser sujeito se concebe igualmente segundo categorias identificativas — as categorias da subjetivação. Mas o sujeito não é o indivíduo: esta entidade que não se pode separar ou que se repete sem diferença. É por isto que o acontecimento é sempre "pré-individual". É sempre o distanciamento de si e não a identificação de si que nos acontece. O acontecimento não chega nunca ao nosso "espírito" ou ao nosso senso comum, mas ao nosso devir outro (Rajchman, 1991, p. 60).

Nem homem, nem mulher, nem sujeito, *V — 5 de novembro* é acontecimento. Não teria sido, caso seu plano não tivesse conseguido fraturar a população diante do espelho. Aquele tremor que percorreu o corpo social, antes atravessado pela insígnia Sutler, parecia liberar a vida em torno das fissuras de um mundo que deixava de ser o que era. Uma multidão aprisionada — "para sua própria segurança" — reconheceu-se em lenta agonia e já não conseguiu ficar indiferente à linha sísmica que fez ruir suas mais caras certezas. *V* é a afirmação ativa de uma multiplicidade em ruptura com o cárcere e cumplicidade energética com as forças vindas do "lado de fora", lado insuspeito. O acontecimento *V* torna-se, nesse sentido, a virtualidade sobre a qual nenhum regime de poder pode antecipar qualquer controle. *V* de virtual é potência em ato de uma vida que deseja o que pode. E o que pode o virtual, emprenhado com as forças do fora, não dá para se conhecer de véspera.

Para desenvolver, aqui, esse algo enigmático presente na expressão "forças vindas do lado de fora", ou simplesmente *fora*, recorremos à concepção de *realidade*, em Bergson (apud Baremblitt, 2003), atendendo à necessidade de tratar o sentido da resistência como acontecimento. Diz-se que a realidade se compõe do que já existe, do que pode vir a existir e do supostamente impossível. Bergson acrescenta ao real, ao possível e ao impossível, uma dimensão de realidade que ele denomina *virtual*. O virtual é o que não pode ser pensado, nem antecipado, nem predito, nem negado. As forças do lado de fora são as forças de uma vida que, embora real, não se dá a conhecer enquanto não se efetua, enquanto não afeta nem é afetada, enquanto não se atualiza. O virtual só se dá a conhecer quando devém *atual*, e sempre o faz como novidade, como diferença absoluta, como individuação, acontecimento. Em *V*, a resistência é ação e não reação: ação que afirma um campo de possíveis fora das coordenadas do velho mundo, fora do campo minado pelo inimigo. A resposta da multidão à convocação da vida foi desejo suspendendo o medo.

Propiciar o acontecimento é algo da ordem do desejante, do revolucionário e do produtivo, simultaneamente. Pequenas ou grandes revoluções são sempre acontecimentos que se efetuam no encontro *entre* corpos materiais e imateriais, *entre* materialidades e singularidades energéticas, semióticas, axiológicas (algumas à prova de balas): corpos-sentidos-valores-ações constituintes de uma atualização singular, imanentemente complexa. Deleuze e Guattari (1996) chamam a isso *acontecimento*: um processo de singularização não de indivíduos, mas de intensidades, singularidades intensivas. Em outras palavras, chamam de *acontecimento* o devir do virtual em atual. O que devém atual é um composto inédito, feito de diferentes saberes, percepções, variadas formas, funcionamentos estranhos; conjuntos heterogêneos, nada semelhantes entre si, mas capazes de gerar acontecimento(s) e serem gerados por ele(s), em continuidade frugal, finita. Tal composto, ou agenciamento, se forma da mesma maneira e ao mesmo tempo que funciona, sendo-lhe peculiar nascer, operar e extinguir-se. Daí decorre que a extensão e a duração de um acontecimento são tão variáveis quanto as materialidades e as intensidades que o compõem. A fugacidade ou a permanência da novidade, da afirmação da diferença que muda tudo, vai depender da quantidade e da qualidade das forças em relação. Quanto à quantidade, as forças podem ser dominantes ou dominadas e, segundo sua qualidade, ativas ou reativas.

Contudo, determiná-las não é tarefa simples. Em Nietzsche (apud Deleuze, 1976), esse é o problema que põe em jogo toda a exigente arte da filosofia: dado um acontecimento, trata-se de avaliar a qualidade da força que lhe dá um sentido e, a partir daí, medir a relação das forças em presença, interpretá-las. Para tanto, há de se discernir afirmação e ação; negação e reação. A afirmação é poder de se tornar ativo — "é o devir ativo em pessoa", como diz Deleuze (1976, p. 44). Por outro lado, a negação não é uma simples reação, mas um devir reativo. Já o não radical ao reativo, ao que submete, ao que enclausura a vida é puro poder de se tornar ativo. É um vibrante sim.

A resistência como acontecimento só pode ser resultante de um devir ativo e composição com as forças do fora. Em face das singularidades do poder, o diagrama de forças componentes (ativas e afirmativas) joga com uma resistência igualmente singular que se afirma em pontos, focos e nós sobre as formas já compostas (que podem ser chamadas de estratos ou molaridades), provocando-lhes adulterações suficientes exatamente ali, onde ninguém as aguardava. Enquanto as relações de poder se conservam por inteiro nos estratos, as resistências podem acontecer, ainda que a eles ligadas, mantendo-se em relação direta com esse não lugar, de onde vem o próprio diagrama de forças que qualifica a afirmação de seus devires (ativos).

V não resmunga; cria estratégias. Sapiência de predador, potência de espreita, preparo e espera ativa que não perde o momento fulminante de catalisar algum êxito. No caso, um novo contexto de forças, com a emergência de forças constituintes suficientemente transgressoras. A multidão não foi catequizada por *V*, mas tocada por seu convite. Aliou-se numa afirmação que foi capaz de colocar em xeque décadas de medo cultivado e de experimentação coletiva natimorta. A tendência que enfrenta o poder sobre a vida entra em todas as arenas que propiciam a atualização da vida que a mantém ativa, afirmativa e inscrita no acontecimento. Essa ideia está estreitamente ligada à proposição nietzschiana de que viver "desejando os acontecimentos" é a afirmação radical da *vontade de potência* que deseja até o fim a ação das forças inscritas na criação do novo absoluto. É o grande sim à vida.

Contudo, estamos no plano de onde se diz: nada está decidido de uma vez por todas. Nenhuma transformação pode ser definitiva, nenhuma grande fatalidade coletiva ou política está isenta de ganhar corpo, uma vez que o conjunto das forças e das formas, compostas e componentes, encontram-se em perpétua ramificação interna, presas umas às outras. Bem por isso, pode-se afirmar que não há plano que nunca rache, nem terremoto que nunca cesse.

Sempre haverá o risco de uma desterritorialização ter sua trégua em modos de vida que traiam a própria vida, se abafam, desaceleram ou achatam seus processos de atualização com as forças do fora, num exercício de liberdade anárquica de afirmação de desejo, criação de sentido e produção de inconsciente. Por produção de inconsciente, Deleuze e Guattari (2004) entendem a aparição de enunciados coletivos de um gênero novo, produção de desejo no campo social.

O desejo gera e é gerado no processo mesmo de invenção, metamorfose ou criação da novidade; tem parte com o virtual, quase como se tivesse parte com o demônio ou com Deus e participa inteiramente de todo o *real*, bergsonianamente considerado. Todavia, enquanto o desejo se faz motor do acontecimento que desponta, dispersa, marca uma diferença pura, descodifica, desterritorializa, desestratifica, muda as coordenadas das ações e das paixões, verdeja multiplicidades, há os movimentos de estratificação, de territorialização, de codificação, de centralização, de unificação que ainda seguem seu trabalho incessante. Há mais desejo lá e menos aqui? Não, se se considera que o desejo é o que de fato produz: produz o que produz nova vida, produz o que reproduz a vida (uma vida de segunda mão), bem como ainda é desejo o que produz a "antiprodução", como destruição e morte.

Então, como proceder para evitar que as singularidades da própria resistência reeditem aquelas singularidades do poder que mal suportam as dissonâncias, as imprevisibilidades, as asperezas, as diferenças, as singularidades outras? Como lidar com a usinagem silenciosa de uma produção de subjetivação submetida, sujeitada e desejosa do desejo de novas obediências, inéditos enquadramentos, impensáveis microfascismos e verticalidades?

A interpretação e a avaliação das composições e configurações de forças e formas são tarefas inescapáveis quando se pensa a resistência como *acontecimento*.

Em que lugar, em quais circunstâncias, com o auxílio de quais outros acontecimentos poderiam potencializar-se mutuamente em rede? Com quais forças afirmativas, formas componentes e constituintes pode haver produção de inconsciente social, como acontecimento, como resistência ativa?

Depois do 5 de Novembro

Nenhum líder ocupou a cadeira de Adam Sutler. A afirmação de tudo o que quer viver livre passou a ser o primordial ato de resistência ao poder, que ainda tentou gestar artefatos e tecnologias de controle sobre a vida. Contudo, a onda que quebrou em cada pele foi forte demais. Foi o maior estrondo já sentido no oco do corpo. Uma multiplicidade heterogênea de criadores, criadores de uma vida própria como vida social outra, começou a passar adiante a nota mais convincente de soerguimento, em palavras e gestos, em poemas e canções, imagens e dramatizações: se é na vida que se concentram as materializações do poder, é nela que há de se aferrar a resistência como mais-valia vital, produção incessante de mais vida, a ponto de surpreender o que poderia o controle antever.

Nas escolas, nos lares, nas ruas, nas filas, nas novas oficinas interrogativas de arte e de pensamento, nas miniágoras, os pequenos e os grandes aprenderam a compartilhar a decifração de tais signos: os do controle e do que se lhe escapam. As coisas se dão a ler, gratuitamente, pelos sinais que dizem de seu ritmo, da repetição de uma diferença que anunciam. Aprenderam juntos, os pequenos e os grandes, a intuir, a perceber, a interpretar, a avaliar quando a repetição obedece ao desejo de fixar, reduzir, sufocar, subtrair, separar a força do que ela pode, e quando a repetição é pulso do devir da própria diferença, diferença que não estaciona, que difere de si própria, nos intervalos entre um estado que deixou de ser o que era e a configuração nascente que o impulsiona não se sabe para onde, enquanto não se assenta, não aporta nem aterrissa. Toda a diferença pura timbrada com a vida passou a ser um bem efêmero notável e, por isso mesmo, celebrado. Todas as expressões artísticas explodiram feito casulos em tempos de primavera. Um luto, uma luta, uma lata, uma ideia, um desejo e a matéria se fizeram plenas nas mãos livres que passaram a gesticular outra cadência de sentidos em seus feitos. Uma espécie de aprendizagem dos modos sensíveis despregou-se do universo monopartidário daquela terra, após o 5 de novembro daquele ano qualquer. Molecularmente, o corpo, a percepção, a inteligência e a intuição ensaiaram novos balbucios e depois cantos, após o choque do desejo que passou a desejar o eterno retorno *do outro*, como potência seletiva: não repetindo senão o novo, não fazendo retornar senão o tornar-se, o vir-a-ser.

Foi então que a educação da multidão pela multidão, produtora e produzida na anarquia de uma cooperação sem mando, desejou, como se fosse a última coisa do mundo, infectar todos os campos de leitura, de compreensão e de intervenção capazes de quebrar a força que arranca a gestão da vida de onde ela desponta: dos viventes que a animam com seus tempos, espaços, sentidos e valores próprios. A educação pela experiência anárquica embalou a ideia de que cada momento e cada circunstância podem produzir os agenciamentos complexos de que precisa para impedir que uma vida seja apartada do que ela pode.

Os pais, os professores e os filhos daquele mundo sem centro aprenderam, e aprenderam a ensinar, que é nessa liberdade em permanente devir que consiste a dignidade de fazer de um acontecimento, por discreto que seja, a coisa mais delicada do mundo:

> (...) o contrário de fazer um drama, ou de fazer uma história. Amar os que são assim: quando entram em um lugar, não são pessoas, caracteres ou sujeitos, são uma variação atmosférica, uma mudança de cor, uma molécula imperceptível, uma população discreta, uma bruma ou névoa (Deleuze e Parnet, 1998, p. 80).

REFERÊNCIAS BIBLIOGRÁFICAS

AGAMBEN, Giorgio. *Nudez*. Lisboa: Relógio D'Água, 2010.

_____. *A infância e a história*: destruição da experiência e origem da história. Belo Horizonte: Editora UFMG, 2008a.

_____. *O que resta de Auschwitz*: o arquivo e a testemunha. (Homo sacer III). São Paulo: Boitempo, 2008b.

_____. *Arte, inoperância, política*. 2007a. Disponível em: <http://www.serralves.pt/fotos/editor2/PDFs/CC-CIS-2007-POLITICA-web.pdf>. Acesso em: 10 ago. 2008.

_____. *Bartleby, escrita da potência*. Lisboa: Assírio & Alvim, 2007b.

_____. *Profanações*. São Paulo: Boitempo, 2007c.

_____. *Estado de exceção*. São Paulo: Boitempo, 2004a.

_____. *Homo sacer*: o poder soberano e a vida nua. Belo Horizonte: Editora UFMG, 2004b.

_____. *Medios sin fin*: notas sobre la política. Valencia: Pré-textos, 2001.

_____. *Ideia da prosa*. Lisboa: Cotovia, 1999.

ANTUNES, Arnaldo. *Tudos*. São Paulo: Iluminuras, 2007.

AQUINO, Julio Groppa; RIBEIRO, Cintya Regina. Processos de governamentalização e a atualidade educacional: a liberdade como eixo problematizador. *Educação & Realidade*, v. 34, n. 2, p. 51-71, 2009.

ARENDT, Hannah. *Entre o passado e o futuro*. São Paulo: Perspectiva, 1992.

ARENDT, Hannah. *As origens do totalitarismo*. São Paulo: Companhia das Letras, 1989.

BAREMBLITT, Gregorio. *Introdução à esquizoanálise*. Belo Horizonte: Ed. Biblioteca do Instituto Félix Guattari, 2003.

BAUMAN, Zygmunt. *Medo líquido*. Rio de Janeiro: Jorge Zahar, 2008.

_____. *Identidade*. Rio de Janeiro: Jorge Zahar, 2005a.

_____. *Vidas desperdiçadas*. Rio de Janeiro: Jorge Zahar, 2005b.

_____. *Modernidade líquida*. Rio de Janeiro: Jorge Zahar, 2001.

_____. *Globalização*: as consequências humanas. Rio de Janeiro: Jorge Zahar, 1999a.

_____. *Modernidade e ambivalência*. Rio de Janeiro: Jorge Zahar, 1999b.

_____. *O mal-estar da pós-modernidade*. Rio de Janeiro: Jorge Zahar, 1998.

BENJAMIN, Walter. *Magia e técnica, arte e política*: ensaios sobre literatura e história da cultura. São Paulo: Brasiliense, 1985. p. 222-32.

BERGSON, Henry. *Evolução criadora*. São Paulo: Martins Fontes, 2005.

BOBBIO, Norberto; MATTEUCCI, Nicola; PASQUINO, Gianfranco. *Dicionário de política*. Brasília: Editora Universidade de Brasília, 1998.

BRASIL. Plano Nacional de Educação (PNE). Brasília: MEC, 2000. Disponível em: <http://portal.mec.gov.br/arquivos/pdf/pne.pdf>. http://portal.mec.gov.br/arquivos/pdf/pne.pdfAcesso em: 20 nov. 2008.

BURGESS, Anthony. *Laranja mecânica*. Rio de Janeiro: Artenova, 1977.

CALVINO, Italo. *As cidades invisíveis*. São Paulo: Companhia das Letras, 1990.

CASTELO BRANCO, Guilherme. As resistências ao poder em Michel Foucault. *Trans/Form/Ação*, v. 24, n. 1, 2001. Disponível em: <http://www.scielo.br/scielo.php?script=sci_arttext&pid=S0101-31732001000100016& lng=en&nrm=iso>. Acesso em: 31 ago. 2009.

CERTEAU, Michel de. *A invenção do cotidiano*: 1. artes de fazer. Petrópolis: Vozes, 1994.

COMTE-SPONVILLE, André. *A felicidade, desesperadamente*. São Paulo: Martins Fontes, 2001.

COSTA, Rogério da. Sociedade de controle. *São Paulo em Perspectiva*, v. 18, n. 1, p. 151-60, 2004.

COURTINE, Jean-Jacques. Introdução. In: CORBIN, Alain; COURTINE, Jean-Jacques; VIGARELLO, Georges. *História do corpo*: as mutações do olhar: o século XX. Rio de Janeiro: Vozes, 2008. p. 7-12.

_____; VIGARELLO, Georges. Identificar – traços, indícios, suspeitas. In: _____; CORBIN, Alain; VIGARELLO, Georges. *História do corpo*: as mutações do olhar: o século XX. Rio de Janeiro: Vozes, 2008. p. 341-61.

DEBORD, Guy. *A sociedade do espetáculo*. Rio de Janeiro: Contraponto, 1997.

DELEUZE, Gilles. *Bergsonismo*. São Paulo: Editora 34, 2008.

_____. *A ilha deserta*: e outros textos. São Paulo: Iluminuras, 2006.

_____. *Espinosa*: filosofia prática. São Paulo: Escuta, 2002.

_____. *Conversações*: 1972-1990. São Paulo: Editora 34, 1992.

_____. *Foucault*. São Paulo: Brasiliense, 1988.

_____. *Cinéma 1*. L'image-temps. Paris: Minuit, 1983.

_____. *Nietzsche e a filosofia*. Rio de Janeiro: Editora Rio, 1976.

_____; AGAMBEN, Giorgio. *Bartleby*: la formula della creazione. Macerata: Quodlibet, 1998.

_____; GUATTARI, Félix. *O antiédipo*: capitalismo e esquizofrenia 1. Lisboa: Assírio & Alvim, 2004.

_____. *Mil platôs*: capitalismo e esquizofrenia. São Paulo: Editora 34, 1997. v. 4.

_____. *Mil platôs*: capitalismo e esquizofrenia. São Paulo: Editora 34, 1996. v. 3.

_____. *Mil platôs*: capitalismo e esquizofrenia. São Paulo: Editora 34, 1995. v. 1.

_____. *O que é a filosofia?* São Paulo: Editora 34, 1992.

_____; PARNET, Claire. *Diálogos*. São Paulo: Escuta, 1998.

DESCARTES, René. *Meditações metafísicas*. São Paulo: Abril Cultural, 1983.

_____. *Obra escolhida*. São Paulo: DEL, 1973.

DOMÈNECH, Miguel; TIRADO, Francisco; GÓMEZ, Lucía. A dobra: psicologia e subjetivação. In: SILVA, Tomaz Tadeu da (Org.). *Nunca fomos humanos*: os rastros do sujeito. Belo Horizonte: Autêntica, 2001. p. 111-36.

DREYFUS, Hubert; RABINOW, Paul. *Michel Foucault, uma trajetória filosófica*: para além do estruturalismo e da hermenêutica. Rio de Janeiro: Forense Universitária, 1995.

DURHAM, Eunice Ribeiro. *A dinâmica da cultura*. São Paulo: Cosac Naify, 2004.

EWALD, François. *Foucault, a norma e o direito*. Lisboa: Vega, 2000.

FERRAZ, Maria Cristina Franco. *Nove variações sobre temas nietzschianos*. Rio de Janeiro: Relume Dumará, 2002.

FOUCAULT, Michel. *Nascimento da biopolítica*: curso dado no Collège de France (1978-1979). São Paulo: Martins Fontes, 2008a.

_____. *Segurança, território, população*: curso dado no Collège de France (1977-1978). São Paulo: Martins Fontes, 2008b.

_____. *Ética, sexualidade, política*. Rio de Janeiro: Forense Universitária, 2004a. (Ditos e escritos V.)

_____. Tecnologias de si. *Verve*, n. 6, p. 321-60, 2004b.

_____. *Estratégia, poder-saber*. Rio de Janeiro: Forense Universitária, 2003. (Ditos e escritos IV.)

_____. *Problematização do sujeito*: psicologia, psiquiatria e psicanálise. Rio de Janeiro: Forense Universitária, 2002. (Ditos e escritos I.)

_____. *Estética*: literatura e pintura, música e cinema. Rio de Janeiro: Forense Universitária, 2001. (Ditos e escritos III.)

_____. *Em defesa da sociedade*: curso no Collège de France (1975-1976). São Paulo: Martins Fontes, 1999.

_____. *Resumo dos cursos do Collège de France (1970-1982)*. Rio de Janeiro: Jorge Zahar, 1997.

_____. *A ordem do discurso*. São Paulo: Loyola, 1996a.

_____. *A verdade e as formas jurídicas*. Rio de Janeiro: Nau, 1996b.

FOUCAULT, Michel. O sujeito e o poder. In: DREYFUS, Hubert; RABINOW, Paul. *Michel Foucault, uma trajetória filosófica*: para além do estruturalismo e da hermenêutica. Rio de Janeiro: Forense Universitária, 1995. p. 231-49.

_____. *Vigiar e punir*: nascimento da prisão. Petrópolis: Vozes, 1987a.

_____. *A arqueologia do saber*. Rio de Janeiro: Forense Universitária, 1987b.

_____. *História da sexualidade I*: a vontade de saber. Rio de Janeiro: Graal, 1984a.

_____. *História da sexualidade II*: o uso dos prazeres. Rio de Janeiro: Graal, 1984b.

_____. *As palavras e as coisas*: uma arqueologia das ciências humanas. São Paulo: Martins Fontes, 1981.

_____. *História da loucura*. São Paulo: Perspectiva, 1978.

_____. *Microfísica do poder*. Rio de Janeiro: Graal, 1979.

FRANÇA, Sonia Moreira. *As práticas de inclusão e o trabalho normativo*. In: CONGRESSO LUSO-AFRO-BRASILEIRO DE CIÊNCIAS SOCIAIS, 8. Coimbra, 2004. Disponível em: <http://www.ces.uc.pt/lab2004/pdfs/SoniaFranca.pdf>. Acesso em: 17 set. 2008.

FREUD, Sigmund. *Obras completas*. Rio de Janeiro: Imago, 1996. v. V.

FUGANTI, Luiz. *Saúde, desejo e pensamento*. São Paulo: Hucitec, 2008.

GALLO, Silvio. *Deleuze e a educação*. Belo Horizonte: Autêntica, 2003.

GIDDENS, Anthony. *Mundo em descontrole*: o que a globalização está fazendo de nós. 3. ed. Rio de Janeiro: Record, 2003.

GUATTARI, Félix. *As três ecologias*. Campinas: Papirus, 1990.

HARAWAY, Donna. Manifesto ciborgue: ciência, tecnologia e feminismo-socialista no final do século XX. In: SILVA, Tomaz Tadeu da (Org.). *Antropologia do ciborgue*: as vertigens do pós-humano. Belo Horizonte: Autêntica, 2000. p. 37-130.

HARDT, Michael. A sociedade mundial de controle. In: ALLIEZ, Eric (Org.). *Deleuze*: uma vida filosófica. Rio de Janeiro: Editora 34, 2000. p. 357-72.

_____; NEGRI, Antonio. *Multidão*. Rio de Janeiro: Record, 2005.

_____. *Império*. Rio de Janeiro: Record, 2001.

HOBBES, Thomas. *Leviatã*. São Paulo: Nova Cultural, 1999.

HOBSBAWM, Eric. *O novo século*: entrevista a Antonio Polito. São Paulo: Companhia das Letras, 2009.

IPCC (Intergovernmental Panel on Climate Change). *Mudança climática 2007*: a base da ciência física — resumo para os elaboradores da política. Contribuição do Grupo de Trabalho I para o Quarto Relatório de Avaliação do Painel Intergovernamental sobre Mudança Climática, 2008a. Disponível em: <http://www.ecolatina.com.br/pdf/IPCC-COMPLETO.pdf>. Acesso em: 10 jun. 2008.

_____. *Climate change and water*: IPCC Technical Paper VI. 2008b. Disponível em: <http://digital.library.unt.edu/ark:/67531/metadc11958>. Acesso em: 11 ago. 2008.

JENSEN, Wilhelm. *Gradiva, uma fantasia pompeiana*. Rio de Janeiro: Jorge Zahar, 1987.

KANT, Immanuel. *Critique de la raison pure*. Paris: Flamarion, 1976.

_____. *Prolegômenos a toda metafísica futura que possa apresentar-se como ciência*. São Paulo: Editora Nacional, 1959.

KLEIN, Naomi. *A doutrina do choque*: a ascensão do capitalismo de desastre. São Paulo: Nova Fronteira, 2008.

KUNZRU, Hari. "Você é um ciborgue": um encontro com Donna Haraway. In: SILVA, Tomaz Tadeu da (Org.). *Antropologia do ciborgue*: as vertigens do pós-humano. Belo Horizonte: Autêntica, 2000. p. 18-36.

KURZWEIL, Ray. *A era das máquinas espirituais*. São Paulo: Aleph, 2007.

LARROSA, Jorge. *Pedagogia profana*: danças, piruetas e mascaradas. Belo Horizonte: Autêntica, 2001.

LATOUR, Bruno. *Políticas da natureza*: como fazer ciência na democracia. Bauru: Edusc, 2004.

LAZZARATO, Maurizio. *Para uma definição do conceito de "biopolítica"*. 2007. Disponível em: <www.cfch.ufrj.br/lugarcomum>. Acesso em: 2 maio 2007.

LE BRETON, David. *Adeus ao corpo*: antropologia e sociedade. Campinas: Papirus, 2003a.

_____. Adeus ao corpo. In: NOVAES, Adauto (Org.). *O homem-máquina*: a ciência manipula o corpo. São Paulo: Companhia das Letras, 2003b. p. 123-37.

LÉVI-STRAUSS, Claude. *Raça e história*. Lisboa: Editora Presença, 2006.

_____. *As estruturas elementares do parentesco*. Petropólis: Vozes, 2003.

LÉVY, Pierre. *Cibercultura*. 2. ed. São Paulo: Editora 34, 2000.

LEVY, Tatiana Salem. *A experiência do fora*: Blanchot, Foucault, Deleuze. Rio de Janeiro: Relume Dumará, 2003.

LOURENÇO FILHO, Manuel Bergström. *Introdução aos estudos da escola nova*. São Paulo: Melhoramentos, 1963.

MACHADO, Roberto. *Foucault, a filosofia e a literatura*. Rio de Janeiro: Jorge Zahar, 2000.

NEGRI, Antonio. *Cinco lições sobre o império*. Rio de Janeiro: DP&A, 2003.

NIETZSCHE, Friedrich. *Sobre verdade e mentira*. São Paulo: Hedra, 2008.

_____. *Assim falou Zaratustra*: um livro para todos e para ninguém. Rio de Janeiro: Civilização Brasileira, 2005.

_____. *Genealogia da moral*: uma polêmica. São Paulo: Companhia das Letras, 1998.

_____. *Além do bem e do mal*: prelúdio a uma filosofia do futuro. São Paulo: Companhia das Letras, 1992.

_____. *Obras incompletas*. São Paulo: Abril Cultural, 1983.

NOVAES, Adauto (Org.). *Muito além do espetáculo*. São Paulo: Senac, 2005.

_____. A ciência no corpo. In: _____ (Org.). *O homem-máquina*: a ciência manipula o corpo. São Paulo: Companhia das Letras, 2003. p. 7-14.

NÓVOA, António. *Evidentemente*: histórias da educação. Porto: Asa, 2005.

Ó, Jorge Ramos do. A governamentalidade e a história da escola moderna: outras conexões investigativas. *Educação & Realidade*, v. 34, n. 2, p. 97-117, 2009.

_____. *O governo de si mesmo*: modernidade pedagógica e encenações disciplinares do aluno liceal (último quartel do século XIX-meados do XX). Lisboa: Educa, 2003.

ORTEGA, Francisco. Práticas de ascese corporal e constituição de bioidentidades. *Cadernos de Saúde Coletiva*, n. 11, v. 1, p. 59-77, 2003.

ORWELL, George. *1984*. São Paulo: Editora Nacional, 1984.

PARENTE, André. *O virtual e o hipertextual*. Rio de Janeiro: Pazulin, 1999.

PASSETI, Edson. *Para o neoliberalismo a democracia começa no mercado*. 2005. Disponível em: <http://www.comciencia.br/entrevistas/2005/07/entrevista2.htm>. Acesso em: 13 jun. 2007.

_____. Segurança, confiança e tolerância: comandos na sociedade de controle. *São Paulo em Perspectiva*, v. 18, n. 1, 2004, p. 151-160.

PELBART, Peter Pál. A potência do não: linguagem e política em Agamben. In: FURTADO, Beatriz; LINS, Daniel (Orgs.). *Fazendo rizoma*: pensamentos contemporâneos. São Paulo, Hedra, 2008.

_____. Biopolítica. *Sala Preta*. São Paulo, n. 7, p. 57-65, 2007a.

_____. Mutações contemporâneas. *Cinética*, 2007b. Disponível em: <http://www.revistacinetica.com.br/cep/peter_pal.htm>. Acesso em: 9 out. 2008.

_____. *Vida nua, vida besta, uma vida*. 2006. Disponível em: <http://pphp.uol.com.br/tropico/html/textos/2792,1.shl>. Acesso em: 12 dez. 2007.

_____. *Vida capital*: ensaios de biopolítica. São Paulo: Iluminuras, 2003.

_____. Subjetividades contemporâneas. *Subjetividades Contemporâneas*. Instituto Sedes Sapientae, ano 1, n. 1, p. 4-11, 1997.

_____. *A nau do tempo-rei*: sete ensaios sobre o tempo da loucura. Rio de Janeiro: Imago, 1993.

PESSANHA, Juliano Garcia. *Certeza do agora*. Cotia: Ateliê Editorial, 2002.

RABINOW, Paul. *Antropologia da razão*. Rio de Janeiro: Relume Dumará, 2002.

_____; ROSE, Nikolas. O conceito de biopoder hoje. *Política & Trabalho*, n. 24, p. 27-57, 2006.

RAJCHMAN, John. Lógica do sentido, ética do acontecimento. In: ESCOBAR, Carlos Henrique de (Org.). *Dossier Deleuze*. Rio de Janeiro: Hólon, 1991. p. 56-61.

_____. *Foucault*: a liberdade da filosofia. Rio de Janeiro: Jorge Zahar, 1987.

RAMOS, Artur. *A criança problema*: a higiene mental na escola primária. Rio de Janeiro: Casa do Estudante do Brasil, 1939.

ROSE, Nikolas. *Powers of freedom*: reframing political thought. 7. ed. New York: Cambridge University Press, 2007.

_____. Inventando nossos eus. In: SILVA, Tomaz Tadeu da (Org.). *Nunca fomos humanos*: nos rastros do sujeito. Belo Horizonte: Autêntica, 2001. p. 137-204.

ROUANET, Sérgio Paulo. *Édipo e o anjo*: itinerários freudianos em Walter Benjamin. Rio de Janeiro: Tempo Universitário, 1981.

SAFATLE, Vladimir. Tudo que é sólido se desmancha em imagens espetaculares. *O Estado de S. Paulo*, 13 abr. 2008. p. D6, Caderno Cultura.

SILVA, Tomaz Tadeu da (Org.). *Nunca fomos humanos*: nos rastros do sujeito. Belo Horizonte: Autêntica, 2001.

_____. *Antropologia do ciborgue*: as vertigens do pós-humano. Belo Horizonte: Autêntica, 2000a.

_____. *Pedagogia dos monstros*: os prazeres e os perigos da confusão de fronteiras. Belo Horizonte: Autêntica, 2000b.

SFEZ, Lucien. *A saúde perfeita*: crítica de uma nova utopia. São Paulo: Loyola, 1996.

SORIANO, Ramón. *Sociología del derecho*. Argentina: Ariel, 2005.

VAZ, Paulo Roberto Gibaldi. Corpo e risco. *Forum Media*, v. 1, n. 1, p. 101-111, 1999. Disponível em: <http://www.angelfire.com/mb/oencantador/paulovaz/P2C.html>. Acesso em: 22 maio 2007.

VEYNE, Paul. *Foucault, sa pensée, sa personne*. Paris: Albin Michel, 2008.

VIANNA, Hermano. O jogo da vida. *Folha de S.Paulo*, 2004. Disponível em: <http://www1.folha.uol.com.br/fsp/mais/fs1801200404.htm>. Acesso em: 2 ago. 2006.

ZIZEK, Slavoj. *The clash of civilizations at the end of history*. 2007. Disponível em: <http://www.scribd.com/doc/19133296/Zizek-The-Clash-of-Civilizations-at-the-End-of-History>. Acesso em: 29 mar. 2007.

SOBRE OS AUTORES

ADELIA PASTA

Formada em Pedagogia, mestre e doutora pela Faculdade de Educação da USP. Atua no ensino básico, fazendo parte de equipe técnica de colégio particular. Contato: <adeliapasta@usp.br>.

AKEMI KAMIMURA

Advogada, especialista e mestre pela Faculdade de Direito da USP. Tem atuado em diversas organizações e projetos na área de direitos humanos. Contato: <akemikamimura@yahoo.com>.

ANDRÉ BOCCHETTI

Licenciado em Ciências Biológicas, especialista em educação a distância, mestre e doutorando pela Faculdade de Educação da USP. Coordenador de projetos em escolas privadas. Contato: <andre_bio@hotmail.com>.

CARLOS RUBENS DE SOUZA COSTA

Formado em Letras, mestre e doutorando pela Faculdade de Educação da USP. Atualmente exerce função de professor no Departamento de Educação da Universidade Federal de São Carlos. Contato: <crubenscosta@uol.com.br>.

CINTYA REGINA RIBEIRO

Docente e pesquisadora na Faculdade de Educação da USP. Graduada em Ciências Sociais pela Faculdade de Filosofia, Letras e Ciências Humanas da USP, mestre e doutora pela Faculdade de Educação da USP. Contato: <cintyaribeiro@usp.br>.

CLÁUDIA RIBEIRO CALIXTO

Bacharel em Administração de Empresas, licenciada em Pedagogia, mestre e doutoranda pela Faculdade de Educação da USP. É supervisora escolar junto à rede paulistana de ensino. Contato: <claudiacalixto@ig.com.br>.

DANIELE PECHUTI KOWALEWSKI

Mestre e doutoranda pela Faculdade de Educação da USP. Formada em Ciências Sociais, História e Filosofia. É professora junto aos ensinos fundamental e médio. Contato: <danielepk@ig.com.br>.

DANILO FERREIRA DE CAMARGO

Bacharel em História e Filosofia pela Faculdade de Filosofia, Letras e Ciências Humanas da USP, mestrando pela Faculdade de Educação da USP. Contato: <danilofc80@yahoo.com.br>.

GISELA MARIA DO VAL

Licenciada em Pedagogia e mestre em educação pela Faculdade de Educação da USP. Professora do Ensino Fundamental na rede privada de ensino. Contato: <giselaval@usp.br>.

GUILHERME RANOYA

Arquiteto e designer. Mestre e doutorando pela Escola de Comunicações e Artes da USP. Professor dos cursos de Design de Interfaces, Audiovisual, Comunicação Visual, Propaganda & Publicidade e Moda, do Centro Universitário Senac. Contato: <guilherme@l3a.com.br>

IARA MARIA ALVAREZ GAMBALE

Licenciada em Letras e Pedagogia, especialista em Psicopedagogia. É docente em cursos de Pedagogia e Psicopedagogia. Atua na formação de professores e presta assessoria a escolas da rede privada e pública. Contato: <igambale@uol.com.br>.

JOSÉ NORBERTO SOARES

Formado em História, mestre e doutorando pela Faculdade de Educação da USP, atuando na formação de professores junto a alguns municípios. Atua também como professor de História da rede pública de ensino. Contato: <norbertosoares@uol.com.br>.

JULIO GROPPA AQUINO

Livre-docente da Faculdade de Educação da USP. Mestre e doutor pelo Instituto de Psicologia da mesma universidade, com pós-doutorado pela Universidade de Barcelona. Pesquisador do CNPq. Contato: <groppaq@usp.br>.

LUCIANA VALÉRIA NOGUEIRA

Bacharelada e licenciada em Ciências Biológicas, mestre pela Faculdade de Educação da USP. Atualmente é professora do ensino médio da rede particular de ensino. Contato: <lua.nogueira@yahoo.com.br>.

MARCELO RITO

Bacharelado e licenciado em História, mestre e doutorando pela Faculdade de Educação da USP. Professor nos ensinos fundamental e médio na rede particular de ensino. Contato: <marcelorito@usp.br>.

MONICA CRISTINA MUSSI

Graduada em Pedagogia, mestre e doutora em Educação pela Faculdade de Educação da USP. Atua como supervisora escolar da rede municipal de ensino da cidade de São Paulo. Contato: <monikamussi@uol.com.br>.

SANDRA CRISTINA GORNI BENEDETTI

Graduada em Artes, com especialização e mestrado pela Escola de Comunicações e Artes da USP e doutorado pela Faculdade de Educação da mesma universidade. Atualmente trabalha como coordenadora pedagógica. Contato: <sbenedetti2008@hotmail.com>.

THOMAS STARK SPYER DULCI

Historiador, mestre pela Faculdade de Educação da USP. Contato: <thomas.stark1@gmail.com>.

VERA LÚCIA TACHINARDI

Licenciada em Pedagogia e mestre pela Faculdade de Educação da USP. Foi professora das séries iniciais do ensino fundamental, diretora de escola e supervisora de ensino junto à rede pública paulista. Contato: <vtachinardi@terra.com.br>.

GRÁFICA PAYM
Tel. (011) 4392-3344
paym@terra.com.br